U0026660

# 明儒學案

# 四部備要

子部

中華書局據鄭氏補刻本校刊

桐鄉 陸費逵 總勘

杭縣 高時顯 吳汝霖 輯校

杭縣 丁輔之 監造

姚江黃梨洲先生著

豫章後學 夏鼎 熊育鑫 熊繩祖 熊育鏞 徐兆瀾 周聯慶 熊榮祖 蕭兆柄 劉秉楨 李真賓 重刊

## 文莊汪石潭先生俊

汪俊字升之號石潭弋陽人也弘治癸未進士選庶吉士授翰林編修正德初忤逆瑾調南工部員外郎瑾誅復還翰林歷侍讀學士嘉靖初晉吏禮二部侍郎禮部尙書兼國史副總裁大禮議起先生力主宋儒之議上爲遷延者二年先生終不變於是上怒甚罷其官久之卒隆慶改元贈太子少保諡文莊先生之學程朱爲的然以陽動陰靜流行而不息者爲心而其不易之常體則性也性雖空無一物而萬化皆從此出故性體也心用也渾然不可分析以造化言之天高地下萬物散殊無處非氣之充塞也天不得不高地不得不下物之本乎天者親上本乎地者親下亘萬古而不易卽是理也亦渾然不可分析也乃朱子謂性是心所具之理若是乎心爲車也性爲車

所載之物也岐心性而二之猶之歧理氣而二之也非程子之旨也先生之不苟同如此先生既知聖人之學不失其本心便是復性則陽明之以心卽理若合符契矣而謂陽明學不從窮事物之理守吾此心未有能中於理者無乃自背其說乎楊止菴言先生發明道體可謂獨見以陽明言性不分理氣著說非之陽明過弋陽寄四絕以示絕交按陽明所寄二絕非四絕也序云僕茲行無所樂樂與二公一會耳得見閑齋固已如見石潭矣留不盡之興於後期豈謂樂不可極耶見說新居止隔山肩輿曉出暮堪還知公久已藩籬散何事深林尙閉關乘興相尋涉萬山扁舟亦復及門還莫將身病爲心病可是無關却有關此正朋友相愛之情見之於辭以是爲絕交則又何說

濯舊

孟子道性善論者猶紛紛也至宋程張闡明之而孟子之說始白於天下程子曰性卽理也天下之理原其所自未有不善張子曰形而後有氣質之性善反之則天地之性存焉故氣質之性君子有弗性者焉夫所謂性卽理也者必先有見於性之爲體而後理可言也猶曰天卽道也亦必有見於天之爲體而後可言其爲道也二子之論

蓋皆卽氣而指其本體未涉於有者爲言其曰在天爲命在人爲性在義爲理主於身爲心其實一也發於思慮則有善有不善思慮則涉於有矣又曰人生而靜以上不容說才說性時便已不是性可說則涉於有矣又有二氣五行剛柔萬殊聖人所由惟一理人只要復其初其初則性也朱子宗二子立說似有未同者性說下四條同○陽伸陰屈發而爲春夏動也陽屈陰伸斂而爲秋冬靜也此天地之化運行而不已也若天地之心則所以主乎是者不可以動靜言邵子曰動靜之間於復言之於姤亦言之蓋謂於此可見非以復姤爲天地之心也曰天心無改移曰太極不動性也其指微矣知此則程門所論未發之中及所謂一日之間萬起萬滅而其心自若皆在是矣○好惡情也情有所自出於性也好善惡惡人之性也卽理也義也心之所同然也好惡未形而其理已具故曰性卽理也○孟子論性曰我固有之非由外鑠我也而又曰求則得之性待求而後得耶有其誠則有其神無其誠則無其神洋洋如在神何嘗無無之者人耳○有理有氣氣形而理性朱子之說也程張之論蓋不如此道卽性也若道外尋性性外尋道便不是性卽理也此程子之說也朱子論性自謂宗程張立說似非程張本旨○二氣五行剛柔萬殊所謂

形而後有氣質之性也聖人所由惟一理人只要復其初所謂善反之則天地之性存焉者也至誠盡其性聖人事也盡人物之性不過因其氣質而裁成輔相之耳曰其性曰人之性曰物之性未可以一律言也○目能視耳能聽口能言心能思皆氣也而心爲之主性則心之體有不涉於氣者程子曰性卽理也張子曰性立乎氣之外然實不外於心也世人以聞見爲心但知囿於形氣者耳聖人盡性不以聞見梏其心乃無外之天心也朱子分理氣兩言之曰得氣以成形得理以爲性恐非程張本旨程子有言以體會爲非心故有心小性大之說不可將心滯在知識上求又曰在天爲命在人爲性在義爲理主於身爲心其實一也發於思慮則有善有不善程子蓋以心性合言之若張子心能盡性性不知檢其心蓋分言之學者究二說而能通之則可以言性矣（心性說下五條同）○心性一物也不可分分而言之可也○虛靈應物者心也其所以爲心者卽性也性者心之實心者性之地也聖人之心仁義而已矣由仁義所散爲萬事皆道也仁義之心乃其性也得於天者也在天爲命在人爲性主於身爲心其實一也性可以意會而不可以象求故曰性卽理也若心則涉於有象而可言矣程子有言自性之有形者謂之心自性之能動

者謂之情其旨微矣○心有動靜一語一默一寐一寤動而陽靜而陰若流行之用而本體則性也無聲無臭寂然不動無語默寤寐之間者也程子論中庸有謂凡言心者皆指已發而言蓋謂此也既又自以爲未當曰心一也有指體而言者自註云寂然不動是也有指用而言者自註云感而遂通天下之故是也惟觀其所見如何耳蓋合心性而一言之與前說初不相戾也正蒙性者感之體感者性之神以感言心與程子一說朱子謂寂然者感之體感通者寂之用其言是已而繼之人心之妙其動靜亦如此恐非程張之旨○心豈有出入亦以操舍而言也程子蓋爲心無形體操存舍亡猶言用行舍藏云耳存亡猶隱顯也此正孟子善論心處言范女識心不識孟子蓋謂此也又曰放心是心本善而流於不善也言放心不足以言心非心之本體也他錄有曰心則無出入矣逐物者是欲合而究之則程子示人明且切之意彰矣或曰子謂心無形體乃其本體則是所謂無體之體亦可得而見乎程子有言學者莫若先理會敬能敬則知此矣○朱子云性卽心之所具之理也知性則物格之謂於學者亦自有實地可據然性之爲義則隱矣○好惡情也好善而惡惡性也好之惡之者心也物至知之好惡形焉心之動而應乎外也事物

未至好惡未形心之靜而專於內也若性者則其不易之常體不可以動靜內外言矣心性情說○形而上爲道形而下爲器須著如此說器亦道道亦器但得道在不繫今與後己與人此程子之說也蓋謂天高地下萬物散殊凡有跡可指者皆器也卽道也天不得不高地不得不下物之本乎天者則親上本乎地者則親下亘萬古而不易理定故也器有成毀而道則常在以人事言之文武之政布在方策皆器也卽道也政有舉息而道則常在程子又曰一陰一陽之謂道陰陽亦形而下者而曰道者惟此語截得上下最分明元來只此是道要在人默而識之道器說下二條同○運於無形之謂道形而下者不足以明之散殊可象爲氣淸通而不可象爲神此張子之說也蓋謂太虛者氣之本體爲性爲神是謂形而上者其聚而爲物天地法象皆神化之糟粕是謂形而下者與程子之說異朱子宗程子立說曰天地之間有理有氣理形而上者氣形而下者也人之生得理以爲性得氣以成形其推於人事以事爲形而下之器事之理乃道也事不合理則是有器而無道蓋歧而二之又非程子之說矣程子曰視聽思慮動作皆天也所謂器亦道也但要識眞妄妄則不誠無物何器之云○程子言凡事有本末不可以本末爲兩段事本道

也末器也卽道也朱子解之曰非謂末卽是本但學其末而本便在此竊以爲是乃程子之本旨也○心體也事用也心外無事事外無心心跡未嘗判此程子一原之旨也皆善事也或主於立名或主於爲利無是二者而或但出於一時之意氣其用雖是而其體非也若主於義曰此吾之所當爲也則體用合矣滯於用而不知養其所自出之原俗學也外於用以求眞體之所在異學也無是二者之蔽則得之矣一原說○原始以未生之前言反終以旣死之後言終者復其始者也始未嘗有則終亦無有始未嘗無則終亦無無以爲未嘗有者未嘗有我也復其始則無我矣以爲未嘗無者其所以爲我者未嘗無也安得隨死而亡乎易說下二條同○靜變而爲動動變而爲靜兩也易也道也時動而動初未嘗有動也時靜而靜初未嘗有靜也動靜合一存夫神神一而已兩可言也一不可言也故曰易所以立道窮神則無易矣○知事卽理則無事矣外不見物也知理卽心則無心矣內不見己也外物不接內欲不萌如是乃止乃得止之道止於理而已○今學者喜言正心而不言誠意喜言致知而不言格物汨於异學故耳誠意所以正心格物所以致知內外一理此乃大學之道也大學說○人之爲學一心而已蓋心主乎一身而其體

之虛靈足以管乎天下之理理散在萬事而其用之微妙實不外乎一人之心故學貴於知要求諸一心而已學之道奈何主敬以立其本窮理以進其知本立而知益明知進而本益固而心之體用全矣他日語門人曰主敬所以存此心格物所以明此心乃定論也刪朱子或問〇道散於天下而具於人之一心所謂性也性非他天命是矣所謂天命陰陽五行化生萬物天命之流行也五殊二實其本則一維天之命於穆不已天之所以爲天也所謂在天爲命也受生於天因各得是以爲性所爲在人爲性也循性而出散爲萬事皆道也修道以立法於天下則教也道形於日用無物不有無時不然所謂不可離也而其實體在我一性而已是故君子之體道也不求道於事而嚴諸一心戒愼恐懼乎其所不睹不聞所以存天理之本然無動靜之閒者也不睹不聞隱且微矣而至著存焉沖漠無朕萬象森然已具此體道之君子所以必愼其獨也蓋重言之非二事也喜怒哀樂情也四者形而天下之事具發而中節則道也和所以狀情之德道就事而言四者未發則性也謂之中中所以狀性之德道之體也道不出於一中而實性之德故曰大本君子嚴諸一心而性得所養則大本立矣本立道行所謂致中和也程子曰致如致却太平之

致蓋中和不可以力取其要在慎獨而已天地於此乎位萬物於此乎育此聖人之能事學者之極功而豈外於一心之妙用乎中庸說下七條同○或曰子亦求異於朱子乎曰非敢爲異也將求同於程子耳中和之說程門論說甚詳似皆未領其旨定性書言聖人之喜以物之當喜聖人之怒以物之當怒聖人之喜怒不繫於心而繫於物蓋自其不繫於心而言則未發之中自其因物喜怒而言則已發之和不可析爲二處也若以動靜之時分體用而以靜存爲致中動察爲致和非程子之本旨矣豈以其近於佛氏止觀空覺爲一之論遂寧過於分析乎程子云吾儒與釋氏句句合事事同然而不同其謂此歟○喜怒哀樂未發謂之中中也者天下之大本也指心之本體而言大學言正心曰有所忿懥恐懼好樂憂患則不得其正一物存焉則累其空明之本體矣名其無倚曰中名其無妄曰誠名其無私曰仁一物也是謂天命之謂性發而中節謂之和和也者天下之達道也指心之流行而言是謂率性之謂道忠恕一以貫之忠者無妄恕者所以行乎忠也忠者體恕者用大本達道也此程子之本旨也○常人有欲順其欲則喜逆其欲則怒失其欲則哀得其欲則樂其所以爲心者非喜則怒非哀則樂情而已聖人無欲渾然一性何

喜何怒何哀何樂故曰只喜怒哀樂不發便是中也由是言之聖人之心未發之中也赤子之心發而未遠於中也衆人之心則皆已發者也然則聖人無發乎曰發而中節物各付物是皆未發者之所形而其未發者固自若也故曰言和則中在其中言中則含喜怒哀樂在其中矣中以無過不及爲義過非道不及非道道者中而已以事言則各有中以道言則一中以蔽之矣中者大本言道之體也安得謂有二義乎如言心正則百事皆正若中有二義心亦可有二義乎

○或曰朱子論中和其書成卷子復有二論乎曰竊求諸程子而有疑焉蓋程門指此爲傳授心法故其門人論說最詳龜山之南也羅仲素李延平實世守之至朱子始自立說以未發已發分屬動靜之時學者但當因其時而各致其力非復程子之說矣周子圖說之主靜自註無欲故靜通書曰一者無欲無欲則靜虛動直則是主靜之靜乃所謂一者而非陽動陰靜之靜也伊洛源流疑出於此若張子之天德邵子之天心皆指是爲說也

○君子之道費而隱費用之廣也隱體之微也夫婦之所能知能行聖人之所不能知不能行語大語小在上在下萬有不齊可謂費矣語其體則一而已道是也不可得而見也以聖人言之動爲道言爲法行爲則三千三百萬有不齊

可謂費矣語其體則一而已心是也不可得而見也鳶飛魚躍上下察也明隱之不可揜也猶贊鬼神之德曰微之顯云耳中庸始言一理中散爲萬事末復合爲一理放之則彌六合卷之則退藏於密即其旨也○君子喻於義義其心也小人喻於利利其心也方其未形於事初未有義利之可言而其爲體固已判矣義心天下之公本於性者也天也利心一人之私生於形者也人也故君子從天不從人論語說下條同○下學以所行言上達以所見言非二事也下學而不能上達由之而不知者也窮理則盡性至命下學而上達也○必有事焉以持志言勿正者猶言有事而未嘗有事云耳勿忘即是有事勿助即是勿正故程子以鳶飛魚躍言之孟子說○仁者何人之本心是也求即其本心之安是爲仁也然則求仁之方但嘿以守吾此心可乎曰非也視聽言動出門使民居處執事與人以至事賢友仁學問思辨皆爲仁之地也近世右象山而左朱子曰吾心學也好異者靡然趨之惑世誣民其罪大矣仁說○道一本而萬殊夫子之一貫是矣以學言之則必有事於萬殊而後一者可幾也曾子之隨事力行子貢之多學而識皆親受業於夫子之門者也顏子之博文約禮而後如有所立易之知崇禮卑而後成性存存皆一說也程子

論學曰涵養須用敬進學則在致知朱子申明之曰主敬以立其本窮理以致其知本立而知益明知進而本益固可謂盡矣陸氏之學蓋略有見於道體遂欲單刀直入以徑造夫所謂一者又自以爲至簡至易立躋聖域故世之好異者靡然趨之而不知其相率而陷於異端之說也張子曰儒者窮理故率性可以謂之道釋氏不知窮理而自謂之性故其說不可推而行程子有言自物格而充之然後可以至聖人不知物格而先欲意誠心正者未有能中於理者據此可以斷陸氏之學學說下六條同○氣質之性生於形者也心爲形役故惟氣質用事天地之性言性之本然初不外於一心也生乎形而不役於形超然獨立物我並照則本性見矣學者知求復性而不知卽心以求則未嘗讀孟子者也性卽理也窮理則盡性至命以格物窮理爲外爲末而非之者則未嘗讀程子也○聖人之心道也言者心之聲行者心之迹六經之爲敎皆出於聖人之心故曰心道也常人之心去道遠矣於是乎有學必窮理讀書廣聞見而後理可明必克己治心強恕而後性可復學而至於成性而後聖人之心可言也今始學者知習靜以入德亦一門徑而遂曰道在是不假外求則妄說也○道者事物當然之理所謂在物爲理也而其實體在我何事

何物不出此心所謂處物爲義也故曰中理在事義在心聞樂而樂食旨而甘居處而安人之情也理也其居喪也聞樂不樂食旨不甘居處不安亦人之情也理也故君子之學求不失其本心而已○自誠明謂之性誠則無不明矣中庸論性而曰慎獨曰篤恭所以存誠也自明誠謂之教未至於誠者必由明而後至大學論學而首曰格物致知所以求明也程子論天論仁諸說卽中庸首章之旨論窮理論進學諸說卽大學首章之旨皆本乎一心而爲言也○儒釋皆從心地上做工夫故有相似處所謂以心役物不以物役心以理自勝不爲事物所侵亂夫豈不同本末一貫心跡合一儒者之公而大也釋氏離本末判心跡求以自私自利而已○動而陽靜而陰相循於無窮者是皆太極流行之用而其體初未嘗動也體用說○通宇宙一氣也氣之實陰陽是已自其未成形者而言絪縕糅錯相兼相制欲一之而不能虛也自其成形者而言天地法象萬物形色剛柔男女粲然有分實也實者虛之所爲形亦氣也是皆可名之象耳又自其本而言未嘗有體曰太虛虛而妙應曰神神而有常曰天曰性一物也有天則有道神天德化天道一於氣而已自其存主而言曰德自其流行而言曰道知變化之道者其知神之所爲乎正蒙說下三

條同○耳目口體氣之聚而成形者也視聽言動氣之虛而爲用者也曰陰曰陽可分屬也而皆統於一心則不可分矣氣之神也合一不測之謂也由此而通於性與天道君子之上達也由此而梏於聞見溺於物欲小人之下達也○客感客形與無感無形惟盡性者一之有無虛實通爲一物者性也卽程子道亦器器亦道之說○知晝夜陰陽則能一性命陰陽晝夜屈伸相感於無窮所謂天所不能自已者謂命而感之體卽性也故曰一性命聖人之至誠無息誠其性不息其命也鬼神常不死誠而已故曰誠不可揜此之謂知性命則知聖人知鬼神○曆家以日月星辰爲天體其度數有可紀者皆以地而言耳地有形質則有四極天之大也莫禦而其與地相爲依附而旋轉者則猶可量也是故象見乎上體必應乎下若形影然讀程語○儒者言性釋氏亦言性彼但認爲己有所謂本以利心得來故學者亦以利心向之性者萬物之一源非有我之得私也惟大人爲能盡其性蓋闢佛老而爲言也雜說下二條同○朱子之後學者知以理言性不墮於釋氏之虛空矣而未能識性者爲體則立言者之過也○禪學直截心地上用功卻緣何用心粗彼蓋自以爲道由我立命由我出其涉於跡者可勿深較程子不判心跡朱子不向用時

勤猛省更於何處味真腴此儒釋異處學者要須識此

詩

心非目不見目自見之體須知瞑目前明明有先視以下論性○治心如治目刮去膜與翳目淨視能傳心清性無際○胸中欲無事須是必有事敬則心自虛乃照無物地○無物是何地萬化從此出程門費講論此之謂未發○天理在何處本心原不昧乃知堯舜心千年至今在○萬法總歸一一復何所歸太極本無極天心無改移文中子意○釋氏談實際省心亦省事聖人亦何心萬事一天理以下述程語○釋言理是障此錯認理字理卽是吾心無生亦無死○管窺亦見天只是不廣大盡心而知天乃見天無外○靜中須有物莫若理會敬能敬則知此此是天命性○戒懼一生心卽此是慎獨物欲過將萌乃是敬未足○閑邪則固一主一不須閑敬則自無己天理本完全○主一謂之敬一者之謂誠一則無二三何復言欲萌○此理最爲約但恐不持久既能體而樂不患不能守○心懈則有防敬則無間斷存久體自明天理一以貫○只要立個心心卽是天理此上有商量應不出敬字○此心卽性天京師是長安當下便認取須知未發前○言止不言定須是止於事和則中在焉此理嘿而識

○坐井而觀天所見終不大試出井欄行卻入井欄坐○堯舜幾千年其心至今在道是堯舜心何嘗見道壞○萬象無所隱向明乃天理如顧影壁間區區一物耳邵子之旨○湛一氣之本感生方有象愛惡出太虛末勝則本喪張子之旨○性是無物地存心即養性何者是存心不出誠與敬以下漫述○道心心是道惟微道之體人心乃私欲已涉形與氣

文敏崔後渠先生銑

崔銑字子鍾一字仲鳧號後渠河南安陽人弱冠舉鄉試入太學與四方名士馬理呂柟寇天敘輩相期許登弘治乙丑進士第改庶吉士授編修逆瑾竊政朝士見者多屈膝先生與何瑭長揖而已瑾怒其輕薄張綵曰此人有虛名未可驟加之罪終出為南京稽勳主事瑾誅召還翰林時西涯以文藝籠絡天下先生以為非宰相所急上書規之侍講經筵每以親君子遠小人磨切武宗指錢寧廖鵬而言也小人皆欲甘心之晉侍讀遂告歸嘉靖改元起原官尋擢南京祭酒大禮議起上疏勸聖學辨忠邪以回天變上以為刺己也勒令致仕家居十六年以皇太子立選宮僚起少詹事兼侍讀學士轉南禮部右侍郎入賀聖節過家疾作而卒辛丑歲也年六十四贈禮部尚

書謚文敏先生之學以程朱爲的然於程子之言心學者則又刪之以爲涉於高虛是門人之附會無乃固歟至其言理氣無縫合處先生自有真得不隨朱子脚下轉是也其詆陽明不遺餘力稱之爲霸儒孫鍾元曰文敏議象山陽明爲禪學爲異說夫二人者且不必論其學術荊門之政有體有用寧藩之事擽九死以安社稷吾未見異端既出世而又肯任事者也此以其外而言也先生以知能心之用也愛敬性之實也本諸天故曰良今取以證其異說刪良能而不挈非霸儒歟此是以心爲知覺以性爲理不可以知覺卽是理之成說頗與先生氣卽理之論自相反耳先生既言本諸天故曰良孟子謂知能爲良則知能本諸天者卽是以愛敬之理決不僅以此知覺本諸天也陽明單提良知而不及愛敬其非懸空之知覺明矣孟子上節知能並舉下言無不知愛其親也無不知敬其兄也能字皆歸併知內蓋知是性也能是才也言性則才自在其中矣

士翼

造化流行四時者氣乎春當温秋當涼者理乎理乃氣之條段雖紛紜而不可亂者温涼以時聖人也冬過寒則春行其餘沴夏過炎則秋冒其餘熾氣偏理亦滯中人之性也春必温秋必涼性善之譬也

故學修而性可返若夫酷烈載沉七年固早其下愚哉非用湯之精誠弗回○自求心習靜之論與竊見孔經之在世猶襄獻之王周漢也方伯連帥雖曰同獎王室然別出教令自立社稷矣夫心即事也事即道也事合於道則心存矣事戾於道則心放矣故動之不能亡靜猶靜之不能亡動各值其遇而已矣靜而無事勿生妄念勿從墮容動而酬用勿昧本心勿殉外欲動而殉欲難以求靜靜而雜念胡以制動今求靜曰真空真識失之偏矣○問伊川曰性即理也然乎曰然性者仁義而已曾謂仁義非理乎仁義有不善歟問孔子何謂相近也曰別其所賦之等也問性何以有等曰氣也然則氣即理乎曰然何以明之今夫孩提知愛其親仁也知敬其長義也即其喜笑慕戀謂之愛即其恭敬推遜謂之敬是非氣乎發於外即其在於中者也理者氣之道善者氣之德豈伊二物哉問氣有原乎曰有之繫辭易有太極詩曰有物有則夫極者易之翕則者物之能故曰純粹精也舍是而談理氣支矣夫○陽有知而陰無知是故質受神以爲運魄資魂以爲識陽有去而陰常居是故炎火熄而灰存花色落而朽貯人生爲陽志則宰而氣則從質爲陽中之陰人死爲陰氣則升而魄則止氣爲陰中之陽○朱子謂氣有聚散理無聚散竊所未詳

蓋造化之原理常聚而氣亦聚人物之生氣若散而理亦散氣既散矣理安所附是故天地寒暑也人物禾稼也暑來禾生寒來禾死盡矣明年又蕃其鮮者故曰日新之謂盛德○天命之謂性故物之理卽吾心之理也外之物格則內之知致見天下之物各有則而不可易卽此則以應之故時措之宜矣曰窮理則隱而難求曰格物則顯而可據格物者修治其理人倫其先也若泛乎其務則荒而靡節故博非顏子之文則約非夫子之道○亡氣外之形亡神外之氣亡理外之神亡命外之理亡心外之命亡命外之心心者具萬理而出命也○問古之祭天地山川不屋謂棟宇不能囿其形也乃以人之飲食薦之夫豈知神之所嗜乎曰祭也者致其敬與禮也故以人道之所重者奉之盡其報本之誠已耳若神之所嗜夫惡知之豺之祭獸獺之祭魚亦就其性之所能也夫○覺心之放卽求也知我之病卽藥也矜己之是卽非也妬人之長卽短也○性之所寓曰心心之所具曰性性者理也心乃發用斯理者孟子以四端驗之夫自修身而齊家而治國平天下斯謂盡心盡性也精一道心者用之執中也中者道心之極也宋人以異端附會之曰道卽心也則人非心歟○問性卽理也有氣乎否曰氣也惟其爲理斯謂之性猶夫純潔而溫者

不謂之石而謂之玉也理之訓有條也古用以言一事至宋儒而言道體也○程子云聖人本天釋氏本心蓋天言其理也心兼乎血氣也釋氏以精靈知覺爲主故迷則皆妄悟則皆真故曰心聖人以仁義禮智爲主故經綸大經裁成大化與物同體故曰天○心性固不離亦非雜知能心之用也愛親敬長性也好利惡害心之覺也生可舍死可取性也譬之物焉生生氣也穀之甘杏之酸桂之辣性也心靈而性活也心移而性宰也孟子曰仁人心也乃言所主也非用爲訓也心性之辨一言而決之矣○陽剛也生也陰柔也成也皆氣也卽其理也仁陽也愛也義陰也敬也皆氣也卽其理也古人曰陰陽曰仁義一而已後人和合孔孟之言性乃立理氣之名學者勿泥其詞而析其源不可廢理而存氣也○常人無中小人無靜○朱子論宋祧主取諸商周夫湯文興自諸侯契稷始封之君也宗之固當布衣而有天下如宋太祖除亂救民創業垂統宜正東向之位爲百代之祖自宣宗而上悉以親盡而祧天子崩臣子稱天以誄之其祭也奉天以配之若曰先世積德而致則大賢之後多湮何乃棄赫赫之功而求冥冥之報若曰子孫不當自擇其先則自一世二世以至百世皆不遷可也○顏子之學克己復禮治怒改過莊周謂之黜聰明

珍倣宋版印

墮肢體蓋肆爲饕言以譏孔氏之致知謹禮也宋劉彥冲諸人祖述爲文則顏子乃孔門之達磨矣○曾點言志朱子許其天理流行夫遇一事必有一則處之當而熟則聖人矣一以貫之也豈有物見目前而可玩哉水之流鳶之飛魚之躍皆實體也猶父之慈子之孝皆天命之性人不率之愧於物矣豈若黃華般若爲禪機哉○不格物而曰致知者妄也不履事而曰存心者偷也夫人不食而謂飽卽空而見華非實也乃病也○觀諸造化靜多於動雖陽氣畢達萬有並作本體固凝也可以知德矣○觀諸造化動而無息是故絕澗石壁草蘚自生冬冽地拆薺麥自青可以知仁矣○大學一篇皆明明德而已仁者與物同體遺一物塗一民非仁也故新民卽明明德○中庸不指仁義爲性而曰喜怒哀樂蓋二者旨微而難言四者常發而易見夫仁義之訓至宋而明今卽田父市人而語之曰汝喜汝怒性也皆曉然而領四者卽仁義之用考孟子之四端則參得之矣戒懼以體驗此中使勿有所係而偏大學所謂正心慎獨以儆省此和使勿有所逐而流大學所謂修身靜立動之本動達靜之具交養互發非二事也○其世治者其論公於朝其世興者其論公於衆其世衰者其論公於野上下不公其世不可爲已故黨錮息而漢亡朋黨盡

而宋亂夫公論弗可一日而廢也○關雎咏淑女以配君子閒關思德音以括其上蓋幽王昏亂法家拂士斥矣所信惟婦言故詩人冀其改德以親賢女爾○心存則鑒物之理氣和則識仁之象○不言常而言變異端皆然申韓之法皆防人之欺疑人之叛夫將置秉彝於何地耶

松牕寤言

夫正物之謂格至理之謂物今之異言也則心當何正而至善有別名乎孟子曰良知良能知能心之用也愛敬性之實也本諸天故曰良今取以證其異刪良能而不挈非霸儒歟○學者改過追索其動念之故而除之斯不萌於再○孟子曰學問之道求其放心而已矣條目不具奚以求心故曰居處恭執事敬與人忠出門如見大賓使民如承大祭其存心之方乎夫心火屬也火麗物而後有形心宰物而後有造異端之言異焉曰靜則心定而理自見無待乎學矣是猶舍耒耜而言耕也○問程子有遺書矣子述程志也何居曰伐僞存真也高虛者異端則然學者附之斯惑人之向使二夫子之道淆其游謝之罪歟鮑氏而下無譏焉是故夫子之道仁也敬其業也

# 明儒學案卷四十九 諸儒中三

姚江黃棃洲先生著

豫章後學 夏鼎 熊育鑫 熊繩祖 熊育鏞 徐兆瀾 周聯慶 熊榮祖 蕭兆柄 劉秉楨 李真實 重刊

## 文定何柏齋先生瑭

何瑭字粹夫號柏齋懷慶武涉人生而端重不事嬉戲人以爲呆七歲時入郡城見彌勒像抗言請去之人皆大駭及爲諸生慨然慕許文正薛文清之爲人索其遺書讀之登宏治壬戌進士第改庶吉士歷編修修撰逆瑾召諸翰林各贈川扇翰林入見而跪先生獨長揖瑾怒贈不及之翰林謝扇復跪先生從旁曰嘻何跪而又跪也瑾大怒詰其姓名先生前對曰修撰何瑭知不爲瑾所容累疏謝病致仕歸瑾誅復職無何以經筵觸忌諱謫同知開州量移同知東昌府又歸嘉靖初起山西提學副使丁憂改浙江進南京太常少卿本寺正卿歷工戸禮三部侍郎謝病陞右都御史掌留臺不就家居十餘年癸卯九月卒年七十贈禮部尚書謚文定先生以儒者之學當務之

爲急細而言語威儀大而禮樂刑政此物之當格而不可後者也學問思辨一旦卓有定見則物格而知至矣由是而發之以誠主之以正然而身不修家不齊未之有也至究其本原爲性命形於著述爲文章固非二道特其緩急先後各有次第不可紊耳今曰理出於心心存則萬理備吾道一貫聖人之極致也奚事外求吾恐其修齊治平之道反有所略則所學非所用所用非所學於古人之道不免差矣先生此論爲陽明而發也蓋力主在心爲知覺在物爲理之說固無足怪獨是以本原性命非當務之急若無與乎修齊之事者則與清談何異修齊之事無乃專靠言語威儀禮樂刑政歟真可謂本末倒置矣先生與王浚川許函谷辯論陰陽數千言爲浚川所破者不一其大指之差在以神爲無以形爲有有無豈能相合則神形已離爲二神形既二又豈待人死而後無知哉

## 儒學管見

或問儒者之學曰五經四書之所載皆儒者之道也於此而學之則儒者之學也問其要曰莫要於大學請問其旨曰人之有生莫不有身焉亦莫不有家焉仕而在位則又有國與天下之責焉修齊治平莫不有道此則道之實體也具此道於心神性情之間明德也行此

道於家國天下之際新民也明德爲體而實見於新民之用新民爲用而實本於明德之體蓋內外合一者也而莫不各有至善之所當止焉然斯道也非知之於先則不能行之於後故有知止能得之訓焉此大學之要指也請問其詳曰人之生也莫不有心以爲此身之主忿懥恐懼好樂憂患皆心之用也情也其未發則性也方其未發也必廓然大公無所偏倚心之本體方得其正一有偏倚則不正矣此善惡之根也或曰朱子謂心之未發如鑑空衡平無正不正之可言必其既發則正不正始有可見故章句謂用之所行或不能不失其正今乃謂未發之時心已不正何也曰心之正不正雖見於既發之後實根於未發之前如鑑之不明衡之不平雖未照物懸物而其體固已不正矣至於用之所行或不能不失其正則修身章內親愛五者之偏正指此而言所謂已發而爲情者也若謂正心傳內不得其正卽指已發則修身傳內五者之偏又何指耶朱子章句蓋一時之誤也其以正心次誠意之後何也曰意不誠者明知善之當行而不能行明知惡之當惡而不能去蓋自欺之小人也又何暇論其心之正不正哉其或誠於好善而惡惡矣而氣稟識見之偏心有未正則接人處事之際往往隨其所偏而發不復加察則雖誠於好善惡

惡不免有時而失此誠意之後繼以正心蓋欲其涵養省察使其心未發之時無少偏倚感物而動之際又加察焉使情之所發用之所行無一不中乎理此則儒者之極功焉然五者之情各行於接人處事之際接家人國人天下人無不然也而所接莫先於家人故於修身齊家傳內發之非謂接他人不然也格物致知云者格修齊治平之道而真知孰善孰惡也誠意云者行修齊治平之道誠行其善而去其惡者也至於天下之治亂天命之得失則善惡之效而萬世之勸戒也此儒學體用之大全也○學與政非二道也學以政爲大天下之政總於六部以大學之傳考之平天下之用人吏兵之政也理財戶工之政也治國興仁讓之善則禮之政也禁貪戾之惡則刑之政也吏兵之用人能同天下之好惡而不徇一己之偏戶工之理財能節用愛人而不爲聚斂之計禮刑能興善而禁惡則謂之賢公卿有司可也本之以大學之道而行之以國家之法爲政之道思過半矣此儒者之正學也或者舍而不求徒從事於記誦詞章者既不足道而所謂道學者又多用心於性與天道之間及存心養性之說名雖可觀實則無補其可嘆者多矣

有問一貫約禮之說者曰儒者未得游夏之十一而議論卽過顏曾以聖賢心法爲初學口耳此道聽塗說之最可惡者○門人請梓文集曰聖賢之道昭在六籍如日星後學愧不能知而行之自宋以來儒先之論正苦太多此吾之所深懼也○有言先生銖視軒冕塵視金玉者曰此後世儒者輕世傲物之論也金玉自是金玉如何塵視得軒冕自是軒冕如何銖視得此何異老莊芻狗飄瓦曰如是孔子何以謂富貴如浮雲曰浮雲在不義不在富貴也

## 陰陽管見

陰陽之論予幼聞其名而未知其實反覆乎周程張邵之書出入乎佛老醫卜之說者將二十年至三十八歲玩伏羲卦象而驗之以造化之道迺若有得惜諸儒之論皆失其真也欲著述以明之以其非日用所急且恐啓爭端也藏之中心蓋十五年於今矣間與一二知己談之而鄒東郭先生屬予筆之成書因略書數條告之王浚川許函谷復有所疑且予著述之本旨亦未明也迺補書三條於內嗚呼性命之難言也尚矣一己之見安敢必他人之皆我從哉引伸觸類正誤糾失蓋有待乎世之君子焉嘉靖五年九月朔日敘○造化之道一陰一陽而已矣陽動陰靜陽明陰晦陽有知陰無知陰有形陽

無形陽無體以陰爲體陰無用待陽而用二者相合則物生相離則物死微哉微哉通於其說則鬼神之幽人物之著與夫天文地理醫卜方技仙佛之蘊一以貫之而無遺矣一章○天爲陽地爲陰火爲陽水爲陰天陽之陽也故神而無形地陰之陰也故形而不神火陽之陰也故可見然終無形也水陰之陽也故能化然終無知也天變而爲風地變而爲山火變而爲雷水變而爲澤雨雪霜露皆澤之類也觀八卦之象則可知矣二章○火陽也其盛在天水陰也其盛在地蓋各從其類也何以明之日爲火之精月爲水之精日近則爲溫爲暑火偏盛也日遠則爲涼爲寒水偏盛也四時之變於是乎生矣地雖有火而不能爲溫暑天雖有水而不能爲寒涼故曰其盛各有在也三章○或曰水陰也流而不息安在其爲靜乎曰流非水之本然也水體凝而性靜者也其融火化之也其流天運之也天火無形實爲陰樞而人不能見也故謂水爲動悞矣何以明之水氣爲寒寒甚則冰非有待於外也水自遂其性耳然則水之爲靜也昭昭矣四章○或曰天有定形故日月星宿之麗於天者萬古不易今謂天無形殆未可乎曰此不難知也既天有定形日月五星又何以有盈縮之異乎若謂日月五星雖麗於天而不爲天所拘故有盈縮之異不

知上何所繫下何所承乃萬古而不墜乎蓋天陽氣也動而不息其行至健日月五星皆運於天者也天行有常故日月星宿萬古不易其有盈縮則以象有大小天運之有難易也譬之浮物於水小者順流而去故疾中者少遲大者愈遲其勢則然也如此則謂天有定形者其惑可解謂天左旋日月五星右轉者其說不攻而自破矣五章

○或曰天地水火恐未足以盡造化之蘊不如以陰陽統之予竊以爲陰陽者虛名也天地水火者實體也二而一者也謂天地水火未足以盡造化之蘊此特未之察耳蓋人知水之爲水而不知寒涼潤澤皆水也人知火之爲火而不知溫熱光明皆火也天宰之以神地載之以形水火二者交會變化於其間萬物由是而生由是而死造化之能事畢矣自此之外豈復有餘蘊乎六章

○或曰乾靜專而動直坤靜翕而動闢易大傳也今謂天專爲動地專爲靜何居曰易大傳之文爲乾坤交不交而言也乾有時而不交坤故謂之靜然其本體之動者自若也坤有時而受乾之交故謂之動然其本體之靜者亦自若也觀天地則可知矣夫何疑乎七章

○或曰易大傳謂立天之道曰陰與陽立地之道曰柔與剛今謂天爲陽地爲陰不亦異乎曰乾陽物也其象爲天坤陰物也其象爲地玆非易道之彰彰者乎

曰言若是之不同何也曰各有指也火陽也雖附於天而未嘗不行於地水陰也雖附於地而未嘗不行於天水火者天地之二用也故天有陰陽地有柔剛默識而旁通之則並行而不悖矣八章○或曰周子之太極何如曰非吾之所知也其說謂太極動而生陽動極而靜靜而生陰靜極復動自今觀之則天陽之動者也果何時動極而靜乎地陰之靜者也果何時靜極而動乎天不能生地水不能生火無愚智皆知之迺謂陰陽相生不亦悞乎蓋天地水火雖渾然而不可離實燦然而不可亂先儒但見其不相離而未察其不可亂也故立論混而無別愚竊以爲陰之與陽謂之相依則可謂之相生則不可九章○或曰何謂太極曰一陰一陽之謂道道太極也周子之論何如曰似矣而實非也五行一陰陽陰陽一太極則固謂太極不外乎陰陽而陰陽不外乎五行矣自今論之水水也火火也金木水火土之交變也土地也天安在乎有地而無天謂之造化之全可乎或曰天太極也故朱子以上天之載釋太極以天道流行釋陰陽豈可謂之有地而無天乎曰易有太極是生兩儀兩儀生四象四象生八卦八卦之中有乾有坤則天地皆太極之分體明矣以天爲太極之全體而地爲天之分體豈不悞甚矣哉太極圖爲性理之首而其失

有如此者故不可不辨十章○或曰張子之正蒙何如曰太虛卽氣太虛不能不聚而爲萬物萬物不能不散而爲太虛聚則離明得施而有形可見散則離明不得施而無形不可見不可見因其可見始謂之有因其不可見遂謂之無故謂聖人不言有無言有無爲諸子之陋此其書之大指也殊不知造化之道陽爲神陰爲形形聚則可見散則不可見神無聚散之迹故終不可見今夫人之知覺運動皆神之所爲也是豈有形而可見乎觀人則造化之妙可知矣張子之論蓋以意見窺測而未至者也十一章○或曰邵子之經世何如曰元會運世之分無所依據先儒已有議其失者今不贅論天以日月星辰變而爲暑寒晝夜地以水火土石化而爲雨風露雷此其書之大指也自今觀之暑寒晝夜皆主於日月星辰何有焉風爲天所變雷爲火所變雨露皆水所變其理甚明少思則得之矣火爲風石爲雷土爲露豈不牽強之甚哉且其取象乾不爲天而爲日離不爲日而爲星坤反爲水坎反爲土與伏羲之易象大異迺自謂其學出於伏羲之先天圖吾不知其說也十二章○或曰子自謂所論皆出於伏羲之易其詳何如曰太極生兩儀兩儀生四象四象生八卦此伏羲易象之本也乾離皆生於陽故謂天火爲陽坤坎皆生於陰故謂地

水爲陰乾變其初九爲初六則爲巽故謂風爲天之變蓋天下交於陰也坤變其六三爲九三則爲艮故謂山爲地之變蓋地上交於陽也離變其九三爲六三則爲震火爲陰伏則奮擊而爲雷故謂雷爲火之變坎變其初六爲初九則爲兌水與陽交則相和而爲澤故謂澤爲水之變坤艮離震相比從其類也乾兌坎巽相遠無乃以震爲陽可下行於地之分坎爲陰之陽亦能上入於天之分故兩儀其位耶若以兌爲巽以巽爲兌則陰陽之分尤爲明順然非後學所敢斷也姑發此意以俟再來之伏羲正焉 十三章

以伏羲之橫圖豎起觀之則造化在目中矣此易之太極圖也

陽　陰

乾兌離震巽坎艮坤

☰☱☲☳☴☵☶☷

天澤火雷風水山地

上　下

## 陰陽管見後語

造化之妙先聖已有論者見於易象及禮祭義春秋左傳諸篇可考也但所言簡略耳蓋以其理微妙難明恐學者知未及此驟而語之反滋其惑故等閑不論所謂子不語神子罕言命夫子之言性與天道不可得而聞是也但近世儒者不察先聖之指未明造化之妙輒以己見立論其說傳於天下後世學者習於耳目之聞見遂以爲理實止此而不知其謬也予惜其失故著管見以救之而爭辯紛然而起蓋爲先入之言所梏耳予不得已乃著管見後語以發之學者熟玩而細察焉可也嘉靖甲午冬至後二日序○造化之道合言之則爲太極分言之則爲陰陽謂之兩儀陰陽又分之則爲太陰太陽少陰少陽謂之四象四象又分之則爲天地水火風雷山澤之象謂之八卦天地水火常在故爲體雷風山澤或有或無故謂之變此皆在造化之中而未生物也其既合則物生矣一章○陰形陽神合則生人所謂精氣爲物也離則人死所謂游魂爲變也方其生也形神爲一未易察也及其死也神則去矣而去者初無形可見形雖尚在然已無所知矣陽有知而無形陰有形而無知豈不昭然而易察哉二章○天動而無形風亦動而無形天不息風有時而息下交於陰爲

陰所滯也高山之顛風猛蓋去陰稍遠不大爲所滯也雲霄之上風愈猛蓋將純乎天也然則天變而爲風也明矣春夏日近火氣盛則雷迺發秋冬日遠火氣微則雷乃收雷有電火光也雷所擊有燒痕火所燎也然則火變而爲雷也明矣若地水之變則有形易見不待論也周易謂停水爲澤管見則以水之化而散者爲澤蓋停水與流行無異而水之化爲雨雪霜露者於八卦遂無所歸且澤有散義先聖亦有雨澤之說故不從周易所取之象蓋於造化之道不合雖文王之象亦不敢從也三章○世儒論天道之陰陽多指四時之變而言而四時之變陰陽消長實指水火而言而天之本體則運行水火在四時之外無消長也地道之柔剛則以形論地水相結爲火所煆者則剛而火氣行於地者人不敢犯亦謂之剛至於地水本體至靜而無爲則謂之柔此所謂地有柔剛亦自水火而來也四章○周子所謂太極指神而言神無所不統故謂太極神無形故謂無極而太極朱子所註亦得其意但不言神而言理故讀者未卽悟朱註上天之載蓋指神而言也殊不知太極乃陰陽合而未分者也陰形陽神皆在其中及分爲陰陽則陽爲天火依舊爲神陰爲地水依舊爲形若太極本體止有神而無形則分後地水之形何從而來哉由此化

生人物其心性之神則皆天火之神所爲也其血肉之形則皆地水之形所爲也此理先聖屢有言者但學者忽而不察耳蓋有形易見而無形難見固無怪其然也五章○橫渠論氣聚則離明得施而有形可見氣散則離明不得施而無形故不可見夫地之上虛空處皆天也此儒者之所共言亦橫渠之所知也盈虛空處皆天氣可謂聚矣是果有形而可見乎天變爲風風之猛者排山倒海亦可謂氣聚矣謂之離明得施有形可見得乎故曰神與聚散之迹張子窺測而未至也六章○老子謂有生於無周子謂無極太極而生陰陽五行張子謂太虛無形而生天地糟粕所見大略相同但老子周子猶謂神生形無生有至張子則直謂虛無形止爲氣之聚散不復知有神形之分此則又不同也學者詳之可也七章○浚川謂鬼神無知覺靈應凡經訓禍福祭享之類皆謂止是聖人以神道設教實無此理此大惧也人血肉之軀爾其知覺感應孰爲之哉蓋人心之神也心之神何自而來哉蓋出於造化之神也人有形聲可驗則謂之有神無形聲可驗則謂之無淺矣八章

陰陽管見辯

易有太極是生兩儀兩儀者陰陽也太極者陰陽合一而未分者也

陰有陽無陰形陽神固皆在其中矣故分爲兩儀則亦不過分其本有者若謂太虛清通之氣爲太極則不知地水之陰自何而來也○柏齋謂神爲陽形爲陰又謂陽無形陰有形矣今却云分爲兩儀亦不過分其本有者旣稱無形將何以分止分陰形是無陽矣謂分兩儀豈不自相矛盾使愚終年思之而不得其說望將陰陽有無分離之實再爲教之柏齋又謂以太虛清通之氣爲太極不知地水之陰自何而來嗟乎此柏齋以氣爲獨陽之誤也不思元氣之中萬有俱備以其氣本言之有蒸有濕蒸者能運動爲陽爲火濕者常潤靜爲陰爲水無濕則蒸靡附無蒸則濕不化始雖清微鬱則妙合而凝神乃生焉故曰陰陽不測之謂神是氣者形之種而形者氣之化一虛一實皆氣也神者形氣之妙用性之不得已者也三者一貫之道也今執事以神爲陽以形爲陰皆出自釋氏仙佛之論誤矣夫神必藉形氣而有者無形氣則神滅矣縱有之亦乘夫未散之氣而顯者如火光之必附於物而後見無物則火尚何在乎仲尼之門論陰陽必以氣論神必不離陰陽執事以神爲陽以形爲陰愚以爲異端之見矣○道體兼有無陰爲形陽爲神神而無形者其本體蓋未嘗相混也釋老謂自無而有誠非矣浚川此論出於橫渠要其歸則與老氏

無而生有者無異也釋氏則實以有無並論與老氏不同此不可不知也所未精者論眞性與運動之風爲二及以風火爲形耳陰陽管見中略具此意有志於道者詳之可也浚川所見出於橫渠其文亦相似○栢齋言道體兼有無亦自神無形有來此不須再辨愚謂道體本有本實以元氣而言也元氣之上無物故曰太極言推究於至極不可得而知故論道體必以元氣爲始故曰有虛卽有氣虛不離氣氣不離虛無所始無所終之妙也氣爲造化之宗樞安得不謂之有執事曰釋老謂自無而有誠非矣又謂余論出於橫渠要其歸則與老氏合橫渠之論與愚見同否且未暇辨但老氏之所謂虛其旨本虛無也非愚以元氣爲道之本體者此不可以同論也望再思之

○日陽精蓋火之精也星雖火餘然亦有其體矣陰止受火光以爲光者如水與水精之類也猶月之小者也風雷雖皆屬陽然風屬天之陽雷屬火之陽亦不可混至於雲則屬陰水今獨不可謂之陽也

○陰陽卽元氣其體之始本自相渾不可離析故所生化之物有陰有陽亦不能相離但氣有偏盛遂爲物主耳星隕皆火能焚物故謂星爲陽餘栢齋謂雲爲獨陰矣愚則謂陰乘陽耳其有象可見者陰也自地如縷而出能運動飛揚者乃陽也謂水爲純陰矣愚則謂陰

挾陽耳其有質而就下者陰也其得日光而散爲氣者則陽也但陰盛於陽故屬陰類矣○天陽爲氣地陰爲形男女牡牝皆陰陽之合也特以氣類分屬陰陽耳少男有陽而無陰少女有陰而無陽也寒暑晝夜管見有論至於呼吸則陽氣之行不能直遂蓋爲陰所滯而相戰耳此屈伸之道也凡屬氣者皆陽凡屬形者皆陰此數語甚眞然謂之氣則猶有象不如以神字易之蓋神卽氣之靈尤妙也愚嘗驗經星河漢位次景象終古不移謂天有定體氣則虛浮虛浮則動蕩動蕩則有錯亂安能終古如是自來儒者謂天爲輕清之氣恐未然且包天地外果爾輕清之氣何以乘載地水氣必上浮安能左右旋轉漢郄萌曰天體確然在上此眞至論智者可以思矣柏齋惑於釋氏地水火風之說遂謂風爲天類以附成天地水火之論其實不然先儒謂風爲天體旋轉蕩激而然亦或可通今云風卽天類誤矣男女牝牡專以體質言氣爲陽而形爲陰男女牝牡皆然也卽愚所謂陰陽有偏盛卽盛者恆主之也柏齋謂男女牝牡皆陰陽相合是也又謂少男有陽而無陰少女有陰而無陽豈不自相背馳寒暑晝夜以氣言蓋謂屈伸往來之異非專陰專陽之說愚於董子陽月陰月辨之詳矣呼吸者氣機之不容已者呼則氣出出則中虛虛則受

氣故氣入吸則氣入入則中滿滿則溢氣故氣出此乃天然之妙非人力可以強而爲之者柏齋謂陽爲陰滯而相戰恐無是景象當再體驗之何如柏齋又謂愚之所言凡屬氣者皆陽凡屬形者皆陰以下數語甚真此愚推究陰陽之極言之雖葱蒼之象亦陰飛動之象亦陽蓋謂二氣相待有離其一不得者況神者生之靈皆氣所固有者也無氣則神何從而生柏齋欲以神字代氣恐非精當之見○土卽地也四時無不在故配四季木温爲火熱之漸金涼爲水寒之漸故配四時特生之序不然耳五行家之說自是一端不必與之辨也火旺於夏水旺於冬亦是正理今人但知水流而不息遂謂河凍川冰爲水之休囚而不知冰凍爲水之本體流動爲天火之化也誤矣

○柏齋曰土卽地四時無不在愚謂金木水火無氣則已有則四時日月皆在何止四季之月今土配四季金木水火配四時其餘無配時月五行之氣不知各相退避乎卽爲消滅乎突然而來抑候次於何所乎此假象配合穿鑿無理甚較然者世儒惑於邪妄而不能辨豈不可哀柏齋又曰五行家之說自是一端不必與辨愚謂學孔子者當推明其道以息邪說庶天下後世崇正論行正道而不至陷於異端可也何可謂自是一端不必與辨然則造化真實之理聖人雅

正之道因而蒙蔽晦蝕是誰之咎其謂水旺於冬猶爲痼疾夫夏秋之時膚寸雲靄大雨時行萬流湧溢百川灌河海潮爲之嘯逆不於此時而論水旺乃於水泉閉涸之時而强配以爲旺豈不大謬又謂今人但知水流而不息遂謂河凍川冰爲水之休囚而不知冰凍爲水之本體流動爲天火之化嗟乎此尤不通之說夫水之始化也冰乎水乎使始於冰雖謂冰爲水之本體固無不可矣然果始於冰乎水乎此有識者之所能辨也夫水之始氣化也陽火在內故有氣能動冰雪者雨水之變非始化之體也安可謂之本裂膚墮指而江海不冰謂流動爲天火之化得乎哉○人之神與造化之神一也故能相動師巫之類不可謂無浚川舊論天地無知鬼神無靈無師巫之術今天地鬼神之說變矣而師巫猶謂之無如舊也何哉此三事一理也特未思耳神能御氣氣能御形造化人物無異但有大小之分耳造化神氣大故所能爲者亦大人物神氣小故所能爲者亦小其機則無異也州縣小吏亦能竊人主之權以行事此師巫之比也行禱則求於造化之神也設位請客客有至不至設主求神神有應不應然客有形人見之神無形人不能見也以目不能見遂謂之無淺矣此木主土偶之比也蒸水爲雲灑水爲雨搖扇起風放炮起雷皆

人之所爲也皆人之所共知也此雖形用主之者亦神氣也師巫則專用神氣而不假於形者也通此則邪術之有無可知矣浚川論人道甚好特天道未透耳蓋其自處太高謂人皆不及己故謂己見不可易耳吾幼時所見與浚川大同後乃知其非吾料浚川亦當有時而自知其非也愼言此條乃爲師巫能致風雲雷雨而言故曰雨暘風霆天地之德化而師巫之鬼不能致耳或能致者偶遇之也至於邪術亦未嘗謂世間無此但有之者亦是得人物之氣實而成非虛無杳冥無所憑藉而能之也如採生折割如滌目幻視等類與師巫之虛無杳冥能致風雨不同皆藉人物之實氣柏齋又謂造化之神氣大故所能爲者亦大人物神氣小故所能爲者亦小其機則無異矣愚則謂天所能爲者人不能爲人所能爲者天亦不能爲之師巫若能呼風喚雨何不如世俗所謂吹氣成雲噀唾成雨握手成雷拂袖成風頃刻之間靈異交至又何必築壇敕將祭禱旬朔以待其自來豈非誑惑耶俗士乃爲信之悲哉柏齋又謂州縣小吏亦能竊人主之權以爲師巫能竊天神之權愚以謂過矣小吏人主皆人也所竊皆人事也故可能師巫人也風雨天也天之神化師巫安能之投鐵於淵龍起而雨此乃正術亦非冥祈不可同也又謂設主請客有

至不至如師巫求神有應不應此皆爲師巫出脫之計請客不至或有他故求神不應神亦有他故邪此可以發笑又謂蒸水爲雲灑水爲雨搖扇起風放砲起雷爲人神氣所爲不知此等雲雨風雷真邪假邪若非天道之真不過物象之似耳與師巫以人求天有何相類且師巫專用神氣而不假之以形不知是何神靈聽師巫之所使抑師巫之精神耶此類說夢愚不得而知之其謂愚論人道甚好特天道未透益自處太高謂人皆不及己故執己見不可易又謂向時所見與浚川大同後乃知其非吾料浚川亦當有時自知其非此數言教愚多矣但謂自處太高謂人不及己此則失愚之心也夫得其實理則信不得其理此心扞格不契何以相信使芻蕘之言會於愚心即躍然領受況大賢乎謂人不及己執所見而不易此以人爲高下而不據理之是非者之爲也愚豈如是乎柏齋又云神能御氣氣能御形以神自外來不從形氣而有遂謂天地太虛之中無非鬼神能聽人役使亦能爲人禍福愚則謂神必待形氣而有如母能生子子能爲母主耳至於天地之間二氣交感百靈雜出風霆流行山川冥漠氣之變化何物不有欲氣而爲神恐不可得縱如神仙尸解亦人之神乘氣而去矣安能脫然神自神而氣自氣乎由是言之兩間神

鬼百靈顯著但恐不能爲人役使亦不能爲人禍福耳亦有類之者人死而氣未散乃憑物以祟人若夫罔兩罔象山魈水魖之怪來遊人間皆非所謂神也此終古不易之論望智者再思之何如○讀禍福祭祀之論意猶爲鬼神無知覺作爲此大惑也人血肉之軀耳其有知覺作爲誰主之哉蓋人心之神也人心之神何從而來哉蓋得於造化之神也故人有知覺作爲鬼神亦有知覺作爲謂鬼神無知覺作爲異於人者梏於耳目聞見之驗而不通之以理儒之淺者也程張不免有此失先聖論鬼神者多矣乃一切不信而信淺儒之說何也豈梏於耳目聞見之迹而不能通之以理者乎○易曰積善之家必有餘慶積不善之家必有餘殃語曰禍福無門惟人所召故知人之爲善爲惡乃得福得禍之本其不順應者幸不幸耳故取程子答唐棣之論乃爲訓世之正今柏齋以禍福必曰於鬼神主之則夫善者乃得禍不善者乃得福鬼神亦謬惡不仁矣有是乎且夫天地之間何虛非氣何氣不化何化非神安得謂無靈又安可謂無知但亦窅冥恍惚非必在在可求人人得而攝之何也人物巨細亦夥矣攝人必攝物強食弱智戕愚衆暴寡物殘人人殺物皆非天道之常性命之正世人與物相戕相殺無處無之而鬼神之力不能報其冤

是鬼神亦昧劣而不義矣何足以爲靈異故愚直以仲尼敬鬼神而遠之以爲主論而祭祀之道以爲設教非謂其無知無覺而不神也大抵造化鬼神之跡皆性之不得已而然者非出於有意也非以之爲人也其本體自如是耳於此而不知皆淺儒誣妄惑於世俗之見而不能達乎至理者矣此又何足與辨○先聖作易見造化之妙有有形無形之兩體故畫奇耦以象之謂之兩儀見無形之氣又有火之可見者有形之形又有水之可化爲氣者故於奇之上又分奇耦耦之上亦分奇耦謂之四象是畫易之次第卽造化之實也乃謂其局而謬悞矣○易有太極是生兩儀兩儀生四象四象生八卦此聖人推論畫易之原非論天地造化本然之妙用也函谷當時往往準易以論造化愚嘗辟而病之柏齋前謂太極爲陰陽未分兩儀謂陰陽已分似也今生於四象又謂聖人見無形之象又有火之可見有形之形又有水之可化爲氣者故於奇之上又分奇耦耦之上亦分奇耦謂之四象嗟乎此論爲蛇添足又豈自然而然之道哉先儒謂四象爲陰陽剛柔四少乃本易中之所有者後人猶議其無據今乃突然以形氣水火名之於易戾矣形氣易卦未嘗具論水火卦有坎離此而名之豈不相犯求諸要歸大抵柏齋欲以易卦之象附會於

造化故不覺其牽合穿鑿至此耳嗟乎易自邵朱以來如先天後天河圖五行任意附入者已多及求諸六十四卦何嘗具此後學自少至老讀其遺文迷而不省又爲衍其餘說日膠月固而不可解使四聖之易雜以異端之說悲哉○天地未生蓋混沌未分之時也所謂太極也天神地形雖曰未分實則並存而未嘗缺一也太虛之氣天也神也以形論之則無也地則形也非太虛之氣也以形論之則有也分爲天地與未分之時無異也謂儒者之道無無無空者非也神與形合則物生所謂精氣爲物也神去形離則物死所謂游魂爲變也神在人心性是也無形也形在人血肉是也無知也方其生也形神混合未易辨也及其死也神則去矣去者固無形也形雖尚在固已無知而不神矣此理之易見者也乃謂儒道無無無空何也此說出於橫渠不足爲據蓋橫渠見道亦未真也老氏謂萬物生於有有生於無悞矣橫渠力辨其失及自爲說則謂太虛無形氣之本體其聚其散變化之客形耳客形有也生於無形此與老氏有生於無者何異是無異同浴而譏裸裎也釋氏猶知形神有無之分過於橫渠特未精耳○太虛太極陰陽有無之義已具於前不復再論但源頭所見各異故其說遂不相入耳愚以元氣未分之前形氣神沖然皆

具且以天有定體安得不謂之有不謂之實柏齋以天爲神爲風皆不可見安得不謂之無不謂之空今以其實言之天果有體邪果止於清氣邪遠不可見故無所取證耳若謂天地水火本然之體皆自太虛種子而出道體豈不實乎豈不有乎柏齋謂儒道有無有空不可以天爲神遂因而誤之如此且夫天包地外二氣洞徹萬有莫不藉之以生藉之以神藉之以性及其形壞氣散而神性乃滅豈非生於本有乎柏齋以愚之論出於橫渠與老氏萬物生於有有生於無不異不惟不知愚及老氏亦不知矣老氏謂萬物生於有謂形氣相禪者有生於無謂形氣之始本無也愚則以爲萬有皆具於元氣之始故曰儒之道本實本有無無也無空也柏齋乃取釋氏猶知形神有無之分愚以爲柏齋酷嗜仙佛受病之源矣○五行生成之數誠妄矣有水火而後有土之說則亦未也天地水火造化本體皆非有所待而後生也木金則生於水火土相交之後正蒙一段論此甚好但中間各有天機存焉天神無形人不能見故論者皆遺之此可笑也浚川所見高過於函谷函谷所見多無一定細觀之自見今不暇與辨也嘉靖甲午十月晦日書於柏齋私居○柏齋謂天地水火造化本體皆非有所待而後生愚則以爲四者皆自元氣變化出來未

嘗無所待者也天者氣化之總物包羅萬有而神者也天體成則氣化屬之天矣故日月之精交相變化而水火生矣觀夫燧取火於日方諸取水於月可測矣土者水之滓滓得火而結凝者觀海中浮沫久而爲石可測矣金石草木水火土之化也雖有精粗先後之殊皆出自元氣之種謂地與天與水火一時並生均爲造化本體愚竊以爲非然矣老氏謂有生於無周子謂無極而太極太極生二五橫渠謂太虛無形生天地糟粕所見大略相同但老氏周子猶謂神生形無生有橫渠則謂虛與形止由氣之聚散無神形有無之分又不同也予竊謂論道體者易象爲至老子周子次之橫渠爲下蓋以其不知神形之分也〇神形之分魂升而魄降也古今儒者孰不知之今謂老子周子知之橫渠不知豈不寃哉大抵老氏周子不以氣爲主誠以爲無矣與栢齋以神爲無同義與橫渠氣之爲物散入無形適得吾體大相懸絶夫同道相賢殊軌異趨栢齋又安能以橫渠爲然嗟乎以造化本體爲空爲無此古今之大迷雖後儒扶正濂溪無極之旨曰無聲無臭實造化之樞紐品彙之根柢亦不明言何物主之豈非談虛說空乎但形神之分能知陰陽果不相離則升而上者氣之精也降而下者氣之跡也精則爲神爲生爲明靈跡則爲形爲死

爲糟粕神之氣終散歸於太虛不滅息也形之氣亦化歸於太虛爲腐臭也則造化本體安得不謂之有安得不謂之實老釋之所謂有無有空者可以不攻而自破世儒謂理能生氣者可以三思而自得矣望柏齋以意逆志除去葛藤舊見當自契合○地上虛空處皆天天氣可謂聚矣是豈有形而可見乎天變爲風風之猛者排山倒海氣之聚益顯矣謂之離明得施有形可見得乎故曰陽爲神無聚散之迹終不可見而張子之論未至也予初著管見多引而不發蓋望同志深思而自得之也忽而不察者皆是矣因復引而伸之然不能盡言也其餘則尚有望於世之君子焉甲午冬至前三日書○地上虛空謂之皆氣則可謂之皆天則不可天自有體觀星象河漢確然不移可以測知且天運於外無一息停虛空之氣未嘗隨轉謂地上皆天恐非至論矣風之猛者排山倒海謂氣之動則可謂氣之聚則不可夫氣之動由力排之也力之排由激致之也激之所自天機運之也此可以論風矣謂天運成風則可謂天即風則不可氣雖無形可見却是實有之物口可以吸而入手可以搖而得非虛寂空冥無所索取者世儒類以氣體爲無悞矣愚謂學者必識氣本然後可以論造化不然頭腦既差難與論其餘矣○陰陽不測之謂神地有何

不測而謂之神邪若謂地之靈變此是天之藏於地者耳非地之本體也○柏齋曰陰陽不測之謂神地有何不測而謂之神愚則以爲後坤發育羣品載生山川蘊靈雷雨交作謂地不神恐不可得又曰地有靈變此天藏於地者非地本體若然則地特一大死物矣可乎愚則以爲萬物各有稟受各正性命其氣雖出於天其神卽爲己有地有地之神人有人之神物有物之神謂地不神則人物之氣亦天之氣謂人物不能自神可乎此當再論○張子謂太虛無形氣之本體其聚其散變化之客形形生於無形此與老子有生於無之說何異其實造化之妙有者始終有無者始終無不可混也嗚呼世儒惑於耳目之習熟久矣又何可以獨得之意強之哉後世有楊子者自相信矣○愚嘗謂天地水火萬物皆從元氣而化蓋由元氣本體具有此種故能化出天地水火萬物如氣中有蒸而能動者卽陽卽火有濕而能靜者卽陰卽水道體安得不謂之有且非濕則蒸無附非蒸則濕不化二者相須而有欲離之不可得者但變化所得有偏盛而盛者嘗主之其實陰陽未嘗相離也其在萬物之生亦未嘗有陰而無陽有陽而無陰也觀水火陰陽未嘗相離可知矣故愚謂天地水火萬物皆生於有無無也無空也其無而空者卽橫渠之所謂客

形耳非元氣本體之妙也今柏齋謂神爲無形爲有且云有者始終有無者始終無所見從頭差異如此安得強而同之柏齋又云後世有揚子雲自能相信愚亦以爲俟諸後聖必能辯之

明儒學案卷四十九

姚江黃梨洲先生著

豫章後學　夏鼎　熊育鑫　熊繩祖　熊育鏞　徐兆瀾　周聯慶　熊榮祖　蕭兆柄　劉秉楨　李真實　重刊

## 肅敏王浚川先生廷相

王廷相字子衡號浚川河南儀封人宏治壬戌進士改庶吉士授兵科給事中正德戊辰謫爲州判稍遷知縣復召爲御史出按陝西鎭守奄人廖鵬虐民先生繩之以法鵬大恨已而視學北畿有兩奄干請先生焚其書兩奄亦恨未有以發也鵬因上書搆之兩奄從中主其奏逮入詔獄又謫爲縣丞稍遷知縣同知擢四川僉事山東副使皆視學政嘉靖初歷湖廣按察使山東左右布政使以右副都御史巡撫四川入爲兵部左右侍郎轉南京兵部尚書召爲左都御史進兵部尚書兼掌院事加太子太保辛丑罷又三年而卒年七十一隆慶初贈少保諡肅敏先生主張橫渠之論理氣以爲氣外無性此定論也但因此而遂言性有善有不善并不信孟子之性善則先生仍

未知性也蓋天地之氣有過有不及而有愆陽伏陰豈可遂疑天地之氣有不善乎夫其一時雖有過不及而萬古之中氣自如也此卽理之不易者人之氣稟雖有清濁強弱之不齊而滿腔惻隱之心觸之發露者則人人所同也此所謂性卽在清濁強弱之中豈可謂不善乎若執清濁強弱遂謂性有善有不善是但見一時之愆陽伏陰不識萬古常存之中氣也先生受病之原在理字不甚分明但知無氣外之理以爲氣一則理一氣萬則理萬氣聚則理聚氣散則理散畢竟視理若一物與氣相附爲有無不知天地之間只有氣更無理所謂理者以氣自有條理故立此名耳亦以人之氣本善故加以性之名耳如人有惻隱之心亦只是氣因其善也而謂之性人死則其氣散更何性之可言然天下之人各有惻隱氣雖不同而理則一也故氣有萬氣理只一理以理本無物也宋儒言理能生氣亦只誤認理爲一物先生非之乃仍蹈其失乎

雅述

學者始而用功必須主敬存誠以持其志而後有進久而純熟動靜與道爲一則誠敬不待養而自存志不待持而自定矣程子論持志曰只此便是私此言亦過高儒者遂以主敬存誠以持志爲有意而

不務殊失下學上達之意近禪氏之虛靜矣○冲漠無朕萬象森然已具此靜而未感也人心與造化之體皆然使無外感何有於動故動者緣外而起者也應在靜也機在外也已應矣靜自如故謂動以擾靜則可謂動生於靜則不可而況靜生於動乎○四時行百物生可以觀天動作行事可以觀聖人內蘊不可知而發外者可以概覩天除卻四時百物聖人除卻動作行事則其道隱矣將何以爲知天知聖之具儒者好高乃謂以動作言語求聖人爲末過矣推此意也直欲枯禪白坐以見性乎○世變有漸若寒暑然非寒而突暑暑而突寒也聖人拯變於未然在平其勢而已矣平其勢在理其人情而已矣故將怨者則德之將渙者則萃之將昂者則抑之此聖人先幾之神也悠悠坐視養亂焉耳矣○天地之先元氣而已矣元氣之上無物故元氣爲道之本○薛文清云中庸言明善不言明性善卽性也愚謂性道有善有不善故用明使皆善而無惡何用明爲聖人又何用強爲修道以立教哉自世之人觀之善者常一二不善者常千百行事合道者常一二不合者常千百昭昭雖勉於德行而惰於冥冥者不可勝計猶賴讀書以維持之故謂人心皆善者非聖人大觀真實之論也○聖賢之所以爲知者不過思慮見聞之會而已世之

儒者乃曰思慮見聞爲有知不足爲知之至別出德性之知爲無知以爲大知嗟乎其禪乎不思甚矣殊不知思與見聞必由於吾心之神此內外相須之自然也○嬰兒在胞中自能飲食出胞時便能視聽此天性之知神化之不容已者自餘因習而知因悟而知因過而知因疑而知皆人道之知也父母兄弟之親亦積習稔熟然耳何以故使父母生之孩提而乞諸他人養之長而惟知所養者爲親耳塗而遇諸父母視之則常人焉耳此可謂天性之知乎由父子之親觀之則凡萬物萬事之知皆因習因悟因過因疑而然人也非天也近儒好高之論別出德性之知以爲知之至而卑學問思辨之知爲不足而不知聖人雖生知惟性善達道二者而已其因習因悟因過因疑之知與人大同況禮樂名物古今事變必待學而後知者哉○博麤而約精博無定而約執其要博有過不及而約適中也此爲學心法世儒乃曰在約而不在博嗟乎博惡乎雜者斯可矣約不自博而出則單寡而不能以折中執一而不能以時措其不遠於聖者幾希○性生於氣萬物皆然宋儒只爲強成孟子性善之說故離氣而論性使性之實不明於後世明道曰性卽氣氣卽性生之謂也又曰論性不論氣不備論氣不論性不明二之便不是又曰惡亦不可不謂

之性此三言者於性極爲明盡後之學者梏於朱子本然氣質二性之說而不致思悲哉○諸儒於體魄魂氣皆云兩物又謂魄附於體魂附於氣此卽氣外有神氣外有性之說殊不然體魄魂氣一貫之道也體之靈爲魄氣之靈爲魂有體卽有魄有氣卽有魂非氣體之外別有魂魄來附之也氣在則生而有神故體之魄亦靈氣散則神去體雖在而魄亦不靈矣是神氣者又體魄之主豈非一貫之道乎知魂魄之道則神與性可知矣○格物之訓程朱皆訓至字程子則曰格物而至於物此重疊不成文義朱子則曰窮至事物之理是至字上又添出一窮字聖人之言直截決不如此不如訓以正字直截明當義亦疏通○天之氣有善有惡觀四時風雲霾霧霜雹之會與夫寒暑毒癘瘴疫之偏可覩矣況人之生本於父母精血之湊與天地之氣又隔一層世儒曰人稟天氣故有善而無惡近於不知本始○老莊謂道生天地宋儒謂天地之先只有此理此乃改易面目立論耳與老莊之旨何殊愚謂天地未生只有元氣元氣具則造化人物之道理卽此而在故元氣之上無物無道無理○易雖有數聖人不論數而論理要諸盡人事耳故曰得其義則象數在其中自邵子以數論天地人物之變棄人爲而尙定命以故後學論數紛紜廢置

人事別爲異端害道甚矣○靜寂而未感也動感而遂通也皆性之體也聖人養靜以虛故中心無物聖人愼動以直故順理而應此皆性學之不得已者後儒獨言主靜以立本而略於愼動遂使克己復禮之學不行而後生小子以靜爲性眞動爲性妄流於禪靜空虛矣○人之生也使無聖人修道之教君子變質之學而惟循其性焉則禮樂之節無聞倫義之宜罔察雖稟上智之資亦寡陋而無能矣況其下者乎○文中子曰性者五常之本蓋性一也因感而動爲五是五常皆性爲之也若曰性卽是理則無感無動無應一死局耳文中子之見爲優荀悅曰情意心志皆性動之別名言動則性有機發之義若曰理安能動乎○或謂氣有變道一而不變是道自道氣自氣歧然二物非一貫之妙也道莫大於天地之化日月星辰有薄食彗孛雷霆風雨有震擊飄忽山川海瀆有崩虧竭溢草木昆蟲有榮枯生化羣然變而不常矣況人事之盛衰得喪杳無定端乃謂道一而不變得乎氣有常有不常則道有變有不變一而不變不足以該之也○孟子之言性善乃性之正者也而不正之性未嘗不在其言口目耳鼻四肢之欲性也有命焉君子不謂性也豈非不正之性乎是性之善與不善人皆具之矣宋儒乃直以性善立論而遺其所謂不

正者豈非惑乎○朱子答蔡季通云人之有生性與氣合而已卽其已合而析言之則性主於理而無形氣主於形而有質卽此數言猶是二之也夫人具形氣而後性出焉今曰性與氣合是性別是一物不從氣出有生之後相來附合耳此理然乎人有生氣則性存無生氣則性滅不可離而論者也如耳之能聽目之能視心之能思皆耳目心之固有者無耳目心則視聽與思尙能存乎聖人之性亦自形氣而出但以聖人之形氣純粹故其性無不善衆人形氣駁雜故其性多不善耳○人生而靜天之性也感於物而動性之欲也此非聖人語靜屬天性動亦天性但常人之性動以物者多不能盡皆天耳性者合內外而一之道也動以天理者靜必有理以主之動以人欲者靜必有欲以基之靜爲天性而動卽逐於人欲是內外心迹不相合一矣○佛氏教人在持自性持自性者執自己之本性也言一切衆生皆有本覺謂本性之靈覺處雖流轉六道受種種身而此覺性不曾失滅故以此爲眞性儒者不達性氣一貫之道無不浸浸然入於其中朱子謂本然之性超乎形氣之外其實自佛氏本性靈覺而來謂非依傍異端得乎大抵性與氣離而二之必不可得佛氏養修眞氣雖離形而不散故其性亦離形而不滅以有氣卽有性耳佛氏

既不達此儒者遂以性氣分而爲二誤後世之學甚矣

## 愼言

有形亦是氣無形亦是氣道寓其中矣有形生氣也無形元氣也元氣無息故道亦無息是故無形者道之柢也有形者道之體也〇天內外皆氣地中亦氣物虛實皆氣通極上下造化之實體也是故虛受乎氣非能生氣也理載於氣非能始氣也世儒謂理能生氣卽老氏道生天地矣謂理可離氣而論是形性不相待而立卽佛氏以山河大地爲病而別有所謂眞性矣可乎不可乎〇萬物巨細柔剛各異其材聲色臭味各殊其性閱千古而不變者氣種之有定也人不肖其父則肖其母數世之後必有與祖同其體貌者氣種之復其本也

## 橫渠理氣辯

張子曰太虛不能無氣氣不能不聚而爲萬物萬物不能不散而爲太虛循是出入皆不得已而然也氣之爲物散入無形適得吾體聚而有象不失吾常聚亦吾體散亦吾體知死之不亡者可與言性矣

橫渠此論闡造化之祕明人性之源開示後學之功大矣而朱子獨不以爲然乃論而非之今請辯其惑朱子曰性者理而已矣不可以

聚散言其聚而生散而死者氣而已矣所謂精神魂魄有知有覺者皆氣所為也故聚則有散則無若理則初不為聚散而有無也由是言之則性與氣原是二物氣雖有存亡而性之在氣外者卓然自立不以氣之聚散而為存亡也嗟乎其不然也甚矣且夫仁義禮智儒者之所謂性也自今論之如出於心之愛為仁出於心之宜為義出於心之敬為禮出於心之知為智皆人之知覺運動為之而後成也苟無人焉則無心矣無心則仁義禮智出於何所乎故有生則有性可言無生則性滅矣安得取而言之是性之有無緣於氣之聚散若曰超然於形氣之外不以聚散而為有無卽佛氏所謂四大之外別有真性矣豈非謬悠之論乎此不待智者而後知也精神魂魄氣也人之生也仁義禮智性也生之理也知覺運動靈也性之才也三物者一貫之道也故論性也不可以離氣論氣也不得以遺性此仲尼相近習遠之大旨也又曰氣之已散者既散而無有矣其根於理而日生者則固浩然而無窮吁此言也窺測造化之不盡者矣何以言之氣游於虛者也理生於氣者也氣雖有散仍在兩間不能滅也故曰萬物不能不散而為太虛理根於氣不能獨存也故曰神與性皆氣所固有若曰氣根於理而生不知理是何物有何種子便能生氣

不然不幾於談虛鶩空之論乎今爲之改曰氣之已散者既歸於太虛之體矣其氤氳相感而日生者則固浩然而無窮張子所謂死而不亡者如此造化之生息人性之有無又何以外於是而他求也哉

## 性辯

性之體何如王子曰靈而覺性之始也能而成性之終也皆人心主之形諸所見根諸所不可見者合內外而一之道也氣質之性本然之性何不同若是乎曰此儒者之大惑也吾惡能辯之雖然嘗試論之矣人有生斯有性可言無生則性滅矣惡乎取而言之故離氣言性則性無處所與虛同歸離性論氣則氣非生動與死同塗是性之與氣可以相有而不可相離之道也是故天下之性莫不於氣焉載之今夫性之盡善者莫有過於聖人也聖人之性皆此心虛靈所具而爲七情所自發則聖人之性亦不離乎氣而已性至聖人而極聖人之性既不出乎氣質況餘人乎所謂超然形氣之外復有所謂本然之性者支離虛無之見與佛氏均也可乎哉敢問何謂人性皆善曰善固性也惡亦人心所出非有二本善者足以治世惡者足以亂世聖人懼世紀弛而民循其惡也乃取其性之足以治世者而定之曰仁義中正而立教焉使天下後世由是而行則爲善畔於此則爲

惡出乎心而發乎情其道一而已矣

## 答薛君采論性書

君采之談性也一惟主於伊川豈以先生之論盡合道妙皆當守而信之乎愚則反求吾心實有一二不可強同者故別加論列以求吾道之是伊川曰陰陽者氣也所以陰陽者道也未嘗卽以理爲氣嗟乎此大節之不合者也余嘗以爲元氣之上無物有元氣卽有元神有元神卽能運行而爲陰陽有陰陽則天地萬物之性理備矣非元氣之外又有物以主宰之也今曰所以陰陽者道也夫道也者空虛無著之名也何以能動靜而爲陰陽又曰氣化終古不忒必有主宰其間者不知所謂主宰者是何物事有形色耶有機軸耶抑緯書所云十二神人弄丸耶不然幾於談虛駕空無著之論矣老子曰道生天地亦同此論皆過矣皆過矣又曰生之謂性程子取之蓋指氣稟而言耳其推本天命之性則卒歸於孟子性善之說嗟乎人有二性此宋儒之大惑也夫性生之理也明道先生亦有定性之旨矣蓋謂心性靜定而後能應事耳若只以理爲性則謂之定理矣可乎哉余以爲人物之性無非氣質所爲者離氣言性則性無處所與虛同歸離性言氣則氣非生動與死同途是性與氣相資而有不得相離者

也但主於氣質則性必有惡而孟子性善之說不通矣故又強出本然之性之論超乎形氣之外而不雜以傅會於性善之旨使孔子之論反爲下乘可乎哉不思性之善者莫有過於聖人而其性亦惟具於氣質之中但其氣之所稟清明純粹與衆人異故其性之所成純善而無惡耳又何有所超出也哉聖人之性旣不離乎氣質衆人可知矣氣有清濁粹駁則性安得無善惡之雜故曰惟上智與下愚不移是性也者乃氣之生理一本之道也信如諸儒之論則氣自爲氣性自爲性形性二本不相待而立矣韓子所謂今之言性者雜佛老而言者是也程子以性爲理余思之累年不相契入故嘗以大易窮理盡性證性理之不可以爲一孝經毀不滅性以見古人論性類出於氣固不敢以己私意自別於先儒矣嘗試擬議言性不得離氣言善惡不得離道故曰性與道合則爲善性與道乖則爲惡性出乎氣而主乎氣道出於性而約乎性此余自以爲的然之理也仲尼曰成性存存道義之門伊尹曰茲乃不義習與性成是善惡皆性爲之矣古聖會通之見自是至理矣

姚江黃棃洲先生著

豫章後學　劉秉楨　李真寶　熊榮祖　蕭兆柄　徐兆瀾　周聯慶　熊縉祖　熊育鏞　夏鼎　熊育鑫　重刊

## 文裕黃泰泉先生佐

黃佐字才伯號泰泉廣之香山人正德庚辰進士改庶吉士授編修出爲江西提學僉事棄官歸養久之起右春坊右諭德擢侍讀學士掌南京翰林院事卒贈禮部右侍郎謚文裕先生以博約爲宗旨博學於文知其根而溉之者也約之以禮歸其根則千枝萬葉受澤而結實者也博而反約於心則視聽言動之中禮喜怒哀樂之中節彝倫經權之中道一以貫之而無遺矣蓋先生得力於讀書典禮樂律詞章無不該通故卽以此爲教是時陽明塞源拔本論方欲盡洗聞見之陋歸併源頭一路宜乎其不能相合也然陽明亦何嘗教人不讀書第先立乎其大則一切聞見之知皆德性之知也先生尚拘牽於舊論耳羲幼時喜博覽每舉楊用修集韓孟郁上桂謂余曰吾鄉

黃才伯博物君子也子何不讀其集乎今爲泰泉學案念士友之言爲之潸然

論學書

德性之知本無不能也然夫子之教必致知而力行守約而施博於達道達德一則曰未能一焉二則曰我無能焉未嘗言知而廢能也程子曰良能良知皆無所由乃出於天不繫於人又曰聖人本天釋氏本心蓋大學言致知繫於人之問學者也孟子言良知必兼良能本於天命之德性者也惟宋呂希哲氏獨以致知爲致良知而廢良能則是釋氏以心之覺悟爲性矣圓覺經以事理爲二障必除而空之則理不具於心心不見於事惟神識光明而已反身而誠似不如是

復林見素書

○昨承教中和之說謂陽明傳習錄云不可謂未發之中常人俱有之蓋體用一源有是體卽有是用今人用未能有發而皆中節之和則知其體亦未能得未發之中執事謂民受天地之中以生其性無有不善若無未發之中則人皆可爲堯舜豈謬語哉蓋陽明之學本於心之知覺實由佛氏其曰只是一念良知徹首徹尾無始無終卽是前念不滅後念不生此乃金剛經不生不滅入涅槃覺安知所謂中和也又曰無所住而生其心佛氏曾有是言未爲

非也又曰不思善不思惡時認本來面目即吾所謂良知又曰無善無惡者理之靜有善有惡者氣之動不動於氣即無善無惡是謂至善此又畔孟子性善之說矣既曰無善安得又曰是謂至善是自相矛盾也又曰吾自幼篤志二氏自謂既有所得謂儒者爲不足學其後居夷三載見得聖人之學若是其簡易廣大始自悔悟錯用三十年氣力大抵二氏之學其妙與聖人只有毫釐之間執事謂其與佛老汩沒俱化未嘗悔悟但借良知以文飾之耳誠然誠然生謂中庸者作聖之樞要而精一執中之疏義也明乎此則佛老之說祇覺其高虛而無實避去不暇又何汩沒之有哉夫堯舜始言中孔子始言中庸之爲德中不曾足矣而言庸何也蓋慮人以中難知難行而不知人皆可以爲堯舜故又以庸言之蓋謂無過不及之中乃平常應用之理降衷秉彝人人所同也故子思述孔子之意以爲此篇凡言及品節限制而操存於內者皆以坊人心之危也言及天地民物皆以廓道心之微也然道心之發恆與人心相參則察之不容以不精守之不容以不一必精而至一則中可用於民推之天下國家而天地位萬物育矣其用功以致中和也俗儒皆以戒懼爲靜而存養慎獨爲動而省察然章句或問惟言存養省察未嘗分言動靜也生愚

以爲此乃默識天性而操存涵養之爲學以此訓人以此修道立教無非中庸之爲德合內外之道卽易所謂默而成之不言而信存乎德行性旣存於心心自見於事聖神功化之極自有不疾而速不行而至者矣昨談及此猶未之詳也試更詳一得之愚可乎蓋首章戒愼不睹恐懼不聞與未章不動而敬不言而信正是相應聖學相傳洪範五事孔門四勿皆從此用功雖稠人廣坐之中從事於此惟恐少怠記所云哀樂相生正明目而視之不可得而見也傾耳而聽之不可得而聞也豈待感物而動哉故又曰人生而靜天之性也默識天性之中庶乎情發而皆中節由此推極則中和致矣若待靜時存養則無有所謂不睹不聞不動不言之時矣嘗當中夜不接物時驗之目睹隙光耳聞更漏或擁衣而動呼童而言未有無思無慮如槁木者故曰纔思卽是已發惟內視返觀則性如皎日有過卽知是謂明德好惡本無一偏豈非未發之中乎若對客應酬亦然一有偏處卽靜以待之則喜怒哀樂之發無不中節而和自中出矣涵養日久便是默而成之篤恭而天下平不獨成己而已若嘵嘵講學各執一端則自相乖戾去中和遠矣與徐養齋書○箋詁者聖經之翼也諸子者微言之遺也史牒者來今之準也雜文者蘊積之葉也世世之談

道者每謂心苟能明何必讀書吾夫子既斥仲由之佞矣又謂皐夔稷契何書可讀然則三墳五典之書傳自上古者胡爲誦法於删述之前耶十三經註疏中多有可取者如鄭氏釋道不可離曰道猶道路也出入動作由之離之惡乎從也其言似麄而實切苟謂真儒不是康成而顓求明心見性則又入禪矣荀揚雖大醇小疵而不敢擬經其言亦有所見近世乃有取於文中子以爲聖人復起不能易也謂之何哉執事曰二程謂老氏之言無可闢者惟釋氏之說衍蔓迷溺至深故宋儒多取道家言如周茂叔自無而有自有歸無乃李筌之陰符也張子厚清虛一大乃莊周之太虛也朱子之調息箴乃老聃之玄牝也殆又註參同契陰符經盛傳於世邪蓋去聖日遠而內聖外王之學老莊頗合吾儒遂至此爾近日金剛圓覺及六祖壇經爲講道學者所宗陽儒陰釋自謂易簡不涉支離如降伏其心見自本性有大定力者謂之金剛統衆德而大備爍羣昏而獨照者謂之圓覺不思善不思惡時識自本心見自本性則又壇經兼定力獨照之蘊者也佐嘗取圓覺經觀之其圓攝所歸循性差別有三種焉一曰奢摩他謂寂靜輕安於中顯現如鏡中像二曰三摩鉢提謂除去根塵幻化漸次增進如土長苗三曰禪那謂妙覺隨順寂滅不起浮

想此三種淨觀隨學一事故有單修齊修前修後修之等有二十五輪是其支離反不如老氏之簡易矣

與崔洹野書

○所示卓小仙事乃生所欲聞者大抵人者鬼神之會也人道盛則鬼道衰亦理也辯論之詳可以正人心息邪說矣向者項甌東來言曾會小仙述其形貌之詳與其作詩報人禍福竊疑其爲物鬼耳暫時爲人忽又化去如貴郡九鯉湖何仙亦其比也人心趨向務爲崇飾則建祠祀之遂傳於世如葛洪神仙傳祖劉向列仙傳而附益之久則人不復信如九鯉湖祈夢所得吉凶多不可明者但人臆度或有偶合者周翠渠公昔守廣德觀所紀祠山其謬妄亦可見矣周公作金縢自謂多材多藝能事鬼神蓋陰陽二氣屈伸往來於天地之間無非鬼神也而周公所謂鬼神即指三王以魂魄言詩曰三后在天又曰文王在上蓋沒爲明神上與天合非但爲人鬼而已也易象傳文言亦同此義而豐彖尤明白日日中則昃月盈則食天地盈虛與時消息而況於人乎況於鬼神乎盈虛消息乃造化之迹而鬼神則人之魂魄也合大傳祭義而觀之曰精氣爲物游魂爲變曰氣也者神之盛也魄也者鬼之盛也魂氣歸於天形魄歸於地而神合精氣爲物既沒猶如生時若魄雖降而遊魂不散則爲變矣變則滯而不化出爲妖怪如

伯有爲厲是已故子產曰人生始化曰魄既生魄陽曰魂用物精多則魂魄強是以有精爽至於神明夫匹夫匹婦強死與殤者魂魄猶能憑依人以爲淫厲況伯有乎僧道之爲仙佛魄降魂游亦猶是也周公制禮大宗伯既與神鬼示之禮矣末又曰凡以神仕者掌三辰之法以猶鬼神示之居辨其名物以冬日至致天神人鬼以夏日至致地示物鬽辰者日月星斗各至於辰躔次而畢見也猶者圖像也居者坐位也報天主日及四望其氣常伸故謂之天神而位於上禮月及四瀆山川顯以示人其氣二而小故謂之地示而位於下享五帝祖禰在陰陽之間故謂之人鬼名物則禮樂之器也天神人鬼以冬日至致之應陽氣也人鬼魂氣歸天昭明於上與天神爲類地示物鬽以夏日至致之應陰氣也物鬽則百物之精如山林川澤諸示在幽陰者是也豈非大合樂分而序之以降天神出地示格人鬼爲成者與樂記曰大樂與天地同和大禮與天地同節和故百物不失節故祀天祭地者此也小仙殆亦百物之精使貴邑人或祠之則與何仙類矣老聃得長生久視之道百有餘歲朱子謂莊周明言老聃死則人鬼爾道家列爲三清位於昊天上帝之上何哉據程子謂道家之說無可闢者以文王於昭於天例之雖位於天神地示之中可

也生愚素不喜佛書如姚秦時五胡十六國稱帝稱王迭興迭滅梵僧鳩摩羅什從而附會之其所譯法華經謂佛說法時來聽受者菩薩八萬人天子七萬二千人其餘天王鬼神之類不可勝紀又文殊師利於海中宣說是經娑竭龍女忽現於前禮敬獻一寶珠受之卽變成男子又觀世音普門品復有十數變現此則妄爲夸大無從而猶其居又與道家異矣邇來學術分裂立門戶尊德性者厭棄聖經而喜誦佛書如曰佛氏之學亦有同於吾儒而不害其爲異者又曰心隨法華轉非是轉法華謂之何哉謂之何哉生今與後進講學只博約二語而已讀書以明之聞見之知研究此理博文也反身以誠之德性之知惇庸此理約禮也自媿淺薄未見有謹信者爾不能談禪以應變現奈何奈何與鄭抑齋書

○羅整菴云氣本一也而一動一靜一往一來一闔一闢一升一降循環無已積微而著由著復微爲四時之温涼寒暑爲萬物之生長收藏爲斯民之日用彝倫爲人事之成敗得失千條萬緒紛紜膠轕而卒不可亂有莫知其所以然而然是卽所謂理也初非別有一物依於氣而立附於氣以行也人物之生受氣之初其理惟一成形之後其分則殊因思孔子繫易言性與天道有統言天命率性之理如曰一陰一陽之謂道朱子釋之

曰陰陽迭運者氣也其理則所謂道嘗曰天下未有無理之氣亦無無氣之理又曰人之所以爲人其理則天地之理其氣則天地之氣理無迹不可見故於氣觀之既以爲一矣又曰未有天地之先畢竟是理有理便有氣流行發育萬物此言理在氣先也註中庸則曰天以陰陽五行化生萬物氣以成形而理亦賦焉則理又在氣後矣是判理氣而爲二乃未定之論也然道之大原出於天既曰天積氣也又曰天者理而已矣理氣判而爲二豈天兼之與抑理氣各有一天與易言太極生兩儀生四象土在其中則爲五行自此化生萬物飛潛動植皆人以文字名之爾是則理由羲畫始也而文字生焉豈有理在天地之先而乘氣以行如人乘馬者哉由此辨之氣之有條不可紊者謂之理理之全體不可離者謂之道天生人物靈蠢不同實有主宰之者惟得天命之正而能存存無息則可以配命同天故詩書言天又言帝如曰勅天之命惟時惟幾勅敬而正之也無一時無一事而不敬愼以存養省察者卽中庸所云也如曰惟皇上帝降衷於下民若有恆性不言天而言帝者有主宰於其間使靈而爲人者其性異於蠢物與牛犬之性不同卽孟子所言也說者謂心中之氣寓理而靈故曰心神然太虛中亦有氣靈如人心者則曰天神故紫

微有星謂之帝人能學問涵養充實其德而有光輝卽天也已上下通徹無有間隔是故以性情謂之乾以妙用謂之神以形體謂之天以主宰謂之帝苟棄天焉天亦棄人矣書曰非天不中惟人在命此之謂也乃若形而上者謂之道則以爻象所形而言世儒一概論之誤矣

與林北泉士元書

○試共分源論之孔子翼易言心性天道有自卦爻取象言者亦有自天人統言者如習坎有孚維心亨此所謂心乃剛中之象也聖人以此洗心退藏於密此所謂心乃聖人之心也乾之利貞曰性情復之見天地之心皆象焉耳矣一陰一陽之謂道繼之者善也成之者性也統言天人之理所謂陰陽乃二氣流行於天地之間者何與於取象哉其曰形而上者謂之道形而下者謂之器道與器對此則論卦爻陰陽而立是名也後儒槪以統言者混論之則誤矣程子曰惟此語截得上下分明亦是象言也蓋道非無形也無形則與器離而不合豈非窈冥昏默之說乎夫卦爻陰陽之見於奇偶猶有生之類皆形於天地者也凡物象可見者皆謂之形然形非道也自形以上卽謂之道矣蓋其一陰一陽動而無動靜而無靜不離乎形而亦不雜乎形者也道非器也自形以下卽謂之器矣蓋其囿於陰陽靜而無動動而無靜所象之物成形而滯於形者

矣不分道器則混精麁於一矣不知上下則岐有無而二之矣故曰道亦器器亦道體用一原顯微無間今分源體要終發明偶亦相合與王分源任用書

○生惟安於命而無欲速蓋成周以詩書造士以三物賓興自一年離經辨志迨九年大成而猶待強乃仕若此其久者何也欲其多識而貫之以一博文而約之以禮畜德以潤身而後能從政以澤民故也三物者其明明德於天下本始於格致者乎六德之先知仁也六行之先孝友也六藝之先禮樂也知本也其本治而末從之矣是雖成而上下然理一分殊非聖言末由漸悟盡觀於植乎漑其根者博也歸其根者約也千莖萬穗自根而出食其實散其贏器其畚斲緡其絲麻日滋歲懋用足而施普矣不殖則將落而奚普之能施此生之所以安於命而無欲速者也與張蒙溪書

○孔子之教人博約而已矣博文而約之以禮卽多學而貫之以一者也昔嘗談及尋樂朱子曰不用思量顏子惟是博文約禮後見理分明日用純熟不爲欲撓自爾快樂以佐觀之論語言博約者凡三見蓋從事經書質問師友反身而誠服膺勿失則此樂得諸心矣樂善不倦絕無私欲天爵在我不爲人爵所困役天地萬物與吾同體更無窒礙隨時隨處無入而不自得然則寓形宇宙之內更有何樂可以

代此哉莊誦執事餘冬序錄終篇啓發滋多與向日京邸共談時樂無以異然則執事殆眞得孔顏之樂者哉夫庖羲始造書契治官察民墳典興焉皐夔稷契旣讀其書矣是卽博文也得之於心則天之敘秩我者我得而惇庸之同寅協恭和衷如皐陶所云者而能有行焉是卽約禮也今之道學未嘗讀書而索之空寂杳冥無由貫徹物理而徒曰致知則物旣弗格矣無由反身而誠則樂處於何而得哉善乎執事之論學也其曰孔子後斯道至宋儒復明而濂溪實倡之先生令郴時郡守李初平聞先生論學欲讀書先生曰公老無及矣請爲公言之初平聽先生語二年卒有得此可見學必讀書然後爲學問必聽受師友然後爲問篤言浮談但曰學苟知本則六經皆我註脚則自索之覺悟正執事所謂野狐禪耳呂希哲解大學曰致知致良知也物格則知自至堯舜與人同者忽然自見又作詩避元凱而俳相如以莊周所言顏子心齋爲至嗟乎莊周不讀孔子魯論之書又安知心齋由於博而後得於約邪謝顯道見明道誦讀書史明道稱顯道能多識伊川見人靜坐以爲知學蓋聖賢修習必反躬內省若徒誦其言而忘味六經一糟粕耳又執事所謂口耳出入之間言語文字之末翦綵爲春象龍救旱抑竟何益哉此周濂溪教二程

尋樂之宗旨也然世俗相傳謂先生太極圖說得諸潤州鶴林寺僧壽涯者其誣固不必辨但此圖與通書相爲表裏先生蓋讀書深造而自得非索之空寂杳冥者圖首曰無極而太極蓋無聲無臭之中而實理存焉天地人物一以貫之道爲太極心爲太極其實理同也卽書誠者聖人之本也其言動而生陽靜而生陰卽書誠源誠復也其言聖人主靜立人極卽書聖學一爲要一者無欲無欲故靜也靜則至無之中至有存焉其渾然太極矣乎徵諸易與中庸則易無思也無爲也寂然不動感而遂通天下之故乃太極生兩儀兩儀生四象之本也不言四象而言五行者河出圖洛出書聖人則之圖書皆以土生數五居中而四象成焉亦中正仁義之所由定也至聖之德本得諸至誠之道蓋如此至誠無息至聖有臨則天地合德矣既與天地合德則與日月合明四時合序可知故言孔子立人極傳自堯舜文武及與上律下襲必譬諸四時日月焉天地之大德曰生若或濬之而小德分殊四時各一其氣日月各一其明萬物各一其性如所濬之川東則不入於西南則不入於北而往過來續不舍晝夜故曰小德川流萬物之所以並育者無極之眞二五之精妙合而凝乾道成男坤道成女化生萬物也四時日月之所以並行者五氣順布

四時行也孰綱維是孰主張是若有宰之而特不得其朕者矣故曰大德敦化此則書五行陰陽陰陽太極也先生真積力久融會貫徹乃爲圖又爲之說自博而約雖書不盡言圖不盡意豈非聞孔子之道而知之者哉

與何燕泉書

○指摘傳習錄九條如曰心之體性也性卽理也故有孝親忠君之心卽有忠孝之理無忠孝之心卽無忠孝之理矣理豈外於吾心邪晦菴謂人之所以爲學者心與理而已心雖主乎一身而實管乎天下之理理雖散在萬事而實不外乎人之一心是其一分一合之間未免已啓學者心理爲二之弊此後世所以有專求本心遂遺物理之患正由不知心卽理耳此義外之說蓋朱子既謂理不外心正自本體言其格物傳卽物而窮其理卽是我心卽之也非義外也書曰以義制事語曰聞義不能徙以與聞皆自心言卽孟子所謂理義之悅我心也理義不根於心又何悅哉然錄中亦有嘉言如曰理無內外性無內外故學無內外講習討論未嘗非內也反觀內省未嘗遺外也夫謂學必資於外求是以己性爲有外也是義外也用智者也謂反觀內省爲求之於內是以己性爲有內也是有我也自私者也是皆不知性之無內外也是發明中庸合內外之道也其辯人謂晦菴專以道問學爲事然晦菴之言曰非

存心無以致知曰居敬窮理曰君子之心常存敬畏雖不見聞亦不敢忽所以存天理之本然而不使離於須臾之頃也是其爲言雖未盡瑩何嘗不以尊德性爲事而又烏在其爲支離乎又恐學者之躐等或失之妄作使必先之以格致而無不明然後有自以實之於誠正而無所謬世之學者苦其難而無所入遂議其支離不知此乃學者之弊而當時晦菴之自爲則亦豈至是乎此其最得者也又曰聖人述六經惟是存天理去人欲道問學時就此心去人欲存天理上講求至善如事親温凊必盡此心之孝惟恐有一毫人欲間雜此心若無人欲純是天理自然思量父母寒熱求盡温凊道理此亦其最得者也然亦有大弊與孔孟相反者如曰新民從舊本作親民孟子親親仁民之謂親之卽仁之也此則弊流於兼愛而不自知矣如曰今人知當孝弟而不能孝弟此已被私欲隔斷非知行本體未有知而不行者知而不行只是未知此則是矣然講求既明又焉有爲不孝不弟之人乎乃曰欲求明峻德惟在致良知人喜其直截遂以知爲行而無復存養省察之功資質高者又出妙論以助其空疎而不復談書以求經濟此則弊流於爲我而不自知矣吾不知其於楊墨爲何如也執事所指摘者謂陽明陷溺於佛氏三十年然後以致良

知爲學本不過一圓覺耳如曰目可得見耳可得聞口可得言心可得思者皆下學也目不可得見耳不可得聞口不可得言心不可得思者皆上達也此則佛氏不可思議之說也吾儒下學而上達惟一理耳豈可歧而二之哉既以親親卽爲仁民又以良知卽爲良能至此則又不合而爲一口給禦人陽儒陰釋誤人深矣 答汪方塘思書

○講學之徒惟主覺悟而斥絕經書自附會大學致知之外不復聞見古今連宇宙字義亦所不識蓋上下四方之宇往古來今之宙乃性分內事必貫徹之方可謂物格而後知至羅念菴昔與唐趙各疏請東駕臨朝幾陷大僇後得免歸亦主覺悟而不讀書之所致也今觀其集首答蔣道林書不展卷三閱月而後覺此心中虛無物旁通無窮如長空雲氣流行大海魚龍變化豈非執靈明以爲用者邪昔六祖聞師說法悟曰何期自性本自清淨何期自性本不生滅何期自性能生萬法楊慈湖傚之曰忽省此心之清明忽省此心之無始末忽省此心之無所不通可謂蹈襲舊套矣然既曰無物又有魚龍而宇宙渾成一片此卽野狐禪所謂圓陀陀光爍爍也其與舊日冬遊等記更無二致 復何賓巖鏜書

求仁者求全其本心之天理也得仁則本心之天理全矣中庸曰仁者人也孟子曰仁人心也猶園有桃焉桃之所以爲桃者根榦枝葉華實生理皆藏於核而爲仁亦猶人之所以爲人者親親愛人及物生理皆具於心而爲仁也核破於斲傷於蛀則生理不全天理爲人欲所間則惻隱之心所以生生者亦無復全矣故桃必栽培去其害核者以全其仁亦猶人必存養克治然後天理渾然而無間也今匹夫匹婦斥人之不仁者必曰非人必曰汝何其無人心也與訓釋如出一口然則天理少有不全雖爲君子而未仁亦明矣哉古之聖賢憂勤惕厲而後人心不死一息不仁斲之蛀之者至矣奚其生夫氣必充實而後桃仁成焉否則不空卽朽人之自養仁或不仁亦何異哉其生也自萌芽至於結實秩然不紊雖大小參差不齊然其爲桃則舉相似也此又可見理氣無二而性之相近也至於核合皮肉而後爲果猶心必有身以行仁而後爲道故孟子又曰仁也者人也合而言之道也嘗觀於易惟乾復言仁蓋復之初卽乾之元碩果不食則生矣復之所謂仁承乎剝也仁於五行爲木而乾爲木果在春爲仁發生也在冬爲榦歸根也生生不已終而復始其天地之心乎問學一息少懈則與天地不相似是乾道也故曰君子學以聚之問以

辯之寬以居之仁以行之夫仁主於行子貢之問乃其極功然雖堯舜之聖其心猶有所不足於此何哉蓋博施濟衆夫人之所不能也求在外者也己欲立達夫人之所能也求在我者也在我則心之德愛之理焉耳非必人人而立之也己欲卓立此心卽及於人亦欲其卓立而不忍其傾頹雖力不能周然扶植之心自不能已也非必人人而達之也己欲通達此心卽及於人亦欲其通達而不忍其抑塞雖澤不能徧然利濟之心自不能已也立如爲山卓然不移達如導水沛然莫禦試登高山而望遠海岡阜丘陵必聯其岫無大無小如聳如峙立必俱立之象也溝洫畎澮必入於川無小無大如躍如騖達必俱達之象也是故山之性立水之性達人之性仁觀此則堯舜性之之聖亦體仁於心而已矣學以入堯舜之道者行仁必自恕始能近取譬推其所欲以及於人則大學絜矩以平天下者不待博施自能濟衆豈非要道哉故孟子又曰強恕而行求仁莫近焉或問曰顏子之學體在爲仁用在爲邦用舍行藏之道俱矣然仁人心也其心三月不違仁無乃二之與曰人之所以爲人者生理存焉耳心放而不知求則生理日絕其形雖在其心已死故心者涵此生理者也仁者發此生理者也五穀之種播於田生生不已是麃是蓘少有間

焉疆場侵而生理遏矣詩曰播厥百穀實函斯活驛驛其達有厭其傑厭厭其苗緜緜其麃此之謂也仁根於天夫猶是也心一息少放則生理亦一息間歇而不相依矣仁本與心一而人自二之是故服膺勿失則相依之謂也心惟仁是依故不違仁農惟稼是依故不失稼放其心而不求亦猶舍其田而不芸也夫 求仁說 ○物理曷謂之天理也本於賦予稟受自然明覺莫之爲而爲者也如惻隱之心非納交要譽惡其聲而然是也物欲曷謂之人欲也不安於品節限制而鑿以私知非天之所以與我者也如子貢貨殖而必先言其不受命是也去其所本無而復其所固有則萬物皆備於我矣夫理雖可以觸類而長而其出於天者物物各有當然不易之則自私用智則違天而自賊故詩曰不識不知順帝之則又曰不僭不賊鮮不爲則周禮曰則以觀德毀則爲賊是也則者法也自貌言視聽而達諸人倫無非物也而莫不有法焉如恭從明聰以及親義序別信之類是也推之盈天地間無一物而無理可法者違其理則非天之法矣易所謂天則正以其出於天當然不易者也孟子亦曰君子行法以俟命而已矣豈敢毀之而自賊哉將欲行之必自致知始致雖有推極之義而說文原訓則曰送詣也其文爲久至觸類而推極之久則天

牖帝迪送詰而至性之本善吾所固有者明而通於心中矣是故格物所以明善也誠意所以誠身也身主於心心發於意意萌於知知起於物曰致知在格物不言先者知與意雖有先後其實非二事也知之不至則意不誠而無物記曰物至知知而後好惡形焉何者好善惡惡感於物理者也好姸惡媸好富惡貧感於物欲者也道不離物物不離事盈天地間物物各有一理存焉去欲求理豈以空談悟哉不曰理而曰物者踐其實耳鄭玄曰格來也物猶事也程子因言物來知起象山曰格至也研磨考索以求其至朱子因言窮至事物之理溫公曰扞格外物以物至爲外非合內外之道黃潤玉曰格正也義取格其非心心正矣奚用誠意致知爲哉是數說皆因記而億者也惟說文曰格木長貌從木各聲取義於木聲以諧之其訓精矣今夫五行之各一其性也水土金火匯萃鎔合皆可爲一惟木不然挨接暫同終則必異理欲同行而異情正如桃李荊棘共陌連根始若相似及至條長之時形色別矣荊棘必翦猶惡之菑逮夫身者也桃李必培猶善之欲有諸己也培其根而達其枝則本各滋息而長矣修其本而達其末則物各觸類而長矣是故耳目口體物也心爲本而視聽食息其末也喜怒憂懼無節於內胡爲物交物引之而去

乎必使心能爲身之本明於庶物而後已父子兄弟物也自孝弟慈推之則身爲本而絜矩其末也好惡胡爲而偏乎必使身能爲家國之本至誠動物而後已天下大矣始於格物先事者也理自理欲自欲則本根各異物既格矣至於天下平後得者也人人親其親長其長物各付物則枝葉亦各不同焉惟明也辨物之理欲而至善存惟誠也成物之始終而大道得孔子之誠身不過乎物孟子之萬物皆備反身而誠皆反本之謂也或曰禮樂刑政之道鳥獸草木之名莫非物也汎而格諸曰否否本則身厚則倫經不云乎其本亂而末治者否矣其所厚者薄而其所薄者厚未之有也格物論

○道也者無有精粗大小遠邇微顯格天地濟民物日費而用之不可得而盡也正萬目以視之而莫知其所繇也故曰君子之道費而隱得之者蓋或寡矣必也敬乎易以衣袽言戒履霜言慎目睹者也以洊雷言恐懼耳聞者也不睹而亦戒慎焉不聞而亦恐懼焉雖青天白日之下稠人廣坐之中其暗處細事必自知之及隱然意見默制其中而不自覺此於未發之中得無已有倚乎倚於感則爲逐外倚於寂則爲專內雖高下殊科其病於本性均也○來教謂良知是人生一個真種子本無是非可否相對而言是非可否相對此知之屬氣者不知

精明真純無非無否處將不屬氣否答雙江○過去未來之思皆是失却見在工夫不免借此以繫其心緣平日戒懼功疎此心無安頓處佛家謂之胡孫失樹更無伎倆若是視於無形聽於無聲洞洞屬屬精神見在兢業不暇那有閑工夫思量過去理會未來故憧憧往來朋從爾思此是將迎病症思曰睿睿作聖此是見在本體工程毫釐千里答濮致昭○陽明夫子之平兩廣也錢王二子送於富陽夫子曰予別矣盍各言所學德洪對曰至善無惡者心有善有惡者意知善知惡是良知爲善去惡是格物畿對曰心無善而無惡意無善而無惡知無善而無惡意無善而無惡夫子笑曰洪甫須識汝中本體汝中須識洪甫工夫二子打併爲一不失吾傳矣青原贈處○聖門志學便是志不踰矩之學吾儕講學以修德而日用踰矩處乃以小過安之何以協一胸中一有所不安自戒自懼正是時時下學時時上達準四海俟百聖合德合明只是一矩

## 東廓語錄

問善固性也惡亦不可不謂之性曰以目言之明固目也昏亦不可不謂之目當其昏也非目之本體矣○吾人以心體得失爲吉凶今人以外物得失爲吉凶作德日休作僞日拙方見影響不爽奉身之

物爭事整飾而自家身心先就破蕩不祥莫大焉○性字從心從生這心之生理精明真純是發育峻極的根本戒慎恐懼養此生理從君臣父子交接處周貫充出無須臾虧損便是禮儀三百威儀三千○古人發育峻極只在三千三百充拓不是懸空擔當三千三百只從戒懼真體流出不是枝節檢點○自天子至於庶人皆有中和位育中和不在戒懼外只是喜怒哀樂大公順應處位育不在中和外只是大公順應與君臣父子交接處○人倫庶物日與吾相接無一刻離得故庸德之行庸言之謹兢業不肎放過其卽發育峻極之分乎子思子論至誠無息而及天地山川生物無窮可謂聞道者矣是故夫子之文章鳶飛魚躍顯焉者也顯則聖人不得而隱之也夫子之言性與天道無聲無臭隱焉者也隱則聖人不得而顯之也子思之聞其猶子貢之聞乎朝聞道夕死可矣夫豈外性而有聞乎哉不睹不聞人之所不見隱也性也參贊化育察乎天地顯也道也故費隱以前言學則用在其中費隱以後言用則學在其中大舜文武周公文章功業豈在性與天道外哉性外求道道外求天雖聞善言不爲己有道聽而塗說德之棄也吾能屏絕利欲一於理義自費而隱不須臾離則德性完備隨在發見譬則持壺深汲水漸充滿滋溉取

足在吾壼矣至德之凝至道何以異此道之在天地也猶水之在海也口耳之徒亡得於心則亦五石之瓠泛泛焉者耳其何凝之有是故流水之瀾卽在源中日月容光卽在明中天地之德川流卽在敦化之中聖人之德達道卽在大本之中堯明卽在欽中舜哲卽在濬中故子周子曰中也者和也中節也天下之達道也天道與人理一分殊苟截本末而二之斯支離矣故子程子又曰沖漠無朕之中萬象森然已具已應不是先未應不是後凝道說

○理一而分殊統之在道者也夫子贊易始言窮理理不可見也於氣見之易曰一陰一陽之謂道朱子曰陰陽迭運者氣也其理則所謂道確哉言乎理卽氣也氣之有條不可離者謂之理理之全體不可離者謂之道蓋通天地亘古今無非一氣而已氣本一也而分陰分陽則一動一靜一往一來一闔一闢一升一降循環無已積微而著由著復微爲四時之溫涼寒暑爲萬物之生長收藏爲斯民之日用彝倫爲人事之成敗得失千條萬緒紛紜膠轕而卒不可亂有莫知其所以然而然是卽所謂理也初非別有一物依於氣而立附於氣以行也或者因易有太極一言乃疑陰陽之變易類有一物主宰乎其間者是不然夫易乃兩儀四象八卦之總名太極則衆理之總名也云易有太極明

萬殊之原於一本也因而推其生生之序明一本之散爲萬殊也斯固自然之機不宰之宰夫豈可以形迹求哉自心之所同然者窮之存乎人爾周子爲圖以明易與川上之歎一貫之旨同條共貫蓋理卽氣也一氣渾淪名爲太極二氣分判名爲陰陽陰陽分老少四象非土不成又名爲五氣皆自吾心名之所謂窮理也非謂未有天地之先早有是理而理在氣先亦非氣以成形理亦賦焉而理在氣後嘗近取諸身則耳目視聽有聰明之理自吾心名之也非聰明之理在未有耳目之先出於視聽之後也口體言貌之恭從以至萬理皆然此天地人物之各具者雖欲紊之吾心自能窮究惡得而紊諸說文原訓曰理治玉也治玉者旣琢而復磨之極其精研則玉之渾然者粲然可見得其理以修身而無欲則乾以易知坤以簡能皆在於我何則道之大原出於天而地順承之民受天地之中以生德性之知本無不能也守之則德可久行之則業可大廓之則配天地未有難且繁者故曰易簡而天下之理得矣天下之理得而成位乎其中矣彼以覺悟爲道者豈夫子窮理之旨哉祇見其支離爾斯論也吾聞諸羅整菴氏而益明云原理

○天命流行不已而人物生生無窮可謂仁矣其本則藏諸用焉蓋人自有生卽有知覺事物交接念念

遷革失其恆性則反中庸矣故君子必自未發之中而豫養之夫未發云者非燕居休息夙興夜寐絶無聞見之謂也日用常行事物在前凡感之而通觸之而覺聞見不及而有渾然全體應物不窮者在焉是乃天命流行生生不已之機也但喜怒哀樂之情則未動耳於此而戒懼以存其心常爲動靜語默之主則物至能知自敬身惇倫尊師取友以至酬酢萬變情雖迭用而發皆中節一日之間雖萬起萬滅而其大本未嘗不寂也是故寂而未嘗不感感則必顯諸仁仁始於親親自孝友睦婣之殺以至匪親義始於尊賢自賢德忠良之等以至匪賢等殺章而爲敘秩命討則經綸自立本出矣問學以明之是謂知天蓋人心之虛靈知覺主乎理義而無一息之不察也非粲然者達渾然者於外乎感而未嘗不寂寂則復藏諸用用則德性常爲中節之本必也涵泳其良知知日至則義日精以川流栽培其良能禮日崇則仁日熟以敦化經曲合而爲發育峻極則大本與化育一矣問學以誠之是謂事天蓋此心之周流貫徹絶乎利欲而無一息之不仁也非渾然者函粲然者於中乎故堯舜禹臯陶所以必言天者大本卽天也人自違之則亦恭敬之不篤焉耳嗟乎天命流行之禮何時不在吾身哉未發之前已發之際一念不善覺其非禮

恭敬自持私意立消真積功深中和不難致矣是故恭敬則心主乎動靜語默而自不放此知與禮相爲用而後仁始成也仁之爲道大矣其盡性至命之樞要乎中庸原道於天而折諸聖曰修身以道修道以仁道固天下之大經也誠能修之以成仁則性盡性盡則命斯至矣故又終之曰肫肫其仁淵淵其淵浩浩其天雖然仁固難能也人得之以爲心則天地之大德存焉但放其心而不知求爾求則得之欲盡理還藏而必顯人皆見之見諸其行也故夫子曰仁遠乎哉我欲仁斯仁至矣其贊易也惟乾復言仁蓋復之初反對則剝之終也碩果不食乾元生意存焉顏淵博文學以聚之旣能且多而又問於不能與寡則辨之至明矣有若無實若虛寬以居之犯而不校不遷怒不貳過則行之至健矣此所以不遠復而能不違仁與故曰有不善未嘗不知知之未嘗復行也知幾由己其惟獨乎愼獨則能敬以入誠誠無不敬乾健故也未誠者必敬而後誠坤順故也安焉之謂聖其學一一則誠勉焉之謂賢其學二主乎一則敬顏淵幾於安焉者乎大體具矣辟如碩果解其蔓藤而生意復其爲仁也得乾道焉克己復禮猶之閑邪存誠也仲弓則下顏淵矣其勉焉者乎具體而微方培灌敏樹者也其爲仁也得坤道焉主敬行恕猶之直內方

外也合內外而一焉則亦誠也矣故曰坤道其順乎承天而時行司馬牛諸弟子各因其材而篤樊遲三問而所告三不同者隨日月至焉而發育以成其材何往而非生生之道哉故曰聖人如天覆萬物

原仁○堯舜之世道德事功見於典謨者無非學也雖不言學而其言皆知本此其所以爲萬世法與自成湯言性後傳說始言學說命之告王也始之曰人求多聞時惟建事學於古訓乃有獲事不師古以克永世匪說攸聞蓋求多聞式古訓則理日明苟無言語文字以爲學則非吾之所謂學矣次之曰惟學遜志務時敏厥修乃來允懷於茲道積於厥躬蓋遜其志敏於學則道日積苟不勉強學問以爲道則非吾之所謂道矣終之曰惟斅學半念終始典於學厥德修罔覺蓋斅學兼全終始克念則德日修苟執圓明覺悟以爲德則非吾之所謂德矣自有書契治百官察萬民以來不可一日廢也雖言語文字日繁仲尼刪述六經則已簡易矣是故古之王者取士爲其多聞也爲其賢也士之待聘者博學而不窮篤行而不倦聞識雖多而貫諸一心則道明德立丕建事功而堯舜之治有不復者哉然好高欲速厭常喜新是己非人黨同伐異學者之通患也雖堯舜在上文章煥然而言由其心文見於行命德亮工之外蓋鮮見焉故驩兜黨

共工之象恭也靖言庸違反以爲功有苗效伯鯀之方命也昏迷侮慢自以爲賢而況孔子春秋之時乎蓋道家者流起自黃帝伊呂歷記成敗之道而書成於管仲惟守清虛持卑弱以用兵權孔門弟子蓋有惑於異端違離道本而畔博約之教者雖子路之勇猶曰何必讀書然後爲學故教人一則曰攻乎異端斯害也已二則曰君子博學於文約之以禮亦可以弗畔矣夫時則老子之學無欲無爲自然而民化其要存乎致虛極守靜篤萬物並作吾以觀其復而守中保盈所寶者三曰慈曰儉曰不敢爲天下先以禮文爲亂之首道之華則是執三皇之治以御季世也孔子嘗問禮而知其意夫道德仁義旣失則禮無本矣此所以從先進與及蕩者爲之則欲絕去禮學兼棄仁義曰聖人不死大盜不止剖斗折衡而民不爭莊周之言也豈老氏以正治國之意哉時至孟子楊朱墨翟興焉朱有言曰行善不以爲名而名從之名不與利期而利歸之利不與爭期而爭及之故君子必愼爲善其爲我也有類於不敢爲天下先翟之言其節用非儒述晏嬰之毀孔子曰盛容修飾以蠱世絃歌鼓舞以聚徒當年不能究其禮積財不能贍其樂其兼愛上同則有類於慈儉者焉然未嘗一言及於老氏以爲宗也司馬遷引墨譏儒崇黃老而薄六經謂

經傳以千萬數博而寡要勞而少功殊不知吾儒之學自本貫末雖孔子之聖猶資聞見以次德性之知而擴充之詩書執禮皆其雅言而欲卒以學易可謂念終始典於學者矣故曰多聞擇其善者而從之多見而識之知之次也觀於攝相事得邦家綏來動和之化則其所擴充者莫非道德事功彼老氏焉能有以致此哉況六經藉孔子刪述要而不繁漢文帝旁求治之者田何伏生孟喜僅數人爾迄武帝時安得有千萬數哉是遷之誣也自是黃老大行於漢矣佛雖興於晉宋齊梁之間然六經猶未泯也自晚宋學苟知本則六經皆我註之言出禪學大昌其徒心狹而險行僞而矜言妄而誕氣暴而餒則六經之道晦矣嗟乎傳說之言學之原也士之志於道積厥躬德修罔覺者當何如曰學於古訓乃有獲此其教學兼全終始克念當篤信而力行之不可一日廢者也後世學尚超異凡經傳皆以爲古人糟粕一切屏之惟讀佛老書雖數千卷則未嘗厭故予詳說而贅爲之辭 原學

姚江黃梨洲先生著

豫章後學 夏鼎 熊育鑫 熊緇祖 熊育鏞 徐兆瀾 周聯慶 熊榮祖 蕭兆柄 劉秉楨 李真實 重刊

## 文定張甬川先生邦奇

張邦奇字常甫號甬川浙之鄞人也弘治中舉進士高第改庶吉士授翰林檢討逆瑾竊政先生著張騫乘槎賦以瑾喻西域騫喻附瑾者乞便地以養親出爲湖廣提學副使尋乞致仕嘉靖初起提學歷四川福建召還爲春坊庶子國子祭酒南吏部右侍郎丁外艱終喪起吏部右侍郎轉左時太宰汪鋐與霍兀厓相訐先生以和衷解之不得因不欲居要地乃徙翰林學士掌院事又加太子賓客掌詹事府事陞禮部尚書以母老上書乞骸骨弗允改南京吏部以便養又改南兵部而卒甲辰歲也年六十一贈太子太保謚文定陽明贈先生序云古之君子有所不知而後能知後之君子惟無所不知是以容有不知也則先生當日固汎濫於詞章之學者也後來知爲己之

功以涵養爲事其受陽明之益多矣謂載道之文始於六畫大備於周程朱子之書莫非是道之生生而不已也由博文之學將遡流而求源舍周程朱子之書焉適哉今之爲異論者直欲糟粕六經屏程朱諸子之說置而不用猶欲其通而窒之竅也所謂異論者指陽明而言也夫窮經者窮其理也世人之窮經守一先生之言未嘗會通之以理則所窮者一先生之言耳因陽明於一先生之言有所出入便謂其糟粕六經不亦寃乎此先生爲時論所陷也

## 語要

凡物交於前有所溺之謂放無所溺而勿之省也滯其情於物焉之謂放無所滯尸居惕如也而不知其所如之謂放心放矣孰求之曰心求之心求之者非人有二心心有二用也夫心至明而至剛固足以自求自復而不假乎其他也求放心者非有所索而取之也察之而已矣非有所追而獲之也斂之而已矣於其惕然不自知者惕然自省之而已矣於是收斂於至密之地而兢畏以持之不使一毫外物得容乎其中是之謂一而不二孰非其至明至剛自求而自復哉易曰不遠復孔子以顏子當之曰有不善未嘗不知知之未嘗復行也明剛之至也故夫不精則不免於放不一則不免於放而莊周乃

曰罔象可以得之夫罔象所以失之耳求放心說○大學言心以無所忿喜憂懼謂之正中庸言性以喜怒哀樂未發謂之中此心法也心之發動者意也視聽飲食者身也正心之功非屬於意非屬於身者也事物未交恂慄而已凝然中居而萬誘不敢干也忿喜憂懼一無所有而吾心之本體翼如也易曰艮其背曰介於石曰寂然不動曰退藏於密皆心之義也後之儒者以靜歸佛以虛歸老譬則舉家珍而委之地也言及靜虛則以爲疑於老佛而避之譬則家珍爲人所竊欲復之而以爲嫌於盜也瞬目而不敢一盼豈不悲乎○吾何敢言知乎哉至神者天也至明者人也至微者心也吾皆未得而知之夫天之道明善天下而無視聽善天下而無聽是故天之道微顯而闡幽非微顯而闡幽也天於天下無顯無幽也有聲天聞之矣無聲天聞之矣有形天見之矣無形天見之矣其何顯微之間之有人之限於耳目者自其所不見聞而謂之幽天惡其若此也故從而闡之而微之斯其損益盈虛之理也何謂至明者人曰其以耳目見聞者愚人也達者之見聞則同乎天矣是故是非善惡愚者疑而達者覺矣覺者辨而疑者釋矣疑者釋而天下皆覺矣是故天下之事久而無不定何謂至微者心曰慮萌乎中非至精者弗察也弗察則不

能知吾心不能知吾心則不能知人不能知人則不能以知天不知天則不知所以畏天不知人則不知所以畏人不知心則不知所以畏心心吾之心也而畏之猶未也況又不知所以畏吾何敢不知乎哉顏氏之子有不善未嘗不知其自知若是之明也唯孔子知之曰其心三月不違仁其知人若是之微也古之君子曷爲其無不知若此知遠之近也知風之自也知微之顯也是知之始也及其至也質諸鬼神而無疑百世以俟聖人而不惑答陽明○中庸一書子思反復推明許多道理只說得不知不慍四字觀其由尙絅之心推而至於無聲無臭可見矣而其要只在於時習而不已便可到純亦不已至誠無息事也○宋儒苦仁之難識悉錄論語所言仁者時誦而思之然或以公言仁或以愛言仁或以覺言仁雖各見其一隅亦足以互相發也孝弟爲仁之本孝弟立而仁道自生蓋親親而仁民仁民而愛物一以貫之者也且以公言之父母兄弟之間或不免於形骸之隔甚則至於好貨財私妻子則至近且不能公而況能擴其民胞物與之心乎以愛言之父母兄弟之間或未能致其親愛之情甚則至於一言不合忿懟生焉則至近且不能愛而況能以一身體天下之休戚乎以覺言之父母兄弟之間或未能盡其察識之心甚則至

於私欲固蔽如槁木頑石痾癢疾痛漠然若不相關而況能於天下之怨愁呻吟之聲感之卽應觸之卽動乎是爲仁之根不能立於至近之地其道何由而充大也○物理自然人不得以一毫私智容乎其間易曰易簡中庸曰篤恭周子曰誠無爲皆是此意象山云天下本無事庸人自擾之私智是也○行者酬酢克中人心行將去更無違拂之謂然不可求之於人但當反之於己言行者君子立世之樞機也一言或不忠信便起人疑一行或不篤敬便起人慢疑我慢我怎生行得去蓋人之見信由我之自信也人之見敬由我之自敬也行有不得者皆當反求諸己而已矣○人之心志得於天者本自精明本自純粹何有疚病但鄙詐之念一萌卽乖戾之私戕其和粹之氣便有疚病既有疚病則必歉焉而不自安恧焉而畏人知便是有惡於志○天地之間雨暘寒燠少乖於度則災沴見人之身榮衞脈理少失其平則疾疢作是故剛柔緩急或過而行必疚焉寬猛弛張稍愆而物必病焉夫是以有執中之允而後有協和之績故曰中也者和也中節也天下之達道也夫所謂達道者萬化不中不行萬物不中不生萬事不中不成禮不立則樂不興易之道可一言而盡也中焉止矣

襄惠張張淨峯先生岳

張岳字維喬號淨峯福之惠安人正德丁丑進士授行人邸寓僧舍與陳琛林希元閉戶讀書出則徒步走市中時稱泉州三狂武宗寢疾豹房上書請內閣九卿輪直嘗藥不報已諫南巡罰跪五日杖闕下謫官世宗卽位復行人歷南武選員外祠祭主客郎中出爲廣西提學僉事調江西尋謫廣東提舉先生爲郎時上議禘祭推求所自出之帝中允廖道南議禘顓頊永嘉議禘德祖貴溪謂德祖在大祫已爲始祖不宜又爲始祖之所自出當設虛位南向而以太祖配享第未知虛位之書法宗伯李時以問先生先生請書皇初祖位議上而上從之永嘉因忌而出之外又坐以選貢非其人謫之轉守廉州時方有征交之議廉相隔一水先生言其六不可上遣毛伯溫視師先生以撫處之策語伯溫伯溫既用其言交人莫登庸亦信向先生事未畢而陞浙江提學副使參政登庸將降問廉州太守安在於是以原官分守欽廉始受其降擢右僉都御史撫治鄖陽轉江西巡撫以副都御史督撫兩廣討封川賊平之加兵部右侍郎再征柳州破其巢又平連山賀縣諸賊召爲兵部左侍郎陞右都御史掌院事先生在邊不通相府一幣故不爲分宜所喜湖廣苗亂初設總督以先

生當之至則斬捕略盡宣慰冉玄陰爲苗主苗平懼誅乃嗾龍許保吳黑苗掠恩州行金嚴世蕃使罷先生華亭執不可止降兵部侍郎已而生擒龍許保而黑苗尚匿玄所先生劾玄發其通賄事世蕃益怒然而無以難也未幾黑苗就擒三省底定先生亦卒復右都御史贈太子少保諡襄惠先生曾謁陽明於紹興與語多不契陽明謂公只爲舊說纏繞非全放下終難湊泊先生終執先入之言往往攻擊良知其言學者只是一味篤實向裏用功此心之外更無他事是矣而又曰若只守個虛靈之識而理不明義不精必有誤氣質做性人欲做天理矣不知理義只在虛靈之內以虛靈爲未足而別尋理義分明是義外也學問思辨行正是虛靈用處舍學問思辨行亦無以爲虛靈矣

## 論學書

良知之言發於孟子而陽明先生述之謂孝弟之外無良知前無是言也迨雙江以其心所獨得者創言之於是心不能無疑亦嘗面質雙江矣尚未盡也子思之言曰天命之謂性率性之謂道修道之謂教而又申之喜怒哀樂之未發謂之中發而皆中節謂之和夫以性道之廣矣大矣無不備也而指其親切下手處示人不越乎喜怒哀

樂已發未發之間所謂戒懼者戒懼乎此而已所謂謹獨者謹獨乎此而已至孟子又發出四端之旨而特舉夫赤子入井嘑爾蹴爾睨視顙泚以驗良心之不容泯滅者亦可謂深切痛快無餘蘊矣學者只依此本子做去自有無限工夫無限道理固不必別尋一二事以籠絡遮蓋之也明德新民之說往歲謁陽明先生於紹興如知行博約精一等語俱蒙開示反之愚心尚未釋然最後先生忽語曰古人只是一個學問至如明明德之功只在親民後人分為兩事亦失之愯然請問先生曰民字通乎上下而言欲明孝之德必親吾之父欲明忠之德必親吾之君欲明弟之德必親吾之長親民工夫做得透徹則己之德自明非親民之外別有一段明德工夫也岳又起請曰如此則學者固有身不與物接時節如戒慎乎其所不覩恐懼乎其所不聞相在爾室尙不愧於屋漏又如禮記九容之類皆在吾身不可須臾離者不待親民而此功已先用矣先生謂明德工夫只在親民不能無疑先生曰是數節雖不待親民時已有此然其實所以為親民之本者在是岳又請曰不知學者當其不睹不聞之必戒謹恐懼屋漏之必不愧於天手容之必恭足容之必重頭容之必直等事是著實見得自己分上道理合是如此工夫合當如此則所以反求

諸身者極於幽顯微細而不敢有毫髮之曠闕焉是皆自明己德之事非爲欲親民而先此以爲之本也如其欲親民而先此以爲之本則是一心兩用所以反身者必不誠切矣故事父而孝事君而忠事長而弟此皆自明己德之事也必至己孝矣忠矣弟矣而推之以教家國天下之爲人子爲人臣爲人弟者莫不然矣然後爲新民之事己德有一毫未明固不可推以新民苟新民工夫有毫髮未盡是亦自己分上自有欠缺故必皆止於至善而後謂之大學之道非謂明德工夫只在新民必如老先生之言則遺却未與民親時節一段工夫又須言所以爲親民之本以補之但見崎嶇費力聖賢平易教人之意恐不如是也先生再三鐫誨曰此處切要尋思公只爲舊說纏繞耳非全放下終難湊泊夫以陽明先生之高明特達天下所共信服者岳之淺陋豈敢致疑於說顧以心之所不安者又次爲書於名公而不明辨以求通焉則爲蔽也滋甚矣與郭淺齋○格物之說古人屢言之及陽明而益詳然鄙滯終不能釋然者蓋古人學問只就日用行事上實下工夫所謂物格者只事理交接念慮發動處便就辨別公私義利使纖悉曲折昭晰明白足以自信不疑然後意可得而誠心可得而正不然一念私見橫據於中縱使發得十分懇到如

適越北轅愈騖愈遠自古許多好資質志向甚正只爲擇義不精以陷於過差而不自知者有矣如楊墨釋氏豈有邪心哉其流至於無父無君此其病根所在不可不深究也來教云格物者克去己私以求復乎心之體也岳爲一部大學皆是欲人克去己私以求復乎心之體也但必先辨乎公私之所在然後有以克而復之此其節級相承脈絡相因吾學之所定疊切實異於異教之張皇作用者只這些子且如讀書講明義理亦是吾心下元有此理知識一時未開須讀古人書以開之然必急其當讀沉潛反覆使其滋味浹洽不但理明卽此就是存養之功與俗學之支離浮誕者全不同豈有使之舍切己工夫而終日勞於天文地理與夫名物度數以爲知哉無是事也數年來朋友見教者甚多終是胸中舊根卒難掃除而私心習之既久又不忍遽除之也與聶雙江書下二條同

○今之論文章者必曰秦漢蓋以近時之軟熟餖飣爲可厭也講讀者必曰自得亦以傳注之拘滯支離學之未必有得也夫真能以秦漢之文發其胸臆獨得之見洋洋乎通篇累牘而於根本淵源之地未必實有得焉君子未敢以作者歸之也況所謂秦漢者乃不出晚宋之尖新稍有異於今之軟熟者爾實亦無以異也暗鬱而不章煩複而無體奔走學者於

譎誕險薄之域反不若淺近平易猶得全其未盡之巧之爲愈也秦漢之文見於班馬氏所載多矣其深厚醇雅之氣明白正大之體曾有一言一事譎誕乎哉今之自詫爲秦漢者恐未必於班馬之書有得也有得於中則其發也必不掩矣乃欲厚自與而疑學者其亦可悲也夫自得之言出於孟子其意亦曰漸漬積累自然有得爾夫豈必於排擯舊說直任胸臆所裁而謂之自得哉三代而下數聖人之經秦火之後人自爲說至程朱始明矣雖其言或淺或深或詳或略然聖人遺意往往而在學者不讀之則已如其讀之也豈可不深造而致其詳詳讀古人之書而有得其淺深詳略之所存意有未安姑出己見爲之說期於明是理以養心而已矣不在創意立說以駭人耳目也有是心而言又或未當其自蔽也甚矣嗚呼學之不講久矣文章議論古人講學不以爲先也今也窮日力以從事於此猶不得其要領況其遠且大者乎此類得失本無足辨然場屋去取學者趨向繫焉新學小生心目譾薄一旦驟見此等議論必以爲京師好尚皆如此其弊將至詭經叛聖大爲心術之害有不可不深憂而豫防者故一伸其拳拳之喙○出院習禮蓋將使學者知舉業之外有此一段本領工夫若於此信得及做得是日積月累滋味深長外面許

多淺俗見解自然漸覺輕小矣此學不講已久今聚八郡之士終日羣居若不就日用最親切處指示下手工夫使之有所持循據守以交相勸勉漸次有得而但務爲渾淪籠統之語以詔之則恐聽者未悉吾意其材質高者未必實用其力先已啓其好高助長之心其下者又隨語生解借存養之目以爲談說之資此其病痛面目證候雖與俗學不同而其根於心術隱微反有甚焉者不可不察也昔夫子之教以求仁爲先仁卽心也心卽理也此心所存莫非天理默而成之而仁不可勝用矣此數言者以夫子之聖七十子之賢提耳而教之可以不終食而頓悟者而夫子則不然也顏淵問仁告之以克己復禮而其目在視聽言動仲弓問仁告之以出門如見大賓使民如承大祭己所不欲勿施於人樊遲問仁告之以居處恭執事敬與人忠司馬牛問仁告之以其言也訒而已顏子所問者仲弓不得而與聞也仲弓所問者樊遲不得而與聞也至樊遲所問者司馬牛又不得而與聞也聖門之教因人成就如此其曰視聽言動曰出門使民曰居處執事與人皆就日用最親切處指示人下手工夫故曰勿視勿聽勿言勿動曰恭曰敬曰忠曰訒真如漢廷之法較若畫一使人卽此目下便有持循據守才質高者不得躐此而不及者亦可以企

此以有爲所謂非僻之心惰慢之氣自將日銷月化於冥冥之中而不自覺此所謂聖門之學也無他只是有此實事實功而已矣夫豈在別尋一個渾淪之體以爲貫內外徹幽顯合天人使人愛慕玩弄而後謂之心學也哉且就講禮一節言之如士相見冠昏鄉射飲酒之禮之類不講之則已如欲學者之講之也則不但告之曰禮者理也理者性也性者心也心存則性存而禮在其中矣必使治其文也習其節也而又求之其義也則必據經傳質師友而反求於心然後有以得其節文意義之不可苟者而敬從之夫然後謂之善學顧其中間自始至終皆以實欲行禮之心主之爲有異於剽竊徇外以欺人者爾易曰同歸而殊途百慮而一致此言理本自然人不可私意求之爾既曰殊途曰百慮不可謂全無分別也故心也性也天也一理也然至論心自是心性自是性天自是天如人之父子祖孫本同一氣豈可便以子爲父而祖爲孫哉昔之失之者既以辨析太精而離之使異今欲矯其失必欲紐捏附會而強之使同可謂均亡其羊矣不如且釋同異之論令學者且就日用切己實下功夫如讀書不必泛觀博覽先將學庸語孟端坐疊足澄心易氣字字句句反覆涵泳務使意思昭晰滋味泛溢反之吾心實有與之相契合處如習禮

則冠射相見等用之有時日識其節文大義亦當必求其所謂不可須臾去身者如曲禮少儀玉藻中所記動容威儀之節逐條掇出相與講明而服行之坐時行時立時拜跪時獨處時至應事接物時提掇精神常常照管使其容色無時而不莊敬動作無事而不節守少有放肆失禮則朋友又得指其失而箴規之如是雖於學問之淵源統紀未能深造然就此著實規矩安頓身心資質高者自能循此上達其下者亦有以養其端慤醇篤之性不至於道聽塗說揣度作用重爲本體之害矣○所喻物則云云此是文公教人下手窮理工夫十分親切處真能見得事事物物上各有義理精微不差則所謂人心道心氣質天性亦各有著落以爲省察存養之端今之學者差處正是認物爲理以人心爲道心以氣質爲天性生心發事縱橫作用而以良知二字飾之此所以人欲橫流其禍不減於洪水猛獸者此也若老釋外事物以求理其學雖差要於虛空中實有所見豈若今人之恫疑虛喝其高者入於奸雄以下殆類俳優此風不息不知將何止極也

與黃泰泉

○爲學之道以心地爲本若真見所謂心者而存養之則其本體固自正然非體察精密義理明晰有以備天下之故於寂然不動之中而曰心得其正者未之有也近時不察乎此紐

揑附會恫疑虛喝旣不知有義理工夫之實而亦安識所謂心體也哉其圓合知行混誠正於修齊治平而以心字籠罩之皆謾爲大言者也岳之疑此久矣朋友間一二有志者皆相率而入於此無可與開口者又恐徒爲論辨而未必有益故於門下每傾心焉又思近時所以合知行於一者若曰必行之至然後爲真知此語出於前輩自是無弊其曰知之真切處卽是行此分明是以知爲行其弊將使人張皇其虛空見解不復知有踐履凡精神之所運用機械之所橫發不論是非可否皆自謂本心天理而居之不疑其相唱和而爲此者皆氣力足以濟邪說者也則亦何所不至哉此事自關世運不但講論之異同而已答張甬川

草堂學則

古之教者家有塾黨有庠術有序國有學其所以立教之法則內自一心以至身之動作威儀莫不各有其養焉聖賢教人之目多矣未有不先得於此而能進乎其餘者也後世家塾之法旣壞父兄所以教子弟者不過責以記覽之富綴述之工以爲足以應有司之求則亦已矣然學者材質不同亦有終身不得至者焉方且佗佗焉爲之不厭若反其本而責之身心之閒則其心固能思耳目口鼻四肢固

能視聽而運動特因其思而使之存之因其視聽運動而約之使入規矩非有品節分限不可必至者學者顧乃爲彼而不爲此其亦無以是語之而弗思耶今故掇取孟子所論存養之功與夫動作威儀之則見於曲禮少儀諸篇尤近而易守者數條列於草堂北壁使諸弟子輩朝夕觀誦深體而服行之雖其規模條理不若古人廣大詳密然以存其良心伐其邪氣收斂端嚴培植深厚由是而讀書窮理以充拓其體應事接物以發揮諸用隨其材質分量之所及以進之亦不患於無其本矣不知務此徒以記問綴述爲事雖使聖賢訓典充腹盈紙猶不得謂之善學而況今人無用之空言耶嗚呼小子念之斯古人切己之實學也由此而學之則爲君子背此而學之雖有學焉猶不學也亦陷於小人而已矣汝不欲爲君子則已如其欲爲君子舍是吾無以教汝矣念之哉

孟子　仁人心也章　牛山之木章
　鈞是人也章　養心寡欲章

右存養之要凡四條

仁者此心之本體也心而無仁則非心矣故孟子以人心目之然心之所以放者旦晝之爲有以害之也旦晝之害莫甚於耳目之欲先

立乎其大者不爲耳目之欲所奪則心於是乎得所養矣故曰養心莫善於寡欲大抵孟子發此數章示人語意旣明白而痛快工夫亦直截而易簡而其言之先後互相發明有不假訓說而自解者學者誠反覆玩味而有得乎其言焉則所謂立其大者所謂操存所謂求放心皆有以實用其力非强爲揣度把捉以冀此心之或存矣

記曰毋不敬儼若思安定辭安民哉

人之所以爲人者禮義也禮義之始在於正容體齊顏色順辭令容體正顏色齊辭令順而後禮義備

君子姦聲亂色不留聰明淫樂慝禮不接心術惰慢邪僻之氣不設於身體使耳目鼻口心知百體皆由順正以行其義

君子之容舒遲見所尊者齊整足容重手容恭目容端口容止聲容靜頭容直氣容肅立容德與得通謂立則罄折如人授物于己己受得之形也色容莊坐如尸立如齋燕居告溫溫燕居謂私居告謂教使

凡行容惕惕凡行謂道路也惕惕疾直貌

立容辨卑無讇頭頸必中山立時行盛氣顛實揚休玉色辨讀爲貶貶卑謂罄折也顛讀爲闐揚讀爲陽休讀爲煦心無愧怍則氣盛不

餒而常闐滿塞實如陽之蒸煦乎物也玉色謂溫潤不變

凡視上於面則傲下於帶則憂傾則姦 傾邪視也

坐視膝立視足應對言語視面立視前六尺而大之

古之君子必佩玉右徵角左宮羽趨以采齊行以肆夏周還中規折還中矩進則揖之退則揚之然後玉鏘鳴也故君子在車則聞和鸞之聲行則鳴佩玉是以非辟之心無自入也 右佩陰也左佩陽也徵角宮羽謂玉聲所中也門外謂之趨門內謂之行齊當為薺采薺路門外之樂節肆夏登堂之樂節周還反行也宜圜折還曲行也宜方揖之謂小俛見於前也揚之謂小仰見於後也

帷薄之外不趨堂上不趨執玉不趨堂上接武堂下布武室中不翔並坐不橫肱 行而張足曰趨行而端拱曰翔武跡也中人之迹尺二寸接武謂每移足半躡之布武各自成迹不相躡也

毋側聽毋噭應毋淫視毋怠荒遊毋倨立毋跛坐毋箕寢毋伏斂髮毋髢冠毋免勞毋袒暑毋褰裳 凡人宜正立不得傾欹側聽人之語噭謂響聲高急如噭之號呼也淫視謂流移邪眄也跛偏任也伏覆也髢髮也謂垂餘髮也免去也褰袪也以上皆言其不敬也

將上堂聲必揚將入門問孰存將入戶視必下戶外有二屨言聞則

入言不聞則不入入戶奉扃視瞻毋回戶開亦開戶闔亦闔有後入者闔而勿遂毋踐屨毋踖席摳衣趨隅必慎唯諾聲必揚至不入皆不欲干人之私也扃閉戶外之木當入戶之時必兩手向扃而奉之今入戶雖不奉扃以手對戶若奉扃然言恭敬也開闔不以後來變先勿遂示不拒人踐蹈也踖躐也趨猶向也隅角也既不踖席當兩手提裳之前徐徐向席之下角而升

將即席容毋怍兩手摳衣去齊尺衣毋撥足毋蹶先生書策琴瑟在前坐而遷之戒勿越虛坐盡後食坐盡前坐必安執爾顏長者不及毋儳言正爾容聽必恭毋勦說毋雷同必則古昔稱先王此謂弟子請問之法衣裾之撥足之搖動皆失容也坐亦跪也虛坐非飲食也盡後謙也盡前恐汙席也儳攙先也勦者取人之說以為說雷者聞人之說而和之則者有所依據也

執虛如執盈入虛如有人此執事將敬之功

禮不踰節不侵侮不好狎不窺密不旁狎不道舊故不戲色毋拔來毋報往毋瀆神毋循枉毋測未至毋訾衣服成器毋身質言語密隱處也不窺密嫌聞人之私也旁泛及也泛與人狎不恭敬也報讀為赴疾之赴拔赴皆疾訾猶計度也

容經曰周頤正視平肩正背臂如抱鼓足閒二寸端面攝纓端股整足體不搖肘曰經立因以微磬曰共立因以磬折曰肅立因以垂佩曰卑立立容也坐以經立之容肘不差而足不跌視平衡曰經坐微俯視尊者之膝曰共坐仰首視不出尋常之內曰肅坐廢首低肘曰卑坐坐容也行以微磬之容臂不搖掉肩不下上身似不則從然而任行容也趨以微磬之容飄然翼然肩狀若㳅（古流字）足如射箭趨容也旋以微磬之容其始動也穆如驚倏其因復也旄如濯絲跰旋之容也跪以微磬之容揄右而下進左而起手有抑揚各尊其紀跪容也拜以折磬之容吉事上左凶事上右隨前以舉項衡以下寧速無遲背項之狀如屋之元拜容也拜而未起伏容也若夫立而跛坐而蹁體怠懈志驕傲趮視數顧容色不比動靜不以度妄咳唾疾言嗟氣不順皆禁也

右威儀動作之節（凡十七條）

古人自起居飲食事親敬長以至應事接物莫不各有其法然隨事著見應用有時惟動作威儀之節之在人身有不可以須與離者故學者內既知所存心矣又必致謹乎此使一身之動咸中節文則心體之存乎內者益以純固矣此內外交相養之法惟實用其力漸見

功效者然後有以深信其必然非空言所能喻也

雜言

上下四方曰宇往古來今曰宙此二句於先天圓圖求之上下四方以對待之體言所謂乾坤定上下之位坎離列左右之門也往古來今以流行之用言自震至乾易中謂之數往往者往古之謂也自巽至坤易中謂之知來來者來今之謂也然則古之言宇宙者其義如此故曰天地設位而易行乎其中乾坤毀無以見易宇宙之義深矣○邵子曰先天之學心學也陰陽消長之理吾心寂感之機妙哉妙哉胸中須是光光靜靜流動圓轉無一毫私意障礙方與天地合一萬事萬理只要就心上體驗○心之體固該動靜而靜其本體也至靜之中而動之理具焉所謂體用一源者也先儒每教人主靜靜中須有一個主始得○心纔定便覺清明須是靜時多動時少雖動也而心未嘗不靜焉方是長進○喜怒哀樂未發時最好體驗見得天下之大本真個在此便須莊敬持養然必格物窮理以充之然後心體愈明應事接物毫髮不差若只守個虛靈之識而理不明義不精必有誤氣質做性人欲做天理矣此聖賢之教格物致知所以在誠正之先而小學之教又在格致之先也○虛靈知覺則心也性則心

之理也學者須先識性然後可以言存心不然只認昭昭虛靈者爲性而不知自然之理此所以陷於作用之非而不自覺也○黄後峯書室對誠自不妄語始學從求放心來○凡學莫先辨其誠僞之分所謂誠者無他只是一味篤實向裏用功此心之外更無他事功夫專一積久自然成熟與夫鹵莽作輟務外自欺者大有間矣○一念到時鬼神皆通○聖賢千言萬語無他只教人求其放心而已心纔收斂便覺定靜清明然後讀書講明義理方有頓放處既知此而猶以格物窮理在誠意之先何也心不放便是誠意若此心已先馳騖飛揚不能自制而血氣乘之以動乍盈乍怯乍作乍止凡百所爲卒皆無成其患有不可究言者已○聖賢所以立教使人不失其本心而已平居暇日當操存體驗使此心之體常清明定靜至於講學窮理皆所以培養此心講學之功讀書爲要而所讀之書又必先經後史熟讀精思掃去世俗無用之文不使一字入於胸中然後意味深遠義理浹洽而所得益固矣○客慮不必純是人欲凡泛思皆客慮也天下之理有精麤本末之殊吾身之應事接物亦有緩急先後之序要擇其最切己者而精思之漸次積累久後心體自明應接自無礙矣若舍近思遠舍卑思高非惟不得其理適所以汨亂其心體之

真而深有害又不若不思之爲愈也○見處貴透徹行處貴著實知崇禮卑是○聖賢教人爲學緊關在一敬字至程朱發明之可謂極其親切矣今考其言既曰主一無適又必曰只整齊嚴肅則心便一一則自無非僻之干曰只動容貌整思慮則自然生敬曰未有貌箕倨而心敬者曰嚴威儼恪非敬之道但致敬須從此入蓋心體難存易放初學功夫茫然未有下手處只就此威儀容貌心體發明最親切處矜持收斂令其節節入於規矩則此心自無毫髮頃刻得以走作間斷不期存而自無不存矣近時學者動言本原頭腦而忘卻檢身密切之功至其所謂頭腦者往往錯認別有一物流行活動可以把持玩弄爲貫通萬事之實體其於敬之一字蓋有視若徽纆桎梏不肎一用功者不知許多道理皆凝聚於此舍此而別求本源頭腦其不爲精神作用而流入於狂譎也者幾希○自古聖賢教人不過使之致謹於言語動靜事親從兄隆師親友之閒養其恭敬惻怛之心以爲田地根本而時將聖賢言語反覆詳讀切己體認使其行著習察不昧所向而已初未有簡徑捷法可以直下頓悟亦未嘗使人安於支離淺陋如俗學之無用也○百物所需皆天理也只不可分一片心去那上頭計較人之一心所蘊畜關係者何事而令此區區

者役使不得少休哀哉○凡事物未至而先立個心以預待之此便是逆詐鮮有不差者故心不可以無主尤不可以有私主天理自然何容私之有須是虛心以待事物之來敬便一一便虛有時心不如此而發言之際不覺如此者是此心不宰而氣反挾之以動也○凡與人議論務要色和詞暢非臨時可勉強大抵養定者色自和理定者詞自暢義理雖是而誠意未著亦未能動人

## 莊裕徐養齋先生問

徐問字用中號養齋常之武進人弘治壬戌進士除廣平推官召爲刑部主事歷車駕郎中出知登州調臨江二州多盜擒獲略盡築江堤七十二處以才略見稱積官至廣東布政司以右副都御史巡撫貴州平蒙鉞之亂召爲兵部侍郎謝病歸起南京禮部進戶部尚書卒贈太子少保諡莊裕先生爲舊論纏繞故於存養省察居敬窮理直內方外知行無不析之爲二矣其讀書劄記第二冊單闢陽明廣中黃才伯促而成之嗚呼其何損於陽明哉

### 讀書劄記

孟子茅塞之論深切學者病痛天理良心虛明自在坦然平道若大路然人心一動七情交雜遂茅如也充塞既久些子虛明透露不出

與茅塞何異則運動作爲皆爲形氣物欲所使真無別於禽獸矣極力芟夷開除荊棘以還大路學者宜自勉哉○閑思妄想客感得以乘隙而入病在中養不固而門戶闊疎斜徑滑習耳其原又在好善惡惡未能真切故坐悠悠養成此患而不自知也若欲去之其幾只要誠意誠意即慎獨慎獨即是敬○端居無事時且不要留心世事遇不平有動於中則失了自家中和氣象此君子所以思不出其位也○人爲心害者不獨富貴飲食男女之欲凡山水書畫古今事蹟與夫將迎顧慮往來於懷未能遣去其爲害一也大抵廣大寬裕盡置外境而休心自如方見本性○草木有氣質而無知鳥獸有知而無覺覺乃聰明穎悟處知其當然之理幾微畢見者也故伊尹以先覺自任而孔子亦以先覺爲賢可見若但知飲食男女富貴求遂其欲而不覺其當然則孟子所謂無是非之心非人也○萬物形於有而生乎無成於實而本乎虛故制器者尚其象崇其虛所以制用也人之於物也耳遇之而成聲目遇之而成色雖聖賢猶夫人之耳目也其所默會心通窮神知化固不在於形聲也詩無聲無臭蓋言形而上之道天德至矣○近世言大學格物義議論尤多或以格爲正如孟子格君心之非之格正與非對下云一正君而國定彼以爲正

是也此於正物無意義或以爲如云正是義正當也又於物字不照應或以爲格者揆正之也格物知本也如孟子言權然後知輕重度然後知長短又如大學絜矩之義且謂朱註以格物而謂之窮理古未之聞也如此言意雖近而於本文義恐未盡會通終有支節窒礙處愚觀書贊堯敬德之光曰格於上下舜典言巡狩至於北岳歸格於文祖又禹征有苗三句逆命舜乃誕敷文德舞干羽於兩階七旬有苗格詩言魯侯允文允武昭假烈祖皆有誠意感通之義夫我之格人人之格我皆以理通其實一也朱註謂窮至事物之理與易知至至之義同本亦無害但於感通之義稍殊故至後議日紛如也易曰寂然不動感而遂通天下之故彼固聖人之事而學未有不由是而得也原格字義本扞格有未通求通之義猶古治爲亂以治亂而曰亂也蓋萬事萬物盈於宇宙而備於人原於天而具於吾之心惟於氣稟物欲或有偏蔽扞格故於明處無由可通只以吾心當然之理精思熟玩引伸觸類條暢旁通易所謂精義入神觀其會通是也如是則向之齟齬扞格於吾前者皆將渙然冰釋怡然理順活潑潑然而來種種皆化物物皆理萬物皆歸一太極也知豈有不致意豈有不誠者乎○非禮勿言之訓程子之箴確矣大抵中守義理自不

至於妄言言行相顧自不敢爲多言況有悖入與戎損氣之爲害哉抑嘗驗之人有喜怒意向則其言易乘之而出故制情乃所以謹言也○爲學作事忌求近功一求近功則自畫氣阻淵源莫極楊墨告子之徒霸者之功業是也聖人無近功故至誠無息孔子不知老之將至若顏子未見其止孟子深造之以道是不求近功法則參前倚衡而勿忘勿助諸篇則又其步級也○程子論易生之謂性人生而靜以上不容說蓋謂天命流行而生人物始有性人生而靜道理蘊而未感故爲天之性感於物而動爲性之欲欲卽喜怒哀樂之情也若以靜推而上之則爲造化未形時只是一團氣涵理在故不可言性言性卽墮形氣中非復性之本體矣○孟子謂存心養性四字精密二者雖開說而義實相因性本天賦仁義禮智信純粹真實的道理而寓於心有感則情動隨物而遷心有存焉者寡矣心既不存則人欲日長天理日消故存心所以養性養性所以奉若乎天之所以與我之理卽子思子所謂尊德性易所謂成性存存是也良心既存物不擾動大學之有定易之艮其背不獲其身時也定而虛虛而明一真自如中庸之謂中大學之謂靜易敬以直內時也由感而動出皆當理易動以天爲無妄中庸之謂和時也由是仁之於父子義之

於君臣五常百行及於仁民愛物而萬物各得其所孔子所謂一以貫之時也故存心養性工夫其效甚大○性字訓義心生以人心具此生理而實不外乎氣也程子以爲性出於天才出於氣然才亦根於性之理必於氣以發之故高辛子八元之才忠肅恭懿宣慈惠和蓋以德性用事是何等才也若專以氣用事則闇於理義爲剛狠給惠而非所謂稟受之才矣孟子所謂非天之降才爾殊言不能盡其才者也可見○明道答橫渠定性書大意動靜皆定不留將迎不係內外此性所以恆定也次言無情者定之本順應者定之用既無情順應自不須除外誘除則增一套事易所謂至賾而不可惡也引易艮止爲內定孟語不鑿爲外定故兩忘無事靜而明通如聖人順應喜怒之常在於物而中無所繫也後言忘怒觀理乃學者求定工夫而用力之要莫切於此○或謂人心本無靜氣化流行亦無靜時愚觀易繫辭曰夫乾其靜也專其動也直是以大生焉又曰寂然不動感而遂通天下之故蓋非靜無翕其動非動無闢其靜乾爲至健而有動靜故曰人生而靜天之性也以爲無靜非也○人心存養不厚則德不聚出皆支離未能順理易以尺蠖之屈龍蛇之蟄皆自外而內退藏於密之事下言精義入神窮理入於微妙如中庸之盡精微

乃爲致用之本利用安身順而利往如易義以方外乃爲崇德之資此正是內外交相養之道○蘇季明問喜怒哀樂未發前求中程子曰不可求求卽是思思卽已發不可謂之中也又問呂學士言當求之於喜怒哀樂之前何如曰不可旣有知覺卻是動也怎生言靜後來羅豫章師龜山李延平師豫章皆以靜坐觀喜怒哀樂未發前氣象爲何如而求所謂中者想其觀字亦如言聖人之能反觀非費思求索之謂必有默會自得處孟子言平旦好惡雖是動亦於本心未梏之際觀之學者於此二者交用其功則天理常存善端呈見日用動靜蓋有渾合自得而不自知矣○易无妄心有天人兩端而已天理渾然處自有泛應端緒出來無思無爲所謂道心也若感物而動爲性之欲旣與物涉便有計較安排雖善惡不同均爲人心也道心動皆天理真實故爲无妄人心稍涉計較安排雖善亦妄矣察則決之之方敬則守之之法也○程子謂艮其止止其所也人多不能止各因其心之所重者更互而出愚謂如人欲立功業便有功業事出來欲求名譽便有名譽事出來至於出處顯晦皆然心逐事亂也聖人不逐事故出處久速皆止其所矣何動之有○世俗上下相接之間一套儀文皆所謂非禮之禮矣蓋其中無主只管從時徇俗又爲

利害誘奪不能自信隨氣盈歉遂以成習所以中間尋不出真實辭讓禮來○程子謂人心不可二用用於一事則他事不能入者事爲之主也若主於敬又焉有紛擾之患乎主一之謂敬無適之謂一且欲涵泳主一之義不一則二三矣至於不敢欺不敢慢尙不愧於屋漏皆敬之事矣○主一無適之謂敬學者涵泳其義泥爲專主故好事者從而議之若與六經所載敬義迥別蓋道心本純一不雜中無妄動則不岐雜於二三心要在腔子裏畏懼收斂則不放逐於物欲故無妄動斯一矣有畏懼斯不妄適矣人所以易動而恆不得制其欲者只緣無有畏心能內尊天命之性而不敢放失外懼物欲之患而先意防閑則敬自從此起矣敬則私欲退聽而天理之心常存是謂涵養涵養之義如程子所謂菜子中許多生意只須培壅澆灌方才得成所以成之者敬也故兢兢業業小心翼翼嚴恭寅畏克自抑畏瑟兮僩兮與戒愼恐懼同是一個意學者要以畏爲主畏字有分別常人之畏只是畏事便差千里○孔子答子張問行以言忠信行篤敬蓋忠敬本心上工夫而欲於言行上求之恐其僞爲於外而不由夫心之實也如告顏子克己復禮爲仁而其目乃在於視聽言動蓋心本無私恐爲物欲牽引而蔽之也故須以志克制如戰而勝人

欲負而退聽所以全夫中之理也意亦略同忠信篤敬則言行自出於本心○學者知心上有公私便知事上有義利張南軒許魯齋謂學莫先乎義利之辨比之程朱論學己是第二件工夫然於世態沈冥中要識此便能卓然有立○朱子答張南軒書曰以天理觀之動之不能無靜猶靜之不能無動也靜之不能無養猶動之不可不察也但見得一動一靜互爲其根敬義夾持不容間斷則雖下靜字無非此物至靜之中蓋有動之端焉是所以見天地之心者先王以至日閉關安靜以養乎此耳固非遠事絕物閉目兀坐而偏於靜之謂但未接物時便有敬以主乎其中則事至物來善端昭著而所以察之者益精明耳伊川於已發之際觀之正謂未發止有存養而已發則有可觀也此語甚精確而猶不安於靜觀未發之論愚恐終不能遺於反觀也○孟子謂氣動志如蹶者趨者蓋顛越急趨在氣而欲速則亦由乎心又如人鬬狠是氣然忿懥則發於心驅僕鬬狠僕固爲氣然其主翁爲心若心操得其中則氣自平主得其理則僕不亂故曰志動氣者十九言其時常多氣動志者十一言其少也○心具性先儒以爲郛郭於人雖資環衞而終爲二物惟穀種之譬爲得之蓋其渾一之妙難以言語形容只得如此名狀欲人之易曉耳夫水

本淡濟之五味而後和然其相投之分不可離也故孟子以爲良心又曰良知良能正以其有性之德渾合得在○孔子以不爲周南召南爲面牆蓋不務本原尋路頭而欲施之國家天下自是通透推行不去○或謂知行只是一個工夫不可分作兩段事與易知至之大學知止而后有定孔子知之不如好之意相背又曰敬卽無事時義義卽有事時敬兩句合說一件與敬以直內義以方外意相背大抵聖賢說道理有本原有作用理無二致而用功則有先後故其次序如此如四時之不可易若欲打滾一處或倒做了工夫恐於道難入也○或謂居敬卽是窮理就窮理專一處說便謂之居敬就居敬精密處說便謂之窮理是以中庸尊德性道問學頭緒混爲一處又謂戒懼愼獨只是一個工夫無事時固是獨知有事時亦是獨知省察是有事時存養存養是無事時省察若意念未萌善惡之幾未兆原無照慮須安靜以存養之何用省察及其感而幾動則宜省察以決之何用存養人心動靜隨處可以用功若打混一處尤難得力也○世學或謂心中不須用一個敬字且病宋儒程朱主敬及主一之說不知敬非別物只在尊德性常以心爲天爲君爲嚴師翼若有臨而不敢怠放聖人純一無僞有自然之敬齋戒以神明其德所謂齊莊

中正是也賢人嚴恭寅畏有固守之力操存涵養不敢放置所謂整齊嚴肅是也其用功則不妄動之謂誠弗岐二之謂一不偏倚之謂中止紛擾之謂靜無邪曲之謂直中有主之謂實去物欲之謂虛其實一也外則踐履執事使民常整思慮斯須不忘正衣冠尊瞻視非禮不動是也舍此則靈扃無主人心客氣交病於內耳目口鼻四肢富貴利達諸欲攻奪於外譬如所居藩籬不固中之所藏寇竊得與我共之我方在外奔走救急不暇雖有良知亦將爲所昏塞而無所用其明矣考易詩書所稱曰敬直曰敬德曰聖敬曰敬止曰毋不敬曰修己以敬聖人以此洗心其言若出一口而謂盡非乎哉○商書咸有一德云德無常師主善爲師舜察邇言詩詢芻蕘孔子問禮問官是也善無常主協於克一又曰一哉王心舜之執中惟一孔子之一貫是也尹湯一德其傳尚矣程子以敬爲主一蓋天理渾具於良心不爲物欲之雜可以統會萬殊而貞天下之動以歸於一而或謂主一之非至謂一心在好貨好色上亦可以爲主一不知要誠意之功何用夫乃末之思乎

答人書

所諭靜專靜翕之功真畜德養身之切務卽老子所謂專氣致柔道

流之所謂修養吾儒之所謂靜存同旨異趨者也蓋吉凶悔吝生乎動而氣勝亦能動志志動氣交始有不得其理者故志定而氣順心一而神安樞紐開闔以役百體制羣動易所謂其靜也專其動也直天下之動貞夫一者也一者不二不雜敬之本也中年以來平居及多病中時亦見得此氣象但或為事勝不能守守而不能常耳執事親得其味復以見諭敢不祗領以無忘規切乎答黃才伯○嘗與諸生論敬以直內義以方外易以發明坤道大段是聖賢見成工夫至於學者用功入道則當如大學次第規模所謂先正其心存養主敬之事也先誠其意省察克治之事也先致其知致知格物盡心窮理之事也若徒知有敬而不先之窮理則於天下萬事萬物不能灼知其所以然心之知識容有未盡而孔子所謂罔殆之蔽必將扞格於其間心之所發為公私邪正恐不能自別其誠與否而決幾於取舍之際又安知義之所在而使泛應各得其宜哉答毛式之書○前日偶論及文王不識不知與易何思何慮義同蓋以天地間事物皆有定理一毫思慮著不得故引日月寒暑往來屈伸以見其自然人受賦於天具於心一樣自然實理停停當當稍著思慮便出安排翻覆橫生態度雜出如梗楠大木加以匠人雕琢繪畫之巧非吾性本智

之罪也用私智之過也聖人渾成德性靜與天合動與天行何知識之有非惟不暇知亦無所用其知矣易思慮卽是知識字皆出人心而非動以天者也若夫意必固我門人見得聖人無此四字不知聖人無意則必固我三者自然不萌若常人有意則三者自然不斷愚謂無意二字足以盡之卽文王之不識不知易之何思何慮亦豈易能乎哉先儒謂無口過易無身過難無身過易無心過難卽有意之私其害不小人心萌動客感物欲便來乘之沈冥固蔽些子虛明透露不出吾人苟知性分爲吾物百年易過天理當還如老將麾兵三軍克敵力求蕩掃盡去或未盡而後來者逐漸去之去盡爲大賢去半盡爲君子全不去則爲小人可不懼哉與吳亞父論學○王氏之學本諸象山緒餘至今眩惑人聽雖有高才亦溺於此借如所稱致良知一句亦只是大學致知二字又上遺了格物工夫則所致者或流於佛老之空寂而於事物全不相干故其師友相承率多夸大浮漫而闊略於躬行之實力且號於人曰是能百世以俟聖人而不惑嗚呼其可以欺天下後世哉此意甚不難知尙有聰明堅持而不解者抑亦道心不明仁義否塞而世道汙隆之幾也生竊憂之而讀書劄記第二冊前實闢其說蓋以廣中侍讀黃才伯促而成之其人

持守端慤蓋士林不易得者答羅整菴○大抵吾人所以少能自立者患在中養不定而處世實難中定則無難處矣故敬以直內則便義以方外內外照應如影隨形非有異也若根基不固則世間萬事一切利害皆能震撼搖奪其中顧吾無以處之如蘇氏所謂隙中之觀鬬者也答熊南沙別駕○程朱論議本諸六經四書緒餘未敢謂其盡得先聖賢心術精微如出一口而路徑步驟亦自不差學者能會通於博約之中循途以進終無所失新學謂其凡近未足以動人也立爲高闊汗漫之談以震眩人耳目天下聰明之士靡然聽之師友相承自謂前無古人矣不知內少忠信之基中虧踐履之實則所謂下梢頭無著落者也向與黃司成泰泉近得羅整菴先生書每念及此而執事又秉衡軸當世道學術之機轉運於上若於此而明示之以好惡天下士習有不翕然丕變者乎答熊太宰北原公

諸生李大經先生經綸

李經綸字大經建昌南豐人生而有文在手墳起如方印讀書好深湛之思以理學自負爲諸生值鄉舉上書當道言當待士以禮無制士以苛法藉令峻制苛法盡革懷挾之弊而使志行之士如吳康齋陳布衣者睥睨其間避匿而不肎出無寧疎於防檢使志行士或由

以進也當道得其言而壅之久之棄舉子業精心著述以詩三百篇非夫子之舊漢儒雜取逸詩以足其數故無益於天德王治之粹者削之作詩教考以禮有三曰儀曰曲曰官見諸動止食息日用倫常者謂之曲行之吉凶軍賓嘉者謂之儀朝廷之制度謂之官三禮考註昧於經曲制度之節混三爲一今爲之分別作禮經類編王湛二家之學盛行先生弗以爲是作衞道錄作大學稽中傳念時無知者聞羅整菴著困知記辨心性之異以闢王湛大喜上書以質所學整菴方自貴重徽兩家之聚生徒各立門戶故少所容接而先生之辭又過倨遂沮抑之先生乃大失望走南都謁祭酒黃泰泉泰泉深契之而與之講樂律然亦未遑張其學術也其後東南中倭天下頗洶洶先生以爲是司兵者不知兵也條時務七事詣撫按藩臬獻之竟不遇中暍卒於越道先生與王湛異者大旨只在窮理二字然先生之所謂理者制度文爲禮樂刑政皆是枝葉邊事而王湛之所謂理則是根本根本不出一心由一心以措天地萬物則無所不貫由天地萬物以補湊此心乃是眼中之金屑也先生之誠意原以意非心之發也是主宰乎知覺之中者也頗與子劉子之言意相合第子劉子之所謂主宰者知覺中自有主宰先生謂主宰乎知覺之中者則

又立意以爲之仍是困知之餘論也

辨學

聖賢之學其主曰思誠其志可立也其道不可强也命齊而氣五性齊而質五盈虧相形而質之强弱生焉虛實相乘而氣之昏明異焉故學先之於窮理而後性可得而盡也如謂心之靜定虛靈卽道謂身造物理爲格物謂致吾良知正天下之事物爲格物信心任情無庸積漸陰宗禪說以陷溺高明援儒入墨以蔑棄經典是天下之罪人不知先王之教盡人道而已矣意心身家國天下者物之名其誠正修齊治平者物之理物有本末者是物也窮理者窮是物之理也行主知資者學之本知漸行漸者學之法行熟知精知明行至者學之效是故意物也窮乎其所以誠之者而意之物格矣心物也窮乎其所以正之者而心之物格矣身物也窮乎其所以修之者而身之物格矣家國天下物也窮乎所以齊治平者而家國天下之物格矣物格而知至矣故聖人之立教也誠正修齊治平之外無餘學君子之致知也誠正修齊治平之外無餘格其理盡於禮樂詩書其用通乎中才上下蓋上之而幽明今古靈蠢動植之神窮則上智之能而先王之所不貴下之而誠正修齊治平之事缺則下愚之陋而先王

之所不齒逃焉去之爲左道怪行以譸張民聽則先王之所必誅者也是天下之中學也今晦菴之論格物也似見條目知行之分而不見綱領知行之合也經文不言敬而敬之理備焉主一無適之謂敬其好惡之誠一者乎常惺惺法之謂敬其心之靜正者乎整齊嚴肅之敬其修身之始事乎以斂天人以攝動靜以篤倫理其修身之終事乎合之以敬是徒知主敬之先於致知而不知誠正修之卽敬也然其主之以敬也立本者也其言窮理者致精者也謂非孔孟中學之正傳不可也乃若象山之學則不然謂求放心卽可以擴充知識則信己不求中庸之病根也猶未以明善爲非也再傳而爲白沙則知一己矣守一己矣聖人之教事物之理不明言矣三傳而爲陽明子甘泉子也則趨中而未盡者也陽明子曰知行合一者也推吾心之良知以正事物良知卽明德正物卽親民也是知致力於實用矣然信心而不求中甘泉子曰格物者至其理也知行並進隨處體認天理至之而已矣是知言明善矣知求中而不信心矣然不以至善爲事理之極而謂爲吾心中正之體人心未必皆中正也亦歸於信心而已矣蓋昔者聖人既竭目力焉制宮室以奠民居制冠裳以文人體制稼穡以養人腹制舟車以利人行制干支曆法以經天導川

畫野以緯地範金合土斷木以利器嘗草木金石之劑以制醫而天下之民用備矣是聖人之事也傳是以教人者謂之師效是以覺其事謂之學夫其能傳能學也固人之良知也謂天下之人率其良知而可以自能其事則天下之妄言也聖人既竭耳力焉審清濁以辨五聲定高下以制十二律備八音以極旋宮之變而天下之和氣宣矣是聖人之能事也傳是以教人者謂之師效人以覺其事謂之學夫其能傳能學也又人之良知也謂天下之人率其良知而可以自能其事又天下之妄言也聖人既竭心思焉通乎天人之故而知曰命曰性至精而不可遁也曰道曰德至純而不可瑕也其設中於心也則定靜虛明以立性之體其執中於事也則盡己盡人盡物以達性之用是故通神明之德類萬物之情於是乎造爲典謨爲訓誥爲禮樂文章以化成天下使天下後世之修身齊家治國平天下者皆由是取法焉若是者尤聖人之能事也傳是以教人者謂之師效是以覺其道謂之學夫其能傳能學也亦人之良知也謂天下之人率其良知不窮理而可以自能尤天下之妄言也夫人心之良孰不有知但所謂良知者不中而不全耳夷惠雖聖君子不由楊墨雖賢君子所惡謂其不中也仲子知廉而不知孝王祥知孝而不知忠謂其

不全也今曰良知即聖也吾心之中正即天理也徒使人猖狂妄誕亂德迷心而已耳且夫六經之言學自說命始而言知行者亦自說命始傅說曰人求多聞時惟建事學於古訓乃有獲夫求多聞者於古訓而學之也以建事而有獲者得至善之理也則多聞在建事之先矣又曰知之非艱行之爲艱言君子行之爲貴而徒知不足以爲行也知行雖有輕重而先後之分又明矣故大舜之言曰稽於衆舍己從人惟帝時克其戒禹曰無稽之言勿聽弗詢之謀勿庸夫堯舜禹天下之大聖也而必察衆必舍己必不可以弗稽弗詢者誠不敢信一己之聰明而壞天下之中正也夫然後道備全美允報厥中而可以爲天下後世法今之言曰人心自有良知也聞見知之次也求理於萬物是義外也是蹈襲也則堯舜之稽詢傅說之多聞學古非歟大學稽中傳

○意非心之發也心之發則情也意從立從曰從心心立欲爲之意而非爲虛意而必爲之主宰乎知覺之中也寂者心之體而主忠以爲之根知天之德即我之德而意專主乎天德立心以的之閑邪以存之是寧靜之中而精神之有所注者也感者心之用則主信以爲之幹知人之道即我之道而意專主乎人道定其向決其趨蓋攻取之中而精神之有所守者也無事而靈根植焉畫一

無二而好色惡臭之幾明有事而奚幹達焉致命遂志而好色惡臭之幾決故不知意爲身心之幹則視之也輕不知幾爲萬事之本則其功也略我圖聖功莫先誠意作誠意原

## 誠意原

○心也者神明之舍心不可以專神而神則寓宅於心者也神貴靜靜則性全而仁義之體立神貴明明則思睿而仁義之用行曰寂曰明而心之本體正矣欲多則蕩動極則昏事物無形虛靜以養中可也而常情有無故之感事爲之著安而和行可也而常情有物勝之動於是乎昏蕩生而寂明者失矣此固無主之心而心失其正者也若夫意存於天理而私妄難以絕其根意存乎天道而利害得以衝其志其爲昏蕩一也邪妄絕矣而可爲之事不免生心以繫事利害忘矣而欲爲之事不免持心以必爲非邪妄利害之私而終留喜怒之形聲亦不可得而寂明也然則寂明無累者其惟聖人之心正乎方其靜也物之未感我之無情至虛獨覺而影響俱無也及其動也妍媸在物精凝在我至靈常止而好惡不作也其復而之靜也與化俱往賓去主存而又影響之俱無也是正心之義也或曰何思何慮聖人無故而不感忘食以思豈有故之感乎寂然不動聖人有心而無爲不思則罔豈無爲之心乎聖人之心所不累者身之情所欲察者天之理無思無

爲者洗心以神德思睿作聖者精義以窮神累情之心爲意必意必則私私則動精義之心爲性命性命則公公則平何動之有哉朱子曰靜而常覺動而常止此人心之妙明道曰所謂定者靜亦定動亦定無將迎無內外正心之謂也心與意誠與正相似而難辨也作正心原正心原

○君子之動也通萬物於一身則理一而仁存散一理於萬物則分殊而義盡是故恩者當親而美者可愛也下者當賤而惡者可惡也貴者當畏而尊者當敬也死者可哀而窮者可矜也橫者當敖而卑者可惰也以忿懥恐懼好樂憂患之情而行乎五事之中修其辭則有溫有厲有緩有速有語有嘿有予有奪而謂之仁義之聲動其儀則有嚴有泰有張有弛有止有作有操有縱而謂之仁義之形八聲八形之用行乎五事之中有輕重長短兼施並用之妙不是之察有任情任氣而失之者矣故度乎輕重長短之則有本然之權度焉恩以爲主者必義以裁之而後止義以爲主者必仁以和之而後行是修身之義也易曰立人之道曰仁與義孟子曰充無欲害人之心而仁義不可勝用此之謂也故致知誠意正心特傳者見工夫之並用修身齊家治國繫傳者見功用之相因修身以上聖人之學猶可傳也齊家以下聖人之道不可行也學可傳故道明可冀

道不行故善治無由舉而措之存乎人耳是故興孝興弟之心今之民猶古之民也絜矩公平之道古之法獨非今之法乎禮樂教化治之具也賢才治之幹也生養治之基也有凍餒之民治具無所措何以爲基有憸壬之士治具不可張何以爲幹皐陶曰在知人在安民嗚呼知人則哲而九德之旁求務莫先焉者也安民則惠而府事之修和用莫急焉者也傳大學者先之以仁讓孝敬終之以用人理財其旨深乎修身原

明儒學案卷五十二

# 明儒學案卷五十三

姚江黃梨洲先生著

豫章後學　夏　鼎　熊育鑫　熊繩祖　熊育鏞　徐兆瀾　周聯慶　熊榮祖　蕭兆柄　劉秉楨　李真實　重刊

## 諸儒學案下

忠節呂豫石先生維祺
給事郝楚望先生敬
諫執吳朗公先生執御
忠烈黄石齋先生道周
忠節金伯玉先生鉉
中丞金正希先生聲
輔臣朱震青先生天麟
徵君孫鍾元先生奇逢

姚江黃梨洲先生著

豫章後學 夏鼎 熊育鑫 熊繩祖 熊育鏞 徐兆瀾 周聯慶 熊榮祖 蕭兆柄 劉秉楨 李真寶 重刊

## 中丞李谷平先生中

李中字子庸吉水人谷平其所居里名也正德甲戌進士授刑部主事上疏諫武宗西僧出入禁內宦官用事謫通衢驛丞文成起兵誅濠使參軍事擢廣東僉事轉廣西左參議尋以副使提督其省學校丁內艱再任陞浙江右參政廣東按察使外艱起復轉右布政使不肯逢迎撫按降四川右參政移浙江按察使以右僉都御史巡撫山東先謁闕里曲阜三氏學生舊無廩至先生始給之曰使東土人知天子敬學庶其興乎晉右副都御史總督南京糧儲嘉靖壬寅十一月卒官年六十五先生受學於楊玉齋之門玉齋名珠其學自傳註以溯濂洛能躬理道不苟榮勢貧老而無子橫經授徒未嘗見戚容弟子出其門者以解釋考據爲名家然自謂所學不在是也晚得先

生與語喜曰吾學其有傳人乎吾本之明道明道其醇者也而吾未嘗輕語人驗其資皆不足多也聖人與人何異亦爲之而已矣子勉之先生資質淸苦入仕十餘年俸入不足以供朝夕嘗留門人飯貸米乞薪至鬻家具日暮矣竟不及飯而別故其所言皆是得力處以爲學只有存養省察是存養內一件儒者之學理一而分殊分不患其不殊所難者理一耳若非工夫親切不敢如此道也夫理不患其不一所難者分殊耳此李延平之言也蓋延平以救儱侗之失而先生反之者欲其事事從源頭而出以救零星裝合之非兩家各有攸當非與先儒爲翻案耳

## 谷平日錄

古之學者只是誠實今之學者只是遷就○存天理只爲始學者論語其極則心卽理理卽心何以言存天理哉止言存天理心尚與理爲二○復其見天地之心乎人得是心以爲心人之心天地之心也但私則與天地不相似一去其私則我之心卽天地之心聖人之爲聖人全此心而已○識得此心則眞是天下之廣居非形容之言○薛文淸公言人與天地本無二理惟無私貫之此眞見得又曰孟子曰夫仁亦在乎熟之而已蓋凡爲善爲學皆貴乎熟不獨仁也此語

又差却聖人之學爲仁而已爲仁之外又何爲學爲善乎學必見得到一處方是眞見○下學而上達蓋下學者事上達者理理外無事事外無理學者要思而得之○人須是有遯世無悶不見是而無悶底心到此地位道在我矣學者須自考若有些子悶底意思在卽是有我便與天地不相似○人之目視耳聽手持足行氣自如此吾人之學只是約之於中正不大段費力到視明聽聰手恭足重卽仁也○先儒曰中人以下乃以命處義賢者求之有道得之有義不必言命是固然矣然命字亦不可輕看孔子曰道之將行也歟命也道之將廢也歟命也彌子曰孔子主我衛卿可得孔子亦曰有命孟子因臧倉之沮曰吾之不遇魯侯天也推而言之堯舜之禪湯武之征伐皆命也但不肆縱欲之心只是處貧賤安於貧賤處富貴安於富貴當生則生當死則死到安命處便是道義非有二也君子思不出其位安命也若待不得已然後言命非安命也○或問復其見天地之心在人心如何看曰孟子所謂人皆有不忍人之心今人乍見孺子將入於井皆有怵惕惻隱之心便是復其見天地之心齊宣王謂吾甚慚於孟子便是復其見天地之心盜牛恐王彥方知便是復其見天地之心○或問程子謂道無精粗言無高下是否曰然曰夫子謂

中人以上可以語上中人以下不可以語上如何曰理外無事事外無理就如教此皂隷不可嚇人取錢不可過重打人此便是仁恕之理若教知學之人便只論仁恕之理語上語下要之無二理○思慮紛擾是何勞擾必除去之才知天理真樂世人役役於富貴聲色之間怪他不得舍此無可樂果能閑邪則天理之樂在我其妙有難以語人孔子曰好仁者無以尚之近略見得○伊川先生曰易之艮言止之義曰艮其止止其所也人多不能止蓋人萬物皆備遇事時各因其心之所重者更互而出纔見得這事重便有這事出若物各付物便自不出來此亦可見理一分殊莫非自然也○知覺之外無心焉有死灰槁木之理只是知覺常存乎正卽是敬以直內工夫○寂然不動只是渾然天理無纖毫私欲非謂無知覺也若無知覺如何曉得是天理無人欲○不知心之貴者未必不樂於涉獵汗漫博學者亦是多欲天下之道公而已矣易曰艮其背不獲其身行其庭不見其人不獲其身無我也不見其人無人也如是則全體是道無他公而已若有一毫有我有人之意在卽是私己便與道不相似○聖學之功只是一個存養爲本省察是存養內一件常時存此本心不失便是存養或有一念之動少有非僻省察之卽與克去此本心依

舊存而不失聖學之功存養爲本思無邪者存養之全功也○往歲去何處起身時便有速到之心近時此念絕無○作善獲福作惡獲禍此理自然如此要人自理會人之由大路泰然行將去何利如之若由曲徑穿林莽未有無所損傷此自可見若求之報應之說惑之甚矣其亦怠於善也夫其亦流於惡也夫○天運而不已日往則月來寒往則暑來水流而不息物生而不窮此仁也○聽言可以觀人小人當未遇之時見君子所爲亦有尊重興起之意是尚無利祿之深迷而本心之明有不可揜者及稍得利祿之謀便志得意滿雖明知君子所爲之是恐其不便於己必作爲一種說話以寓沮抑之意寧欺己欺人不顧此之謂失其本心○後世論學論人物者多無實見或有依阿說者只是憑藉古人先儒力爭頓悟之說以吾夫子我欲仁斯仁至之說證之恐亦是如此人得天地之心以爲心此本心也放而不求則若失之一操之便存而不失要之不從外得此分明是頓悟但是無間斷爲難所以君子之學自強不息聖人之學純亦不已○薛文清謂孟子之後學不傳只是性不明此亦是想像之言周子曰動而正曰道其語道也明矣中亦曰動而正曰仁○人處於天地之間其所行處皆權也小人流於遷就而權之用失君子未免

偏執而權之用滯惟學聖人周旋中禮泛應曲當而權之用始盡○晦翁謂象山常說宇宙但他說便只是這箇又不用裏面許多節拍却只守得個空蕩蕩底中以爲道體本是空蕩蕩底○某曰儒者之學理一而分殊分不患其不殊所難者理一耳各親其親各子其子常人皆可能也視天下爲一家中國爲一人非聖人不能也儒者之學所以明理一以希聖也故曰一日克己復禮天下歸仁焉○孔子謂易有聖人之道四焉則易不可專指卜筮言明矣坤卦主利必以伊川利萬物則主於坤之說爲千古不易之定論若曰陽主義陰主利是導人於利矣爲人臣者懷利以事其君爲人子者懷利以事其父爲人弟者懷利以事其兄是何等時耶豈聖人開物成務之意耶當以道觀易可也○聖人之道理一而分殊分不患其不殊所難者理一耳孔子曰吾道一以貫之此明夫理一也子貢問有一言而可以終身行之者乎子曰其恕乎己所不欲勿施於人此教子貢推行乎理一也曾子曰夫子之道忠恕而已矣此明乎理一也大學曰是以君子有絜矩之道也此教平天下推行乎理一也宇宙只一理本公也人之有身則有自私之蔽聖人之教所以去天下後世自私之蔽也自私之蔽一去則廓然大公公則理一無間矣是故君子親親

而仁民仁民而愛物○陳北溪曰夫子之道其精微在易而所以語門人者皆日用常道未嘗及易也此語未有見於道日用常道之外又豈別有所謂易哉○文公云尹彥明見伊川後半年間方得大學西銘看此意也好也有病蓋天下有許多書若半年間都不教他看一字幾時讀得天下許多書某以爲天之生人人之有生只是一個明德而已明德卽仁也聖人之學只是明此理以全之而已學者苟於大學西銘之旨而有得焉則六經可不治而明矣文公之言或早年未定之見○人胸中除去一切閑思量則天理自在多少快活○自安命上便可到天下何思何慮○學之得與不得亦易見此心灑然而勢利出脫了無所係此實得也雖曰講學而勢利纏繞瞻前顧後此無所得只是說話○孔子曰朝聞道夕死可矣會得此意則必終日乾乾學惟爲己而已何處著得絲髮爲人之意哉○袁燮曰人心與天地一本精思以得之兢業以守之則與天地相似可謂得象山之意矣○此心平平時可以默觀道理○或曰理統於一心散於萬事此非真見論其極只是理無外爲學要以心爲本涵養須用敬所以養此心也進學在致知所以明此心也○凡看經傳皆以明此心爲務觀一物處一事皆有以驗此心之所形則無往而非養心之

學矣心外無物物外無心心無内外也要人自理會○范氏謂守約則足以盡博此語亦獨見也○廣大寬平胸中常覺有此氣象是什麽快活○尋常間只從容自在便是坦蕩蕩氣象○學而不思則罔思而不學則殆於此可見理外無事事外無理萬古聖人之正學昭灼平實無有餘說○惡念易去妄念難去人心無一念之妄純乎道矣○歷觀往古來今天下有一定之命只是人自勞擾○學者至約工夫只是常常提醒此心○學者遇事一以天理處之不可少有顧忌而存恐懼之心一有恐懼之心非知命也○呂東萊曰義理無窮才智有限非全放下終難凑泊放下政非易事也○生生之謂仁存存之謂學○本心却是天下之大本動皆從心中流出卽爲達道一不從本心所發便是私意非道也○不見不聞只是虛虛者心之本實者心之質可見者也心也者虛而實君子之道費而隱○四端在人本無增添孟子所謂擴充者只是無間斷耳○聖人用功與學者一般但有生熟之異謂聖人不用功者非也蓋人之心猶舟之有柂心一不存則惡生柂一不持則舟覆聖人卽老於行船者進退推移出於自然而柂亦未嘗離也學者卽學行船者未免有把持著力之功非自然而然也一生熟之異卽盡聖人學者用功之說○今人作

見孺子將入於井皆有怵惕惻隱之心此便是善端發見處人人皆有但有間斷則若存若亡不爲己有學者有此心須充之到淵深塞實方是有諸己譬如栽一小樹恐牛羊牧之大風搖之須從四圍作牆垣以防牛羊又時培土灌水以備風日則此樹漸大根漸深且實雖無牆垣牛羊風日且如之何如人善端發見欲使之常存必要去閑邪邪閑則天理自存存之之久便到淵深塞實處到此地位則本體已復實有諸己彼富貴貧賤生死禍福得喪夷狄患難若無與於己豈能有以介吾意乎學者須如此用力方可閑邪非如何去閑只是心正則邪自閑了邪閑則誠存矣閑邪存誠是一件非有二也門人王龜年記

大學格物致知誠意正心修身只說明明德的明字中庸明善誠身擇善固執只說得誠之者的誠字元來誠則明明則誠非有二也故論學拘泥字不得會得時橫來豎說只是此理○人得天地之心爲心仁也其用則義也孔子於易曰立人之道曰仁與義孟子曰仁人心也義人路也終之以學問之道無他求其放心而已此求仁之說也體用一原顯微無間立其體則寂然不動渾然天理及其感而遂通天下之故則致用各異所謂義也聖賢之正脈其在是乎○從心

所欲不踰矩矩者方也大學絜矩亦是此義若此義便圓神只從此心所欲行出事去自是方了蓋此心固無方無體到外方有體門人羅洪先記

間嘗讀明道行狀曰聞汝南周茂叔論道慨然有求道之志未知其要汎濫於諸家出入於老佛者幾十年反求諸六經而後得之晦翁解太極謂周子手是圖以授之此可謂要矣不知其所謂未知要者何事而又汎濫諸家出入老佛直待反求六經而後得之以爲伊川尊明道之言乎伊川恐非苟言也宋史載明道與伊川入成都聞箍桶者說易兄弟渙然有所省後門人問易伊川曰易學在蜀至著易傳必曰斯義聞之成都隱者每讀至此嘆曰此聖賢至公至平之心無一毫自廣狹人之念此所以繼千載之絕學也於箍桶者有一論尚欲表顯之況於其師乎此深可疑也南軒與晦翁書謂程先生與門人講論未嘗一言及太極圖晦翁謂此書詳於性命之原而略於進爲之目有不可驟而語者中思之門人固有不可驟而語者若伊川易傳之言以教萬世胡安定有言則引之箍桶者有言則引之何於周之圖素未嘗一語及之乎此深可疑也晦翁與象山論無極太極往復爭辨其書有曰周子灼見道體又曰此老真得千聖以來不

傳之祕至序大學以二程接孟子之傳序中庸又曰程夫子兄弟者出得有所考以續夫千載不傳之緒得有所據以斥夫二家似是之非微程夫子則亦莫能因其語而得其心也信斯言也則二程之學似無與於周子矣此深可疑也夫宇宙閒只有一箇理在易曰太極在大學曰明德在中庸曰中一也論太極旣以周子眞得千聖以來不傳之祕而序大學中庸又以二程續千載不傳之緒此深可疑也復湛甘泉書○佛氏曰定明道亦曰定佛氏曰惺惺上蔡亦曰惺惺何也忘己耳若灼然有以實見得吾心之體有在於此設以佛氏所嘗語反規規然而避之是反涉於較計偏倚之私而累其廣大光明之量其於斯道無我無物之體不無有害同上○今之以學自命者人皆議其行事之謬謂平日講道學而行事如此其僞也愚以爲不然平日講學只成一箇自私而自以爲天理故其行事之謬者非僞也學術之差也答羅達夫○大學孔氏之訓明道先生兄弟表顯之以覺後學者也慈湖一切掃之如定靜安慮彼則曰此膏肓之病也如格物致知誠意正心彼則曰何其支也取人大中至正之心紛然而鑿之豈不爲毒信斯言也則大學在所屛絕矣其可乎開口說毋意毋意是也然有取乎主忠信而以一爲未離乎意此爲毋意乎有

意乎不可不察也聖功之要曰存曰思任意削去當時象山先生已見其微故戒之曰若茫然而無主泛然而無歸則將有顛頓狼狽之患信然矣其蔽之本指其於心不在焉則以爲心如何曰在正舍之則亡則以爲聖人未嘗貴操而賤舍此說若行是率天下貿貿焉莫知所之不至於槁木死灰不已也其爲學術之害可勝言哉同上○

嘉靖甲午夏五月予臥病隨州報恩寺一日學子請問曰朱子之學何學也予曰聖人之學也曰何如朱子詩云玄天幽且默仲尼欲無言動植各生遂德容自清溫彼哉夸毗子呫囁徒啾喧但騁言辭好豈知神鑒昏曰予昧前訓坐此枝葉繁發憤永刊落奇功收一原曰神鑒曰一原朱子之學旨可知矣曰或疑其釋大學何如曰此學必論大頭腦處如明德此大學大頭腦也朱子以虛靈釋明德不可易也明之功則曰因其所發而遂明之以復其初此工夫至簡易也何疑之有曰或疑其格致求於外也何如曰此不得朱子之精也朱子曰本明之體得之於天終有不可得而昧者是以雖甚昏蔽之極而介然之頃一有覺焉則卽此空隙之中而其本體已洞然矣當時有問介然之頃一有覺焉則其本體已洞然矣須是就這些覺處便致知充廣將去朱子曰然如擊石之火只是些子纔引著便可以燎原

蓋介然之覺一日之間其發也無時無數只要人識認得操持充養將去此朱子之精孔門求仁之法也學者當默而識之學子曰然遂記之朱學問答○嘉靖甲午秋七月子遊大洪山張子叔平從焉一日張子問學子曰求仁問仁曰主一曰孔子之學惟以求仁爲訓何也曰天地之一動一靜人心之一動一靜一本也仁也求仁之學萬古聖賢之正脈也曰仁之體何如曰仁道至大不可求之言語不可求之訓詁吾夫子在川上曰逝者如斯夫不舍晝夜此仁之體也蓋一動一靜天命之流行也惟其動靜此所以不窮顏子之見卓爾孟子之謂必有事焉而勿正是皆有見於一動一靜之妙也非知道者孰能識之孟氏之後千有餘歲惟伊洛得聞之此道明之會也明道先生曰天地之間只有一箇感與應而已更有甚事又曰天地萬物之理無獨必有對皆自然而然非有安排也每中夜以思不知手之舞之足之蹈之此是天理二字自家體貼出來者也伊川先生曰有感必有應凡有動皆爲感感則必有應所應復爲感所感復有應所以不已也程夫子兄弟所謂感應亦有見於一動一靜之妙也一動一靜生生不已仁之體在我矣張子曰唯乃書以授之求仁問答

文敏霍渭厓先生韜

霍韜字渭先始號兀厓後更渭厓廣之南海人目有重瞳始就小學即揭居處恭三字於壁力行之日誦數千言一二歲閒諸經皆遍登正德甲戌進士第告歸讀書西樵山中無仕進意嘉靖初起為兵部職方主事仍謝病歸山丙戌陞少詹事兼侍講學士丁亥進詹事戊子陞禮部右侍郎禮部尚書皆辭免庚寅丁母憂服闋起吏部侍郎丙申出為南京禮部尚書己亥改禮部尚書加太子少保掌詹事府事庚子十月卒於位年五十四贈太子太保謚文敏先生以議大禮與張桂俱為上所寵眷然張桂賦性傾險既躐取大位而仇視不同議之人先生舉動光明於不同議之人如豐熙楊慎徐文華唐樞陸粲皆極力薦舉有所論列動關安危大計在吏部則銓政為之一清在禮部則南中體統肅然風俗為之一變為舉主不認門生居鄉不喜治生直行其道不顧是非恩怨魏莊渠曰兀厓之亡於世道有大關係非虛語也今以先生與張桂同類並稱是先生為張桂所掩也獨是與邃菴桂洲相訐皆以意氣用事乏和衷之義所謂豪傑而不聖賢者也先生薦文成謂臣不如也而於文成之學不能契大意以知有聖人之知有下愚之知聖人之知則可致下愚之知則無所不至矣夫文成之所謂良知即人人所同賦之性也性之靈處即是知

知之不息處卽是性非因下愚而獨無也致者致此也先生之所謂知乃習染聞見之知也惡得良故聖人與下愚相去倍蓰無算如何致之哉此眞千里之謬矣

文敏粹言

嚴威儼恪不懈則不言敬而敬在其中矣○或問明道先生如何是道曰於君臣父子兄弟朋友夫婦上求此道學正路世之淫於老佛謂老佛上一截與吾儒同又謂佛與聖賢只差毫釐此千古名教之罪人也○人於食息之閒放過多少○初學刻勵工夫安得便自在快活亦須勉強持守習熟自別○初學勿憂助長只憂忘了到有助長之病又自有藥○學知爲己眞味則知接人處事有一毫不盡其心者皆切己實病○今人說操心只是懸空捕影○思不出於私便是天理從天理上思便是窮理盡心知性再不消說主一不消說涵養但不可太急迫爲心病○說能存心而容貌詞氣不管乃自欺爾○只中無主而靜坐且認靜坐作工夫便有許多病痛○須知窮理卽所以養心○吾人有一息天理純全處亦天道流行也豈惟吾人鳶飛魚躍活潑潑地○世有苟賤無恥之流多借忍耐之說以自蒙臭惡可憐也乃且曰道學如是○丙申秋某與致齋甬川日集伺朝

所致齋講陽明之學曰致良知曰知行合一與甬川異辨說棼拏莫相一也某曰聖人位育皆心性事謂良知非聖與非也然而有聖人之知有下愚之知率下愚之知認欲爲理認利爲義曰吾良知吾致吾良知是聖跖混故人心道心之辨貴精一也知行合一矯學者口耳之敝也要之知行亦自有辨過矯反敝君子自立不求同於時姑俟後世耳○惟曰孜孜不敢少懈只求不得罪天理而已○居處恭之目何如曰非禮勿視也非禮勿聽也非禮勿言也非禮勿動也四者居處恭之目也聖賢實學淺深高下一以貫之者也世儒不實用力以居處恭爲粗淺不屑言以四勿爲精深不敢言求所謂主敬之說求所謂格致之說求所謂戒慎之說惟費口耳全無實力○今之人耳目口鼻猶夫古之人也聲音笑貌猶夫古之人也何獨於心而疑之堯舜所以聖純天理絶人欲而已矣學者希聖擴天理遏人欲而已矣擴天理遏人欲不在乎他覺悟之間而已矣○公議所在係國家元氣係天下治亂○未有天地一氣而已矣清而上升天由生焉凝而下奠地由生焉一翕一闢氣化流行焉時其翕也秋冬生焉時其闢也春夏生焉譬諸人焉吹氣而寒昬所翕也呵氣而煖昬所闢也一氣而已矣謂陰陽有二氣亦謂吹呵有兩人也可乎陽生祀

珍倣宋版印

天陰生祀地則陰陽判矣陰陽判而氣化滯矣氣化滯而鬼神之機息矣○君子之於學也太和元氣灌注一身斯其學之醇君子之於治也太和元氣灌注天下斯其治之極○有袂交者其辭情道義交者其辭理其辭情者損其辭理者益○天下一氣也舟車所至人力所通天地所覆載日月霜露所照墜高極無極深極無極太極無極一氣也然而有山谿之險內外之限焉何也地之形爲之也人也者天地之心也所以贊天之能理地之紀完合宇宙於一氣者也仁也者人也合宇宙爲一氣者也○陽明之學一言蔽之曰致良知析曰格物曰知行合一均之致良知也然有聖哲之知焉有下愚之知焉聖哲之知致焉位育參贊良知也下愚之知致焉飲食男女亦良知也今夫犬之狺狺狐之綏綏鶉之奔奔鵲之揀揀良知也下愚奚擇焉致下愚之知禽獸羞伍是故修道之教不可已也

## 考功薛西原先生蕙

薛蕙字君采號西原鳳陽亳州人正德甲戌進士授刑部主事武廟南巡抗疏諫已調吏部大禮之議起先生撰爲人後解爲人後辨奏入下獄尋復官歷考功司郎中而罷嘉靖辛丑正月卒年五十三先生初好養生家言自是絕去文字收斂耳目澄慮默照如是者若干

年而卒未之有得也久之乃悟曰此生死障耳不足學然因是讀老子及佛書得其虛靜慧寂之說不逆於心其與谷仰之書曰昨於七月二十六日夜欻爾頓悟往事於頓悟一事雖深信之亦未免有疑若一生不悟真是誤却一生今乃知古人不我欺也已而證之六經及濂洛諸說至於中庸喜怒哀樂未發之謂中曰是矣是矣自有二氏以來未有明目張膽謂與吾孔氏爲一者亦未有由三氏之一而能通一乎死生者先生敢言之矣通一之矣由是以推先生所主未發之中與心有動靜之說猶有餘論焉何也此心之體本不可以名狀也古聖人於此皆難下詞不得已率藉其近似以爲形容實不容有所著也孔子寂然不動良以所可言者不過若是而先生以未發指之似亦孔子之意而必曰中焉中焉中豈斯體中所有乎堯舜言中蓋合發未發而一之也今乃以一中屬之未發豈得謂之無著乎豈可謂之心體乎上古聖人以至於孔子未嘗言動靜也言動靜者自後儒始周子一言主靜而卽自註曰無欲急急以自救也陽明先生曰心之本體無分動靜此以救後儒之誤不可爲非也而先生又曰陽明言致良知大抵是就事物上說乃得末而遺本夫良知者孟子之言也孟子曰所以不慮而知者其良知也夫不慮者一無所知

之本體也不慮而知可專以爲事物而非體乎宜乎以爲人倫之外更有妙道孔氏門中難著此語

## 約言

太虛之中一理旁薄豈有二乎幽明人鬼未始不一上帝固曰天吾心亦天也鬼神固曰神吾心亦神也及世愈衰小人自智其愚妄意神道爲茫昧故肆其惡而無忌憚謂天爲弗知而吾心已知矣謂神爲可欺而吾心已不可欺矣書曰天聰明自我民聰明民之聰明卽天之聰明也不然億兆至衆天將竭聰明以伺之不亦勞乎○寂然不動本一理耳感而遂通乃散爲萬事雖散爲萬事止是一理因物感之者不同故應之不同千變萬化皆是物也○卜筮之感應理也理卽神也非二物也感則以類而應之未感則隱而不可見天人之道一也○觀人心之同可以知天矣觀人心之感應可以知神矣○吾心之理與宇宙之理非有二也知此者宇宙非大吾心非小由人自小故聖人示此引諸廣大之域其實此理非大非小若厭小欣大則又失之矣○人心之神與天之神非有二也天之神盈乎天地吾心之神盈乎天地非滯於塊然之軀而已故人能格於天地者以此理本同一體充塞而無不在也若心專滯在形體何由格於天地乎

亦非心往至於天地心未嘗動也蓋天地之閒心無不在○論見聞
之知則今有而昔無論知覺之本體則今非益而昔非損也見聞之
知非德性之知者以此夫能知者心也其所知者物交而知爾心無
所不知物交之知必有窮也學者徇物以爲知方自多其博也執知
以爲心方自是其智也何異窺蔀屋之容光而不覩日月之大明者
乎○寂感者心之理也惟聖人能盡其理寂多於感亦其理然也衆
人亂於嗜欲故私感不息幾於無寂易曰憧憧往來朋從爾思謂之
爾思出於私己非感應之正理也○知止而後有定用心不一者未
知止也○未發之中卽性善也發而有不善感於物而遷其性耳知
其性而不累於物則其情無有不善者然情之不善者其性善亦豈
遂亡哉物往而情息其本無不善者復自若也世儒因人之不善而
謂性有不善是不知未發之性乃以情而言性也欲其不謬可得乎
○君子所寓在是所樂在是何寓而無樂是以不願乎其外也有願
乎外由所寓之內無樂耳辟之居齊不樂思楚之樂其何與之有由
如是也終身居可樂之位而其心戚戚焉此夫子所以與點也○君
子以誠身爲貴實有於身謂之誠身夫天下之物可以實有於身者
惟善爲然由其爲固有之實理故可以實有焉耳彼取諸外者夫豈

可得而有之耶學非主於誠身雖博學多能卒非己有所謂不誠無物也○涵養本原窮理在其中矣存久自明心學之要也○學貴守約約必無所不通有不通者非約也○寂然不動萬物本不相礙及其感也物各付物而於己無與焉誠如是也從容萬物之閒夫何爲哉若無事時不免將迎之病臨事則以己而執滯焉此所以患其多事而不知所以致是者皆私欲累之而非事累之也○靜中有物指主宰而言也又曰靜中無物指私欲而言○朱子曰心一也有指體而言者有指用而言者伊川此語與橫渠心統性情相似愚謂程子之說蓋謂凡言心者有主性而言此則主體而言也有主情而言此則指用而言也主性而言此心字卽是性主情而言此心字卽是情非謂性情之外復有所謂心者而統乎性情也故謂性統動靜則可謂心統性情則不可性卽太極也太極之上不當復有物五峯心妙性情之德與橫渠之失同朱子極稱此二言殆未然也○言理者率以大言之而遺其小如是則理有所偏非也理包大小而不遺此其所以爲大也○方士之言養生者往往穿鑿於性命之外不知養生之道不越乎養性世儒率言知性知天而斥小養生不知養其性卽養性命之道而不亡老子集解序○昔程子謂司馬溫公曰坐忘卽

坐馳其言曰未有不能體道而能無思者故坐忘是爲坐馳有忘之心乃思也曰程子之言固如此第其議子微者殆不然也夫無思者無忘也惟聖人能明之非夫學者之事也凡學者必始於操心而終於無忘漸習則可致欲速則不達雖大賢大智未有越操心而至無忘也天下之理本同末異所以異者由人之用心不一也二家之學皆以無私心爲極苟無私心異安從出人生而靜是謂一體先聖後聖同復其初而已矣奚道宗儒學之辨乎今儒學卽事以治心其蔽也流蕩而忘本道宗屏事以安心其蔽也固滯而不該於用非二宗之學本然也坐忘論序

遺書

靜也者在我常然之體動也者應物俄頃之跡今習動爲終身之蔽而主靜無一日之功不知動爲大累顧曰主靜之蒙偏不亦過乎○良知之學學者旣以此爲本宜必以靜與無欲爲助不然恐徒爲空言而終無實學矣蓋非靜以體認之則得之者淺必不能的見而不惑非無欲以存養之則害之者衆必不能固守而不變○未發者以言乎心之靜也所謂性也發也者以言乎心之動也所謂情也古之聖人明乎性情之德時止則止時行則行靜虛動直各臻其極所謂

致中和也然此二者復以主靜爲本蓋寂然不動者固有之體心之常也感而遂通者斯須之用心之變也非特心之體用之變宜先夫靜也事之感者其事本不多其時本有限未感之閒皆退藏於密之時也○世之儒者皆知庶物人倫爲至矣未知性與天道夫若人物而庶物人倫不可盡性與天道也夫性與天道雖可以貫夫庶物人倫固諄諄言之矣苟曰吾未盡人倫遑及其他則可也若曰人倫之外更無妙道豈惟不知佛老亦不知孔子也○夫所謂眞如不滅者實有是事而世莫之求也子路問死程子以爲切問是也若死而斷滅有何道理可說則夫子不當以知死爲答矣朱子躬行博學今人莫及至其晚年非不知生順死安也由未曾實透得此關故理會參同契平生於性命之學死生之說註解得滅氷不漏晚節末路卻索之於方士之術不亦惜乎○或曰靜坐涵養未發得無入於空寂曰未發之體湛然常存何空寂之有○攝心與無念只是有生熟頃久之不同其實一也蓋攝心之初便是欲無念但未免時有念起則復收攝之令歸於無念耳○求放心卽是敬心常存而不放○常存此心而不使放逸者敬也然未能久而不息也此之謂思誠心常不放而不待存者敬之成也純亦不已者也此之謂誠敬屬人

爲誠則無爲而天矣○敬則自虛靜不可把虛靜喚做敬○有無並是情見情見未生有無安在○陽明言致良知大抵是就事物上說如此只是致良知之用却不曾先推窮良知本體是如何豈非得末而遺本大本苟未理會得末亦安得不差○可謂陰陽卽太極不可謂太極卽陰陽○一以貫之如陽明致良知之說只是理會得貫原不曾理會得一以其但言良知之用而未及良知之體也致虛極守靜篤歸根曰靜靜曰復命爲道者且當篤信此言勿以動上求靜爲是

## 文節舒梓溪先生芬

舒芬字國裳號梓溪江西進賢人正德丁丑進士第一人授翰林修撰孝貞太皇太后崩上假視山陵之名將微行宣府先生上疏謂諒闇之內當深居九重無復外出孝貞主入先生又言當從午門不當從長安門以春秋公薨書地不書地之法求之則孝貞有不得正終之疑矣己卯上欲南巡先生率同院諸公連名入諫上怒命跪門五日杖三十謫福建市舶副提舉嘉靖初復原官大禮議起先生執爲人後者爲之子不得顧私親三疏爭之不得乃偕同諫者哭於武廟上震怒杖如前明年母喪歸丁亥三月卒年四十四萬曆中贈左諭

德諡文節先生以濂溪得斯道之正脈故於太極圖說爲之繹義然視太極若爲一物岐陰陽而二之所以有天之太極人之太極物之太極蓋不勝其支離矣於是將夫子之所謂習相遠者俱誤認作性以爲韓子三品之論言性庶爲近之是未窺濂溪之室者也先生曾請文成書拱把桐梓一章文成書至至於身而不知所以養之者顧先生而笑曰國裳讀書中過狀元來豈誠不知身之所以當養還須讀此乎

周海門遂言庚辰先生見文成於南昌與論樂之元聲躍然起拜稱弟子按先生答周汝和書云陽明盛心欲稍進生高明之域固所卒願第今爲罪斥人而千里往返無忌似忘悔懼在生雖滿朝聞之願而或累於陽明則不能不慮及也此是先生官市舶閩中書也先生以己卯入閩至次年九月以父憂始歸計庚辰卒歲在哀毀之中無見文成之理若九月以前則先生之書可據庚辰之見眞爲烏有逮至辛巳秋文成歸越隨卽居憂丁亥九月文成出山而先生已於三月不祿矣其非弟子可知仲尼之門考以四科回賜之徒不稱官閥一狀元何足以重文成而必欲牽引之乎

太極繹義

濂溪考亭皆吾道正統而爲天地之心者病儒者不知明體適用爲聖賢之學故濂溪建圖發主靜之說而考亭於圖解亦便以陰陽動靜分體用蓋亦本乎主靜之說欲人求之未發之中以立太極之體耳試以吾儒體用論之正心誠意所以立極治國平天下所以致用王道之大一天德之純也伊尹之事業本顏淵之學問也方其本體時亦必讀書窮理致知格物孜孜焉而有所事非一於默坐靜齋也然自是靜底事及其致用時亦必篤恭莊蒞論道經邦休休焉而無所事非一於鞅掌奔走也然自是動底事由是言體無不靜用無不動而陰靜爲太極之體陽動爲太極之用昭昭矣若不以太極言則動爲陽之體靜爲陰之體如論語知者動仁者靜註云動靜以體言是也若幷以五行言則動爲陽之用靜爲陰之用如圖說陽變陰合而生水火木金土是也故曰動靜無端又曰體用一原學者不可不察○夫太極不離乎陰陽五行之中則亦有質有氣之可接矣窮其本原所以妙二五而無不在者乃天道之至微而氣泯於質雖聲臭亦不可得而接也豈非性之本體哉○人之生者曰理曰氣曰質曰數四者而已性之善惡出乎理神之清濁出乎氣才之優劣出乎質壽之短長出乎數四者同出於太極若未始有四也然相爲乘除而

推盪不齊人之生遂因以異是又未始無四也理出於無極理無不善氣動於陰陽則陽一氣而陰二氣也二氣以奇耦言○此氣有正偏而理因之有全缺生之所受有不同也是何也以形相禪也故子之子不必肖父女之女不必肖母誠以陽同而陰不同也子必感於婦女必應於壻子感於婦則甥爲必其如舅孫爲必其如祖哉○自太極而論人則人性宜無不善自乾男坤女而論太極則太極萬有不同又自物而論太極則與人太極又相遠矣是何也太極形而上者人物形而下者也人又人物又物所謂源遠而末益分其終爲得不稍異哉譬之嘉穀之爲種也一歲而有粃粒焉再歲而色粟異焉三歲而形味或且異焉雖其中之美者固自若也執其粃粒白穗赤粟告人曰是非此種也孰信之哉則知始同終異雖以造化之工其勢亦必至此況乎男女之形化信其理氣之自成者哉○問水生木而水無所虧木生火而木隨以滅曰水之生木以氣氣則屈伸往來之無窮故氣至而木榮氣返而木枯木之生火以體體則一定而不可損益故體盛而火亦盛體微而火亦微體燥則近於火性故其燄燃體潤則猶存水性故其燄鬱體存而火存體滅而火滅矣或曰水智也智者行其所無事木仁也仁者不自私己故能殺身以成天下

之事或曰水假土以生木不自用而取諸人也木不假物而自用是以勞身焦思而至於斃也故孔子以木爲近仁必示以好仁不好學其蔽也愚然則天下之善事豈一人之才所能辦哉知乎此則知所以主靜立極矣○問儒者皆言火生土土生金曰土之體博厚無疆非火所能生今湖蕩之中或浮沙成洲平地之上或積壤成丘火何所用其力耶但火之精氣行於地中土因是而成金故金之明在內則金乃火之所生土之所成也○孟子之言性善指仁義禮智而言者也仁義禮智烏有不善但以人之稟受言之則或全或缺或有此而無彼如仁者見之謂之仁知者見之謂之知之類此韓子性有三品之說優於荀楊然自予言之雖謂性有萬品可也豈特三品而已哉○以五行之生言之則金生於火也火性烈而金性剛木生於水也水性緩而木性柔此則一理之賦所謂性相近也然水之行也而向於下木止也而向於上火散也而向於無金遒也而向於有此則土之所爲所謂氣稟之拘也○氣以理行故理之在天者若有知覺在人爲此心之靈也聖人有教以覺庸愚謂之爲天地立心爲生民立命者以此○人心最靈是心卽太極也心之動便有善惡萬殊則太極之流行賦予於人者又安得而盡同耶○天之太極主乎動聖

人之太極主乎靜所謂動而生陽動極而靜靜而生陰靜極復動者蓋復者還其舊之謂也以見太極原只是動又謂陽變陰合又謂五氣布四時行曰變曰合曰布曰行皆是動故考亭之解曰太極之有動靜是天命之有流行也蓋亦有以識之矣易曰天行健詩曰維天之命於穆不已則是陰陽之運豈有一息之停哉雖曰動極而靜亦不過如程子所言翕聚耳子在川上曰逝者如斯夫不舍晝夜其旨深哉○問小人悖之是庶民乎是學者乎曰是學者如孔子之所謂佞人孟子所謂鄉愿大學之閒居中庸之無忌憚皆是也若夫庶民盜賊之違理犯義則非其性之滋僞由於上之人不能立極使之無道而教之無素也書曰惟皇上帝降衷於下民若有恆性克綏厥猷惟后荀卿子曰天下有道盜賊其先變乎由是推之則知庶民之違禮盜賊之犯義特以極之不立耳非庶民盜賊之罪也

徵君來瞿塘先生知德

來知德字矣鮮號瞿塘川之梁山人十歲通舉子業舉嘉靖壬子鄉試以終養不上公車親歿廬墓六年遂無宦情至萬縣山中潛心三十年以求易象著錯綜圖一左一右曰錯六爻相反如乾坤是也一上一下曰綜反對如屯蒙是也以觀陰陽之變化著黑白圖以驗理

欲之消長萬曆壬寅司馬王象乾中丞郭子章交薦除授翰林院待詔疏辭令以原銜致仕年八十卒先生之學與程子陽明有異同者二端謂格物之物乃物欲之物物格而後知至克己復禮爲仁養心莫善於寡欲此三句話乃一句話也何也物也己也欲也皆有我之私也格也克也寡也皆除去有我之私也紫陽是說前一步工夫陽明是說後一步工夫謂明德卽五達道也自其共由於人謂之道自其實得於己謂之德自其通於天下曰達自其昭於天下曰明非有二物也卽敬止仁敬孝慈信之德也言齊家孝弟慈之德也言治國宜家人宜兄弟父子足法之德也言平天下老老長長恤孤之德也一部大學縮結於此二字不言道而言德者有諸己而後求諸人也此正五帝三皇以德服人之王道耳若以人之所得乎天而虛靈不昧爲明德則尚未見之施爲以何事明明德於天下哉愚按以物爲欲或問中孔周翰已有是說但孔以爲外物之誘先生以爲有我之私雖稍不同然有我之私未有不從外誘者也夫格物爲初下手工夫學者未識本體而先事於防欲猶無主人而逐賊也克己之主腦在復禮寡欲之主腦在養心格物卽識仁也卽是主腦不可與克己寡欲相例耳明德爲虛靈不昧無一象之可言而萬象森然此體不

失而行之君臣父子兄弟夫婦朋友之間自無隔閡故謂之達故謂五達道在明德中則可謂明德卽五達道則體用倒置矣其論心學晦明天實圎之若是一陰一陽之道繼之者未必善矣嗚呼人自圎之而歸咎於天可乎○又曰先生之學以本體上用不得工夫凡涵養未發持敬一切抹殺止於念之動處分別其善惡而爲之去之其所謂格物者乃是克伐怨欲之不行所謂明明德者乃事爲之末務無不入於粗機將虛靈之本體讓於佛氏可謂懲咽而廢食終其爲無頭之學問而已且陽明之學失傳其門人無不以知善知惡從已發處下手識者方欲挽歸未發先生未必有所蹈襲不知已流入其窠臼也數十載空山獨學無朋師心自智無乃可惜乎

## 語錄

仁義禮智信之理一也自天命而言謂之性自率性而言謂之道自物則而言謂之理自無偏倚過不及而言謂之中自有諸己而言謂之德自極至而言謂之太極譬如起屋相似性字自根基上說道字自道路上說理字自尺寸不可易上說中字自規矩上說德字自畜積上說極字自關門一掃統括微妙上說○凡處不要緊之人與不要緊之事不可狎侮忽略通要謹慎細密就是聖人不泄邇工夫吉

凶悔吝都在此上而生○世間千條萬緒消不得我一箇理字千思萬想消不得我一箇數字千横萬逆消不得我一箇忍字○朱子說未有天地之先畢竟先有此理說得不是有物方有理程子說在物爲理說得是○學聖工夫要下得手凡人見火而不入於火者知火之能焚也見水而不入於水者知水之能溺也見米飯而必食者知其能養人也學者學聖必見惡如見水火見善如見米麵飯如此則天理人欲判然分明若只講敬說識仁體說致良知恐止把做一場話說終下不得手○作聖之功不外於格物而格物必先於三大欲好色好貨好勇學者做工夫先遏三欲去行四勿即容易了不過時時覺照而已若被三欲牽纏出不得世隨人講性命之學千講萬講終是葛藤○五性無聲無臭何處下手惟格形氣上物欲則五性自呈露矣○程子說主一無適之謂敬謂此心不之東之西也殊不知此心之東之西者何也乃妄想心也即有所好樂忿懥等心也即格物之物也今既知格物工夫則此心自然不之東西不消下一敬字矣○靜坐之時如心思道理此之謂靜亦動如禪家靜坐之時不敢開闢思道理謂之理障是靜而不能動也行事之時全在天理此之謂動亦靜如富貴利達之學是動而不能靜也○程子不知格物是

聖學頭腦工夫故於心之未發上用功不知儒釋之分正在於此○德者得也以五倫體之於身躬行心得也即下文言敬止仁敬孝慈信之德也若依註中虛靈不昧明德全在心上去了未見之施爲乃何以明明德於天下哉○聖學在心之意念上用工夫禪學在心之未發上用工夫○良知乃天理做不得工夫○堯舜傳道說人心道心通就心之發動上說孔門說誠意者此也所以某說戒慎恐懼非存養以此堯舜原不說存養存養之說蓋因佛氏而起也何也道心乃與生俱生我之固有未動之時純是人心所以當戒懼慎獨○人欲必從喜怒哀樂以發於視聽言動方成人欲未有窅冥空寂而成人欲者○天道之誠即太極之實理理無聲無臭何處見其誠以氣候論春生秋殺以動物論春來便獺祭魚雁北來秋來便豺祭獸寒蟬鳴以植物論春來便草木萌動秋來便草木黃落今年如是明年如是千萬年也如是若以一物論黍千年是黍不變而爲稻稻千年是稻不變而爲粱此便是天之誠

副使顏沖宇先生鯨

顏鯨字應雷號沖宇寧之慈谿人嘉靖丙辰進士授行人選爲御史巡按河南華亭以伊庶人事囑之先生不動聲色卒定其亂海忠介

下獄特疏救之沈靑霞寃死拔其子襄於太學出提學政先風化而後文藝在楚則忤江陵在中州則忤新鄭其守正如此鄒南臯曰予讀先生所論孔孟顏曾及原人原性諸語其學以求仁爲宗以默坐澄心爲入門以踐履操修爲見性而妙於愼獨極於默識旣殫厥心矣而總於悟格物之旨盡之世儒以一事一物爲物而先生以通天下國家爲物爲格其力久故其悟深其悟深故其用周直從困衡中入而非以意識承當之者先師蕺山曰先生於學問頭腦已窺見大意故所至樹立磊落先生與許敬菴皆談格物之學敬菴有見於一物不容之體先生有見於萬物皆備之體蓋相反而相成者總之不落訓詁窠臼者也

明儒學案卷五十三

# 明儒學案卷五十四 諸儒下二

姚江黄棃洲先生著

豫章後學 夏鼎 熊育鑫 熊緾祖 熊育鏞 徐兆瀾 周聯慶 熊榮祖 蕭兆柄 劉秉楨 李真實 重刊

## 盧冠巖先生宁忠

盧宁忠字獻甫號冠巖嶺南人也曾守東平不詳其所至官先生受學於黄泰泉泰泉議王湛之學而先生以不得及陽明之門爲憾於甘泉則書札往來求教不一也先生謂天地閒有是氣則有是性性爲氣之官而綱維乎氣者是矣然不知此綱維者卽氣之自爲綱維因而名之曰性也若別有一物以爲綱維則理氣二矣又以誠意之意是生理之初萌純粹至精卽周子誠神幾之幾也其視意爲有善有惡者加功密矣頗與子劉子之言意同然子劉子以意蘊於心知藏於心意中最初之機則知善知惡之知是意爲存主知爲初萌先生之所謂意乃子劉子之所謂知也雖同在未發之中而其先後之序有不容紊亂者

夫物猶事也事在心不在外凡吾心所著之事卽是物格者隨此心所著之事而格其善惡一定之理也夫事之在心是非善惡必有當然一定之則於是以吾心本然之明覺而是正之則何者爲善而當爲何者爲惡而當去舉不能外吾心之聰明與吾身之踐履矣是能格物○陽明子謂無善無惡者心之體有善有惡者意之發知善知惡者知之良爲善去惡者物之格蓋學未知孰善孰惡必不能爲善而去惡如所云是先爲善去惡而後求知善惡大學當以誠正居先而格物在致知之後矣此所以起學者之疑也陽明之學主致良知故只格物便一了百當然此上智之事非可概中才以下也後學推演其義者則曰致良知也虛靈不昧天之性也致者充極其虛靈之本體不以一毫意欲自蔽而明德在我也物格者感而遂通天下之故而修齊治平一以貫之明明德於天下也是以致知爲體格物爲用致知在先格物反居後未免於大學條次不倫且既無一毫意欲之蔽而充極乎天命之性卽無事矣又何勞誠意於好善惡惡也耶至以鏡譬之謂知如鏡之明致則磨鏡格則鏡之照物夫鏡必磨而後照今格以照之而後致以磨之是先用之照而後磨也大學曷不

言致知而後格物耶○性者天之命心者性之宅性只是天地之性無所謂氣質之性性無不善其爲不善氣雜之也心只義理之心無所謂利欲之心心無不正其爲不正習移之也天地間有是氣則有是性性爲氣之官而綱維乎氣者氣或時得而拘之不可得而泯之氣有不美性固能轉移之也人之所不慮而知者是爲良知知即性也良知之發無有不善或流爲邪妄心亦無不自知之但習於利欲而不能反正耳而謂其本心之不正者否也○常戒愼則心體自明務平恕則物宜自順○問生之謂性曰此古語也非始於告子也此語說得最是蓋生即氣氣便寓性孟子道性善以生爲氣而深闢之是氣之外又別有所謂理者不分理氣爲二乎至宋儒又有天地之性氣質之性之說遂使性亦有二而萬物無復統體一太極矣夫理者氣之綱氣者理之迹氣即寓理古未有以理氣並言者易曰一陰一陽之謂道釋之曰陰陽迭運者氣也其理則所謂道理氣並言蓋昉諸此夫陰陽五行萬物氣也而各一其性理也在人則耳目手足氣也而聰明持行理也程子曰性即氣氣即性蓋懼人二之也性即太極氣只是氣不可復言有氣質之性說著個性即無不善其爲不善氣有雜糅而性爲所累耳氣之付畀得其貴者爲人得其賤者爲

物得其清而純者爲賢爲智得其濁而駁者爲愚爲不肖曷能齊一而性則未嘗不一也孟子始終不能服告子之心爲其論未及此○問中庸說天命之性又說未發之中即孟子言性善否曰民受天地之中以生故性無不善而偏者非性也易稱繼之者善成之者性繼而曰善則成其有不善乎若乃陰陽變合而氣之流布不無清濁純駁之異故物之遇之自有通蔽邪正之殊其在天日月星辰已不無明暗其在地山川土石已不無柔剛而況於人乎況於物乎而其本然之性則未嘗不善也是故學問之道惟在變化氣質易其惡而致其中所謂未發之中非以日用應務者爲已發而指夫退然休息未與事接時爲未發也蓋事物未來念慮未動要之必有主宰於其內渾然全體至靈而至寂不測而不倚是以虛無不受感之即通雖紛華盛麗萬變起滅而其寂然之本體則無時不寂然焉所謂未發之中非是之謂乎於此而得養則物欲無所蔽而發皆中節大本達道貫通流行此盛德之所以日新天命之所以不已也○致良知之旨非始於陽明也朱子謂康炳道曰致得吾心本然之知豈復有所陷溺本然之知非良知乎心不爲物欲所陷溺不可入聖乎但朱子止就一義說陽明認得十分端的故執此一說左來右去直窮到底累

千萬而不離○道心者天然自有之義理而非出於人心之外也人心者天然自有之情才而道心之用所以顯行也寂感之際茫然不知體察則其流而爲邪妄直易然耳所謂危也然雖蔽於物欲流於邪僻而其本然之良隨處發見能察識而操存之固甚危而甚安也○天命之性無聲無臭不睹不聞不可得而言也故以仁義禮智明之而性之本體因之可見所謂因用以明體也○陽明先生之致良知當先辯於知也夫知有知覺之知有意見之知有本然之知昧者均以爲良知夫知覺之知人與物一也有真率無節制意見之知萌於念慮善惡幾焉惟本然之知出於性天之靈覺不待學習童而知愛親長而知敬兄感觸而應孺子入井而怵惕見嘑蹴之食無禮義之萬鍾而辭讓此謂本然之良知所當致焉者也致吾愛與不忍之知即無一念一事之非仁而萬物育矣致吾敬與辭讓之知即無一念一事之非義而萬民正矣○知行一中人以上事也知而行中人以下事也○君子之道雖費而實隱以見求道者但當於隱求之正不必泛求於費使有遠人爲道之過也隱者無聲無臭之謂即莫見乎隱之隱言道之本體也道之本體不睹不聞即之無朕而萬物萬事萬象隨在各足○伐柯之遠無他二故也二則徒費瞻忽無益於

求也乃若反而求之則吾心自有一箇天則不落格式不煩比度所謂一也心外無道道不遠人也人之爲道而遠人是遠心以爲之故失之逾遠也丘未能一焉謂未能以心之所以教人致一也求事父之理於其子求事君之理於其臣求朋友之理於其先施之友求在外者也執柯以伐柯者也是二之也乃若心也者天之所以與我其一念至誠惻怛之意常一乎子臣弟友之間卽忠恕也以此事父則夔夔齊慄者在我不必求事之之則於舜也以此心事君則周之至德者在我不必求事之之則於文王也以此心施之友則惠及朋友者在我不必求先施之之則於武公也所謂一也○心之本體渾然中涵不落方體若虛而甚實似寂而甚神纔放下便沉滅昏雜纔提起便知覺靈明自非私欲蔽錮梏之反覆其真體固在也此處正要體認不知體認却無倚著便落想像遇事感應愈加昏雜然則何妨於炯炯而欲常止止也但既體認得真却要存養得密常令在中勿致放失庶幾全體呈露大用顯行耳其謂知覺常止常定不可落念者爲意必固我之私也其謂感應常運常化不可成念者爲好樂憂患之不得其正也○語其本體謂之未發語其感通謂之發若此心之靈則非待有所感發而後有知也○學者涵養須於靜中覺得有物

動時却自無事乃不偏著○悟非意見想像之謂此心生機也生機發動則有自然之明覺惟澄心凝慮生機潛通是自然有得自然有得然後無思而無不通○問大學於誠意以下皆有傳獨格致之義闕焉何也曰物也知也意也一物也格也致也誠也一事也由心之感曰物由心之靈曰知由心之萌曰意非異也蓋心一也卽其感通之物而格之以致吾本然之知就吾意所知之物而好惡之必無自欺之蔽是謂格物致知誠意耳聖門之學內求故三者爲一後人之學外求故三者支焉以三者各自爲義則其以爲闕也固宜記曰人生而靜天之性也感於物而動性之欲也物至知知然後好惡形焉釋者以爲心之知因物生意從知起無內外無先後其致一焉者也記之物至非大學所謂物乎記之知知非大學所謂知乎記之好惡非大學所謂意乎可好可惡物也識其可好可惡知也好之惡之意也今如人之心其卒然以可好之物感也則心之靈雖不與物謀而卽知其可好矣何者心之好之之理與物之可好者遇也如此則所以好之者當盡其知而止也而好之不如好好色是謂不致好之知不致好之知是謂不格物之善矣今如人之心其卒然以可惡之物感也則心之靈雖不與物謀而卽知其可惡矣何者心之惡之之理

與物之可惡者遇也如此則所以惡之者當盡其知而止也而惡之不如惡惡臭是謂不致惡之知不致惡之知是謂不格物之惡矣故格物非他也格吾知之物也格吾意之物也致知非他也致吾物之知也致吾意之知也誠意非他也誠吾物之意也誠吾知之意也雖然要之在於此心欺否之間耳故曰所謂誠其意者毋自欺也毋自欺則如好好色如惡惡臭此謂之自慊矣夫是之謂物格夫如是之謂知致夫如是之謂意誠孟子曰萬物皆備於我矣反身而誠樂莫大焉惟萬物之理備於吾心故德性之知周於萬物反身而誠則萬物之備於我者格而德性之知致矣此之謂自慊蓋言樂也然則如之何亦於獨知之地謹之而已蓋德性之知我自有之有感之頃我自知之於此不用其謹惡乎用其謹哉○問意者云何曰天地之大德曰生心則其生之理也意則其生理之初萌也天性純粹中此爲最先端倪絕無一毫夾雜少頃卽有許多計較還就之私矣少有計較還就卽純粹端倪便不能直遂矣故大學教人誠意只是要人實養得端倪在隨地生幹生枝吐華吐實無非此一生理貫徹耳故身心國家天下者非他也誠意之枝幹花實也○天地雖閉塞而化未嘗息日月雖沉晦而明未嘗息江河雖隱伏而流未嘗息故人心不

可以動靜言纔說靜已是動。喜怒哀樂率吾性曰道視聽言動行吾敬曰德。飢欲食渴欲飲者人心也不以飢渴之害爲心害者道心也欲生惡死者人心也欲惡有甚於生死而不爲苟得者道心也

侍郎呂心吾先生坤

呂坤字叔簡號心吾河南寧陵人隆慶辛未進士授襄垣知縣調大同有人命坐抵王山陰家屏欲緩其獄不聽山陰入爲吏部語人曰天下第一不受請托者無如大同令也特疏薦之陞吏部主事轉至郎中出爲山東參政歷山西按察使陝西布政使以右副都御史巡撫山西入協理院事陞刑部右侍郎轉左每遇國家大議先生持正不爲首鼠以是小人不悅先生嘗爲閨範圖說行之坊間神宗頗喜小說院本及圖像諸書內侍陳矩因以閨範進覽神宗隨賜皇貴妃鄭氏貴妃侈上之賜製序重刊頒之中外時國本未定舉朝方集矢於鄭氏而不悅先生者謂可藉手中以奇禍給事中戴士衡劾先生假托閨範圖說包藏禍心好事者又爲憂危竑議言先生以此書私通貴妃貴妃答以寶鏹五十釆幣四端易儲之謀不幸有其迹矣戚臣鄭承恩上疏辯冤戍士衡先生亦致仕不起家居四十年年八十三卒贈刑部尚書先生資質魯鈍少時讀書不能成誦乃一切棄之

澄心體認久之了悟入目卽不忘年十五讀性理書欣然有會作夜氣鈔擴良心詩一生孜孜講學多所自得大抵在思上做工夫心頭有一分檢點便有一分得處蓋從憂患中歷過故不敢任情如此

## 呻吟語

乾坤是毀底故開闢後必有混沌所以主宰乾坤是不毀底故混沌還成開闢主宰者何元氣是已元氣亘萬億歲年終不磨滅是形化氣化之祖也天地○先天之氣發洩處不過毫釐後天之氣擴充之必極分量其實分量極處原是毫釐中有底若毫釐中合下原無便一些增不去萬物之形色才情種種可驗也形氣○道者天下古今公共之理人人都有分底道不自私聖人不私道而儒者每私之曰聖人之道言必循經事必稽古曰衞道嗟夫此千古之大防也誰敢決之然道無津涯非聖人之言所能限事有時勢非聖人之制所能盡後世苟有明者出發聖人所未發而嘿契聖人欲言之心爲聖人所未爲而脗合聖人必爲之事此固聖人之深幸而拘儒之所大駭也道體下四段並同○或問中之道堯舜傳心必有至玄至妙之理余嘆曰只就我兩人眼前說這飲酒不爲限量不至過醉這就是飲食之中這說話不緘嘿不狂誕這就是說話之中這作揖跪拜不

煩不疏不疾不徐這就是作揖跪拜之中就是一事的堯舜推之萬事皆然到那安行處便是十全的堯舜○形神一息不相離道器一息不相無故道無精粗言精粗者妄也因指案上樽俎言其位置恰好處皆是天然自有的道理若說神化性命不在此却在何處若說這裏有神化性命這個工夫還欠缺否推之耕耘簸揚之夫炊爨烹調之婦莫不有神化性命之理都能到神化性命之極學者把神化性命看得太玄把日用事物看得太粗只因不曾理會理會得橫豎推行撲頭蓋面脚踏身坐的都是神化性命○無萬則一何處著落無一則萬誰爲主張此二字一時離不得得一只在萬中是故有正一無邪萬有治一無亂萬有中一無偏萬有活一無死萬○或問子之道何如曰飢食渴飲倦眠醒起冬爐夏扇喜歌悲哭如此而已矣曰如此之道其誰不能曰我有終身不能者在○今人不如古人只是無學無識學識須從三代以上來纔正大纔中平今只將秦漢以來見識抵死與人爭是非已自可笑況將眼前聞見自己聰明翹然不肯下人尤可笑也問學下二段並同○今人無事不苟且只於虛套搪塞竟不咀嚼真味○不從學問中來縱有掀天揭地事業都是氣質作用氣象豈不炫赫可觀一入聖賢秤尺坐定不妥貼學問

之要如何隨事用中而已○學問二字原自外面得來蓋學問之理雖全於吾心而學問之事則皆古今名物人人而學事事而問攢零合整融化貫串然後此心與道方浹洽暢快若怠於攷古恥於問人聰明自己出可憐可笑不知怎麼叫做學者○無所爲而爲五字是聖賢根源學者入門念頭就要在這上做今人說話第二三句便落在有所爲上只爲毀譽利害心脫不去開口便是如此○人才不甚相遠只看好學不好學用心不用心耳○以粗疎心看古人親切之語以煩躁心看古人靜深之語以浮汎心看古人玄細之語以淺狹心看古人博洽之語字意未解句讀未真便加評隲真孟浪人也○一門人向予數四窮問無極太極及理氣同異性命精粗性善是否予曰此等語予亦能勦先儒之說及一己之謬見以相發明然非汝今日急務假若了悟性命洞達天人也只於性理書上添了某氏曰一段言語講學門中多了一宗卷案後世窮理之人信彼駁此服此闢彼百世後汗牛充棟都是這椿話說不知於國家之存亡萬姓之生死身心之邪正見在得濟否我只有個粗法子汝只把存心制行處事接物齊家治國平天下大本小節都事事心下信得過了再講這話不遲曰理氣性命終不可談耶曰這便是理氣性命顯設處除

了撒數沒總數○人各有抵死不能變之偏質慣發不自由之熟病要在有痛恨之志密時檢之功總來不如沉潛涵養病根久自消磨然涵養中須防一件久久收斂衰歇之意多發強之意少視天下無一可爲之事無一可惡之惡德量日以寬洪志節日以摧折沒有這個便是聖賢涵養著了這個便是釋道涵養涵養下同○涵養不定的自初生至蓋棺時凡幾變卽知識已到尙保不定畢竟作何種人所以學者要德性堅定到堅定時隨常變窮達生死只一般卽有難料理處亦能把持若平日不遇事時儘算好人一遇個小小題目便考出本態假遇著難者大者知成個甚麼人所以古人不可輕易笑恐我當此未便在渠上也○涵養要九分省察只消一分若沒涵養就省察得也沒力量降伏那私欲○平居時有心訒言還容易只是當喜怒愛憎時發當其可無一厭人語才見涵養○天地萬物之理皆始於從容而卒於急促急促者盡氣也從容者初氣也事從容則有餘味人從容則有餘年○心要有個著落不著落到好處便向不好處與慶陽李克菴通宵談非天德則王道因相謂曰卽此便是不放心存心下五段並同○心放不放要在邪正上說不在出入上說且如高臥山林遊心廊廟身處衰世夢想唐虞遊子思親貞婦

懷夫這個是放心否若不論邪正只較出入卻是禪定之學○一善念發未說到擴充且先執持住此萬善之囮也若隨來隨去更不操存此心如驛傳然終身無主人住矣○只是心不放肆便無過差只是心不怠忽便無遺忘○只一事不留心便有一事不得其理一物不留心便有一物不得其所○一事不從心中出便是亂舉動一刻心不在腔子裏便是空軀殼○愼言動於妻子僕隸之閒檢身心於食息起居之際這個工夫便密了修身下二段並同○此身要與世融洽不見有萬物形迹六合界限此之謂化然中閒卻不糢糊自有各正的道理此之謂精○天地人物原來只是一個身體一個心腸同了便是一家異了便是萬類而今看著風雲雷雨都是我胸中發出虎豹蛇蝎都是我身上分來那個是天地那個是萬物○或問敬之道曰外面整齊嚴肅內面齋莊中正是靜時涵養的敬讀書則心在於所讀治事則心在於所治是主一無適的敬出門如見大賓使民如承大祭是隨事小心的敬或曰若笑談歌咏宴息造次之時恐如是則矜持不泰然矣曰敬以端嚴爲體以虛活爲用以不離於正爲主齋日衣冠而寢夢寐乎所祭者也不齋之寢則解衣脫冕矣未有無衣冕而持敬者也然而心不流於邪僻事不詭於道義則不

害其爲敬矣若專去端嚴上求敬則荷鋤負畚執轡御車鄙事賤役古聖賢皆爲之矣豈皆日日手容恭足容重耶大端心與正依事與道合雖不拘拘於端嚴不害其爲敬苟心遊千里逐百欲而此身卻兀然端嚴在此這是敬否居敬　下段並同○懶散二字立身之賊也千德萬業日怠廢而無成千罪萬惡日橫恣而無制皆此二字爲之○靜中看天地萬物都無些子主靜　下段同○學者萬病只一個靜字治得定靜中境界與六合一般大裏面空空寂寂無一個事物纔問他索時般般足樣樣有○千紛百擾中此心不亂千撓百逆中此氣不動此之謂至靜○喜來時一點檢怒來時一點檢怠惰時一點檢放肆時一點檢此是省察大條款人到此多想不起顧不得一錯了便悔不及若養得定了便發而中節無用此矣省察　下段同○聖狂之分只在苟不苟二字○天下難降伏難管攝的古今人都做得來不爲難事惟有降伏管攝自家難聖賢做工夫只在這裏克治○天德之良知是千聖一心萬古一道坐斗室而通於六合的纔落聞見便有偏倚駁雜世俗氣味矣是以聖賢將聞見來證心不以心徇聞見致知○字到不擇筆處文到不修句處話到不檢口處事到不苦心處皆謂之自得者與天遇力行○夫一言之發四面皆

淵阱也喜言之則以爲矯戚言之則以爲懦謙言之則以爲諂直言之則以爲陵微言之則以爲險明言之則以爲浮無心犯諱則謂有心之機無爲發端則疑有爲之說簡而當事曲而當情精而當理確而當時一言而濟事一言而服人一言而明道是謂修辭之善者其要有二曰澄心曰定氣（慎言　下五段並同）○世人喜言無好人此孟浪語也今且不須擇人只於市井稠人中聚百人而各取其所長人必有一善集百人之善可以爲賢人人必有一見集百人之見可以決大計恐我於百人中未必人人高出之也而安可忽匹夫匹婦哉○清議酷於律令清議之人酷於治獄之吏律令所冤賴清議以明之清議所冤萬古無反案矣是以君子不輕議人懼冤之也故此事得罪於天甚重○對左右言四顧無媿色對朋友言臨別無戒語可謂光明矣胸中何累之有○在邪人前正論不問有心無心此是不磨之恨故位在則進退在我行法可也位不在而情意相關密諷可也若與我無干涉則箝口而已禮入門而問諱此亦當諱者○天下事最不可先必而預道之已定矣臨時還有變更況未定者乎故寧有不知之名無貽失言之悔○近世料度人意常向不好邊說去固是衰世人心無忠厚之意然士君子不可不自責若是素行孚人

便是別念頭人亦向好邊料度何者所以自立者足信也反己下三段並同○以患難時心居安樂以淵谷視康莊以疾病視強健以不測視無事則無往而不安穩○常看得自家未必是他人未必非便有長進再看得他人皆有可取吾身只是過多便有長進○胸中情景要看得春不是繁華夏不是發暢秋不是寥落冬不是枯槁方爲我境○有天欲有人欲吟風弄月傍花隨柳此天欲也天欲不可無無則寂人欲不可有有則穢天欲卽好的人欲卽不好的天欲理欲 下二段並同○愈進修愈覺不長愈點檢愈覺有非何者不留意作人自家儘看得過只日日留意向上看得自家都是病痛那有一些好處初頭只見得人欲中過失久久又見得天理中過失到無天理過失則中行矣又有不自然不渾化著色喫力過失走出這個邊境纔是聖人能立無過之地○爲善去惡便是趨吉避凶惑矣陰陽異端之說也祀非類之鬼禳自致之災祈難得之福泥無損益之時日宗趨避之邪術悲夫愚民之抵死而不悟也卽悟之者亦狃於天下皆然而不敢異至有名公大人猶極信尚反經以正邪慝復誰望哉善惡 下二段並同○凡人之爲不善其初皆不忍也其後忍不忍半其後忍之其後安之其後樂之至於樂爲不善而後良

心死矣○精明也要十分只須藏在渾厚裏作用古人得禍精明人十居其九未有渾厚而得禍者今之人惟恐精明不至乃所以爲愚也

別錄

宋儒有功於孟子只是補出個氣質之性者多少口吻不動氣事事好○每日點檢要見這願頭自德性上發出自氣質上發出自習識上發出自物欲上發出如此省察久久自識得本來面目○孝子之於親也終日乾乾惟恐有一毫不快事到父母心頭無論貧富貴賤常變順逆只是以悅親爲主蓋悅之一字乃事親第一傳心口訣○明道受用處陰得之佛老康節受用處陰得之莊列然作用自是吾儒蓋能奴僕四氏而不爲其所用者此語人不敢道深於佛老莊列者自嘿識得○泰山喬嶽之身海闊天空之腹和風甘雨之色日照月臨之目旋乾轉坤之手磐石砥柱之足臨深履薄之心玉潔冰清之骨此男兒八景也

忠節鹿乾岳先生善繼

鹿善繼字伯順號乾岳北直定興人萬曆癸丑進士授戶部主事遼左缺餉請帑疏皆不行會廣東解金花銀至先生與司農議劄納太

倉轉發遼左而後上聞上怒降級調外任先生因移疾去金花銀者國初以備各邊之緩急俱解太倉其後改解內府宮中視爲私錢矣光廟御極復官改兵部主事司馬王象乾行邊請用廢弁之以贓敗者耿職方不覆司馬又請旨命司官不得違阻先生寓書福清爭之無以奪也高陽以閣臣督師先生轉員外郎中皆在幕府高陽解兵柄先生亦罷歸家居四年崇禎初起爲尙寶司卿陞太常寺少卿未三載復請告九年七月先生堅守定興城破死之贈大理寺卿諡忠節先生讀傳習錄而覺此心之無隔礙也故人問其何所授受曰卽謂得之於陽明可也先生與孫奇逢爲友定交楊忠愍祠下皆慨然有殺身不悔之志嘗寄周忠介詩云寰中第二非吾事好向椒山句裏尋首善書院之會先生將入聞其相戒不言朝政不談職掌曰離職掌言學則學爲無用之物聖賢爲無用之人矣遂不往是故先生之學頗近東林諸子一無攙和夾雜其斯謂之狂狷歟

## 論學語

吾輩讀有字的書却要識沒字的理理豈在語言文字哉只就此日此時此事求一個此心過的去便是理也仁義忠孝名色萬千皆隨所在而強爲指稱也奈何執指稱者求理乎指稱種種原爲人覿面

相違不得不隨在指點求以省悟而人復就指點處成執滯談玄說妙較量一字之間何啻千里○此理不是人做作的天生萬物而人得其生物者以爲生四海一天萬里一天人心與天並大只就乍見孺子一端推之上下四方往古來今觸無不覺叩無不應偌大宇宙都呼吸一氣之中故宇宙中物皆性中物宇宙內事皆分內事也大學之明德中庸之性論語之仁皆是物也乃合下生成本來面目也○此理不是涉懸空的子臣弟友是他著落故學以爲己也而說個己就在人上學以盡心也而說個心就在事上此知仁與莊涖不得分也修己與治人不得分也博文與約禮不得分也文章與性道不得分也不然日新顧諟成湯且爲枯禪矣○天地萬殊總是一本要識得把柄纔好下手而形與性分不得仁與人分不得忠恕一貫原非借言敦化川流豈容分指學須是莫知下學上達分不得教何嘗有隱文章性道分不得看來爲學只在當下學術事功亦分不得也○從來文人概稱學者識得孔子之意誦詩則乍歌乍哭欲鼓欲舞詩亦是學讀史則其事若親其人若生史亦是學屬辭則行乎其所當行止乎其所不得不止文亦是學總之天地萬物皆此生意生意在我法象俱靈吟風弄月從容自得孔顏樂處意在斯乎○禮樂不

是鐘鼓玉帛儀節不是聲容制度全在日用間應事接物上討求應節其當然而然極其中的去處叫做禮其自然而然極其和的去處叫做樂兩個字又却是一個理未有不合禮而得成樂不合樂而得成禮者細體之自見

臺長曹貞予先生于汴

曹于汴字自梁號貞予平陽安邑人登進士第授淮安府推官擢給事中萬曆辛亥京察先生以吏科都給事中與太宰孫丕揚主其事是時崑宣傳四明之衣鉢收召黨與皆以不謹坐罷其黨金明時秦聚奎起而訐之先生與太宰皆去而朝中之朋黨遂興光宗立起太常少卿屢遷僉都御史吏部左侍郎其推少宰也先生陪馮恭定以上而點用先生蓋小人知君子難進易退一顚倒而兩賢俱不安其位矣崇禎初召爲左都御史庚午致仕卒於家年七十七先生與馮應京爲友以聖賢之學相砥礪講求兵農錢賦邊防水利之要其條目大概見之實用編所言仁體則是西銘之註疏也木則不仁不木則仁卽上蔡之以覺言仁也以覺言仁本是不差朱子却以爲非謂知覺不可以求仁仁然後有知覺夫知覺猶喜怒哀樂也人心可指只此喜怒哀樂喜怒哀樂之不隨物而遷者便是仁體仁是後起之

名如何有仁方有知覺耶且上蔡之言知覺覺其天地萬物同體之原也見得親切故又以痛痒言之朱子強坐以血氣之性血氣之性則自私自利矣恐非上蔡之所指也

## 論講學書

夫道無之是非無人弗足講學以明道士農工賈皆學道之人漁牧耕讀皆學道之事隆古無講學之名其人皆學故無名也國家以文學取士天下學校無慮千百章縫之士無慮萬億蓋令其日講所謂時習所謂孝弟所謂性命仁義而以淑其身待天下之用也乃人心不古遂有口耳活套掇拾粉飾以爲出身之媒師以是教上以是取恬不爲異非其質矣而於立身行政毫無干涉於是君子厭薄其所爲而聚徒講道人遂以道學目之若以爲另是一種豈不惑哉然講學之中亦或有言然而行不然而藉是以干貴人捷仕徑者而其名爲道學也是有口耳活套之實而更美其名人誰甘之則羣起而相攻而講者益寡道益晦矣大抵所學出於實則必闇然自脩不論大節細行一一不肯放過雖力量不同未必盡無疵而不自文以誤人也所學出於名則有張大其門面而於其生平未純處亦由爲言說而謂其爲道夫夷之隘不害其清惠之不恭不害其和然亦何必曰

此險此不恭正道之所在而陋孔子於下風乎羅近溪逢人問道透徹心體豈不可尚而闊略處亦誠其病乃學者得其闊略以爲可便其私也而或多不羈誠有如止菴疏所謂賄賂干請任情執見等說是其坐女子於懷而亂之而猶侈然薄魯男子不爲也而可乎但今因止菴之疏而遂禁其講是因噎廢食夫此學乃乾坤所由不毀何可一日廢也似更當推廣而俾千百學校億萬章縫無不講以及農工商賈無不講才是而其機則自上鼓之若得復辟召之典羅致四方道學做程子學校之議布之天下以主道教於一切鄉學社學之衆漸次開發而申飭有道之士以興學明道爲先圖其學則以躬行實踐爲主隨其人之根基引之入道或直與天通或以人合天或直臻悟境或以修求悟夫天人合一修悟非二舍天而言人舍悟而言修則淺矣近時學者知皆及此然言天矣而人尚未盡言悟矣而修且未能世豈有能致中而不能致和能正心而不修身者哉則不可不戒也大抵果能合天則必益盡其人事果能真悟則必益盡其真修堯舜文王孔子何人也而兢兢業業望道未見徙義改過沒齒以之也答李贊宇

○仁人之用心舉諸我以加諸彼乎曰非然也有彼我則有封域有封域則有急緩有急緩則有校量其卑者易入於納

交聲譽之僞其高者亦曲而不直滓而不粹暫而不恆虧而不滿夫湛然而仁具油然而仁興奚暇校量哉昔先哲之談仁也曰仁心之德也而泥之者乃於心之內更求德焉似非德不足以見仁也者不知心焉知仁故曰仁人心也言心而不言德而泥之者乃於仁之內更求心焉以非心不足以見仁也者不知人焉知仁故曰仁者人也言人而不言心嘻至矣若理若氣若形若性若身若心貫通矣渾合矣天也地也萬有不齊之物也我也其生之所自一也鴻濛未闢之始有合而無分形象既判之後似分而實合故靈明各具天不獨豐人不獨嗇人不獨得物不獨闕其中通也一陰乍動一陽來復倏忽彌漫周於天地貫於萬物亦其中通也疾痾痛癢相連相關不但父母兄弟推之一切莫不皆然亦以其中通也而或者乃曰母齧子痛則常聞之焉有物痛而亦痛嗟乎母齧子痛世未必皆其人也然則父母非一體耶此其體之木也木則無不木也不木則無所木也入其室父母兄弟環向而處不知其暱也出則遊闤闠之中遇其父母兄弟則暱之之郡城焉遇其邑之人則暱之之會城焉遇其郡之人則暱之之都城焉遇其省之人則暱之之海外異邦焉遇中國之人則暱之之曠洋之水木石鹿豕之爲叢遇似人者而暱之矣方其未

暱也木也及其旣暱也不木也且光風霽月何與於我而忻狂飇陰霾何與於我而慘水光山色何與於我而喜荒原頹壁何與於我而悽則風月水石固有通於我者我乃忻之慘之喜之悽之耳奈何曰日周遊時時茂對人忻亦忻人慘亦慘以目爲賞以目爲惜語云我乃行之不得我心不自察耳察則不木不察則木顧華裔之界限人物之差等仁人未嘗無別此以別之者體之也華得其所裔亦得其所也盡人之理亦盡物之理也分殊者脈絡之分也理一者公溥之量也然征伐可廢乎刑誅可弛乎仁人未嘗不嚴此以嚴之者體之也仁與不仁辨之以心不辨之以迹除莠剔蠹以殺機爲生織花鍛鶴以生機爲殺故砭灼不廢於肌膚夏楚不靳於愛子虞廷四罪魯國肆眚周王一怒宋公不阨孰一體孰非一體必有分矣夫以天地萬物爲體則體大以四體爲體則體小以天地萬物之體爲人則人大以四體之體爲人則人小大體者能卷能放流行於衆小體之中而衆小體不能隔也四體之木則知療之天地萬物之體之木則不知療弗思故也夫千萬世之上此天地也有萬物焉千萬世之下此天地也有萬物焉天道無窮地道無窮物生無窮吾心亦無窮往聖之絕學未輟於今而萬世之太平輒營於中仲尼之生千古不夜堯

舜之心至今猶存卽其體存也故曰會人物於一身通古今於一息區區補葺於百年之間君子以爲猶未也故仁以爲己任古之成仁者如此仁體策

## 曹門學則

無我方爲眞我○夫學隨事可盡隨時可盡隨地可盡隨分可盡外無待越內無容減當其現在不乏毫釐○講學愈精則愈麄愈高則愈卑故聖學爲庸行如赤子而止○遭人之唾罵斥辱皆我大得益處○心之在人雖夢寢而未嘗斷息常動故也雖應酬而不可朕兆常靜故也○晝游雖樂不聞遇宵而悲春景而嬉豈至逢冬而惡何者安於時也時有順逆何異晝夜春冬而情逐景遷乃致愁苦亦惑矣○惟知故止惟止故知知然知則六合內外瑩瑩一片止在何處○聖人能從心所欲故不踰矩世人大概違心耳○如何存養此心曰識得此心方好存養如何識心曰心體時時呈露勿令聞見遮迷○仁心之德也而泥之者乃於心之內更求德焉非德不足以見仁也者不知心焉知仁故曰仁人心也言心而不言德泥之者乃於人之內更求心焉非心不足以見仁也者不知人焉知仁故曰仁者人也言人而不言心○洪濛未闢之始有合而無分形象既判之後似分

而實合入其室父母兄弟環向而處不知其暱也出而遊闤闠之中遇其父母兄弟則暱之之郡城焉遇其鄉之人則暱之之會城焉遇其郡之人則暱之之都城焉遇其省之人則暱之之海外異邦焉遇中國之人則暱之之壙洋之水木石鹿豕之爲叢遇似人者而暱之矣且光風霽月何與於我而忻狂颸陰霾何與於我而慘水光山色何與於我而喜荒原頹壁何與於我而悽則風月水石固有通於我者我乃忻之慘之喜之悽之耳○談風水者專言鬼蔭故欲安其枯骨至於祖父生前或置之不得其所豈其爲蔭生祖父不及死祖父乎此大惑也

## 忠節呂豫石先生維祺

呂維祺字介孺號豫石河南新安人萬曆癸丑進士除兗州推官入爲吏部主事光熹之際上疏請愼起居擇近侍防微杜漸與楊左相唱和也累轉至郎中告歸崇禎初起尙寶卿再轉太常卿庚午陞南京戶部右侍郎兼右僉都御史總督糧儲時邊餉旣借支而納戶逋欠又多積弊難清上特敕侵欺者五品以下就便提問先生悉心籌畫解支有序乃曰昔人有言人至察則無徒第思國家多故君父焦勞爲臣子者豈能自已陞南京兵部尙書賊犯鳳陵南京大震先生

尋以臺省拾遺落職爲民辛巳正月睢陽陷先生爲賊所執道遇福王昂首謂王曰死生命也名義至重無自辱已而賊害王酌其血雜鹿醢飲之曰此福祿酒也先生大罵死之贈太子少保謚忠節逆奄之時拆天下書院以學爲諱先生與張抱初方講於芝泉書院幾中危禍在南都立豐芑大社歸又立伊雒社修復孟雲浦講會中州學者多從之嘗言一生精神結聚在孝經二十年潛玩躬行未嘗少怠曾子示門人曰吾知免夫非謂免於毀傷蓋戰兢之心死而後已也若先生者其見道未可知庶幾講學而不僞者歟

## 論學書

天下萬世所以常存而不毀者只爲此道常存此道之存人心之所以不死也使人心而死則天地之毀也久矣人心不死而人人未能操存之便厭厭無生意所以持世之人力爲擔任將一副精神盡用之於此道而卑者祗役役於富貴功名意見蹊徑其高者又毀入於懸虛以爲道更有在也不知此道至平至易見前即是轉擬即非即入世之中亦自有出世之法非必盡謝絕人世而後爲學也世不難於出而難於入出而不入出而乃欲入此幻與僞之爲也入而能出此吾儒學問之所以異於二氏也年兄云自今亦自可學誠哉即今

亦自可學也弟有聯云人只此人不入聖便作狂中間難站脚學須就學昨既過今又待何日始回頭故曰纔說姑待明日便不可也自古聖賢何人不由學問涵養而必曰生知云云則自棄甚矣只要認定一路一直硬肩做去日新不已卽吾儕自有聖諦彼程邵諸先覺非人也乎哉彼何以與天地不朽而我輩空没没也思念及此有不愧汗浹趾者豈人哉然年兄之所以遲疑於其間者得無謂今天下講學者多僞也不則謂講學與不講者多分一畛域恐吾涉於一邊噫豈其然哉講學之僞誠有之然真者必於此出以其僞而廢真何異於因噎廢食且天下之貪官甚多也未聞以廢仕進也至於講學之家多分畛域亦自有說吾只見得吾身非此無以爲人安身立命的的在此世自有世之講學吾自有吾之講學所謂天淵懸隔者也今天下禁講學而學會日盛學會雖盛而真實在此間做者甚少弟之修復孟先生會原自修復不沾帶世間一塵近日敝邑及隣邑遠近之士覺彬彬興起今世風之壞也久而人心日不古矣以年兄之識力辨此最易如有意於此固無事遲疑孟子云奚有於是亦爲之而已矣與蘇抑堂

○天下第一等事是何人做天下第一等人是從何事做起可惜終身憧憧擾擾虛度光陰到雨過庭空風過花飛時

究竟攜得甚物去以此思之何重何輕何真何幻何去何從自有辨之者然而眼界不開由骨力不堅骨力不堅所以眼界愈不開以此思之學問下手處可味也而世往往目學問爲僞爲迂某謂世之學者豈無僞哉而真者固自真也以僞爲非去其僞而可矣至於學問不足經世又何學之爲以此思之學力事業非兩事也與友人○第維詰問講學爲人所非笑何以處之曰講學不爲世俗非笑是爲鄉愿講學不到使非笑我者終心服我是爲鄉人講學必別立崖岸欲自異於世俗是爲隱怪講學不大昌其道於天下後世以承先啓後自任以爲法可傳自勵是爲半途之廢答問一條

明儒學案卷五十四

姚江黃棃洲先生著

豫章後學　夏鼎　熊育鑫　熊繩祖　熊育鏞　徐兆瀾　周聯慶　熊榮祖　蕭兆柄　劉秉楨　李真實　重刊

給事郝楚望先生敬

郝敬字仲輿號楚望楚之京山人萬曆己丑進士知縉雲縣調永嘉入爲禮科給事中改戶科上開礦稅奄人陳增陷益都知縣吳宗堯逮問先生劾增申救宗堯稅奄魯保李道請節制地方有司先生言地方有司皇上所設以牧民者也中使皇上所遣以取民者也今既不能使牧民者禁禦其取民者已爲厲矣而更使取民者箝制其牧民者豈非縱虎狼入牢而恣其搏噬哉又劾輔臣趙志皐力主封貢事敗而不坐鼠首觀望謀國不忠於是內外皆怨己亥大計京朝官以浮躁降宜興縣丞量移江陰知縣不爲要人所喜考下下再降遂挂冠而歸築園著書不通賓客五經之外儀禮周禮論孟各著爲解疏通證明一洗訓詁之氣明代窮經之士先生實爲巨擘先生以淳

于髠先名實者爲人是墨氏兼愛之言後名實者自爲是楊氏爲我之言戰國儀秦鬼谷凡言功利者皆不出此二途楊墨是其發源處故孟子言天下之言不歸楊則歸墨所以遂成戰國之亂不得不拒之若二子徒有空言無關世道孟子亦不如此之深切也此論實發先儒所未發然以某論之楊墨之道至今未熄程子曰楊墨之害甚於申韓佛老之害甚於楊墨佛老其言近理又非楊墨之比夫無所爲而爲之之爲仁義佛老從死生起念只是一個自爲其發願度衆生亦只是一個爲人恁他說玄說妙究竟不出此二途其所謂如來禪者單守一點精魂豈不是自爲其所謂祖師禪者純任作用豈不是爲人故佛氏者楊墨而深焉者也何曾離得楊墨窠臼豈惟佛氏自科舉之學興儒門那一件不是自爲爲人仁義之道所以滅盡某以爲自古至今只有楊墨之害更無他害楊子雲謂古者楊墨塞路孟子辭而闢之廓如也豈非夢語今人不識佛氏底蘊將楊墨置之不道故其闢佛氏亦無關治亂之數但從門面起見耳彼單守精魂者不過深山之木石大澤之龍蛇無容闢之其純任作用一切流爲機械變詐者方今彌天漫地楊墨之道方張而未艾也嗚呼先生之學以下學上達爲的行之而後著習矣而後察真能行習未有不著

察者也下學者行也上達者知也故於宋儒主靜窮理之學皆以爲懸空著想與佛氏之虛無其間不能以寸然按先生之下學卽先生所言之格物也而先生於格物之前又有一段知止功夫亦只在念頭上未著於事爲此處如何下學不得不謂之支離矣

知言

學以性善爲宗以養氣爲入門以不動心爲實地以時中爲妙用○性卽至善不待養而其體常定不定者氣動之也故其要只在養氣○性者靜也無爲之先本無不善桀紂幽厲有爲之後也氣習勝也天道於穆本無不善災沴乖戾毒草猛獸有爲之後也氣化勝也○志氣之帥也此乃天然妙用人心起一念氣卽隨念而動直宰凝定氣自蟄伏中心坦坦氣自舒暢所以養氣又在調心○浩然之氣與呼吸之氣只是一氣○一點虛靈內照自然渣滓銷鎔以是益信人性本善若非性善何以性現衆欲便消今人疑性有不善蓋認情識爲元神耳不是性之本體何怪乎不善○一點靈知時時刻刻事事物物寂然不昧便是有事的真功行時知行坐時知坐呼吸語默細微無不了了自知自然性常見而氣聽命此謂性善此謂知止此謂止於至善○日間寧靜時多則性見鬧擾時多則氣雜要知塵勞

喧譁中自有安身立命處氣常運性常定何動不靜○木戇人念頭常方方硬硬以此認不動非也念頭若不圓活觸著便惱磕著便搖須放教和平滿腔春意則氣不調而自調心不定而自定○習氣用事從有生來已慣拂意則怒順意則喜志得則揚志阻則餒七情交逞此心何時安寧須猛力斡轉習氣勿任自便機括只在念頭上挽回假如怒時覺心爲怒動卽返觀自性覓取未怒時景象須與性現怒氣自平喜時覺心爲喜動卽返觀自性覓取未喜時景象須與性現喜氣自平七情之發皆以此制之雖不如慎之未萌省力然旣到急流中只得如此挽回○喜怒雖大賢亦不免但能不過其則耳若順亦不喜拂亦不怒則是性死情灰感之不應觸之不動木石牆壁皆聖賢矣○有事只是一個乾知○心所以大者以其虛也若滯在一處只與司視司聽者無別有礙則小無礙則大○但得閒時則正襟默坐體取未發氣象事至物來從容順應塵勞旁午心氣愈加和平不必臨事另覓主宰但能平心定慮從容順應卽此順應者卽是主宰多一層計較多一番勞擾○性體至靜而明靜故寂寂明故生生顯微無間仁智一體動靜一源此天命之本然也天命不已處卽是於穆處盈兩間四時日月寒暑晝夜來而往往而來草木苗而秀

秀而實人物幼而壯壯而老刻刻流行時時變易俄頃停滯即不成造化矣人性若斷滅枯槁豈是天命之本然故曰離動非性厭動非學○無事端嘿凝神內外根境一齊放下有事儘去思量儘去動作只要傀儡一線不放根蒂在手手舞足蹈何處不是性天○約禮只是主敬以敬履事之謂禮以禮操心之謂敬儒道宗旨就世間綱紀倫物上著脚故由禮入最爲切近其實把柄只一點靈性惺惺歷歷便私欲淨盡天理流行日用倫物盡是真詮但聖人下學上達不如此說得玄虛子思後來提出未發之中教人戒懼愼獨直從無始窟中倒底打迸出來刀刀見血矣○乾元資始萬物化育流行窮歷不變只緣太虛中有一個貞觀作主自屈自伸自往自來無心而成化故曰乾以易知曰健曰專曰直皆易知之妙用也人心一念虛靈惺惺內照自與天道同運並行今人念頭無主膠膠擾擾精明日消乃禽乃獸是謂背天○論語思無邪禮記儼若思二語爲聖功之本不思之思爲儼若思不偏之思爲正思孟子曰心之官則思先立乎其大者一片虛靈靜而常照與宇宙同體萬象森羅故曰大非計較分別之思謂之大也計較分別之思皆謂之邪一有所著即非中體非必放縱而後謂之邪也○不學則殆之思終日終夜無益之思皆是

揣摩妄想非儼若無邪之本體若是真思卽是真學豈得殆而無益○養心先要識心體孟子曰苟得其養無物不長先儒謂先有個物方去養方會長白沙詩云存心先要識端倪此之謂也吾儒謂喜怒哀樂未發時氣象禪門謂之本來面目元門謂之五行不到處白沙詩須與身境俱忘却一片圓融大可知卽此境界是萬物皆備仁之全體也便是端倪識此方去日用上護持工夫纔有下落先輩謂如雞伏卵如龍養珠先要有珠有卵方去抱養非茫茫泛用其心也○日用感遇情識牽纏千頭萬緒如理亂絲昔人有環中弄丸之喻胸次何灑然也環中者於此去彼來交繼之間圓轉平等無牽強湊合之迹也弄丸者因一彼一此各正之理隨物應化無凝滯留難之苦也上士以應用爲樂下學以酬酢爲苦但十分苦中得一二分輕省卽是討著把柄直到無意必固我從心所欲發而中節地位方是最上頭○爲仁在養氣心氣和平自然與萬物相親○今人血氣運動卽謂之生都不知自己性命安頓何處故云百姓日用而不知○天道只一個乾知作主更無第二知所以亘元會運世時行物生貞常不變若有第二知便費搬弄安排必然生出許多怪異時序都要顛倒錯亂人心多一個念頭便多一番經營○大道不分體用治人卽

是修己士君子待人接物處事一有差謬卽是心性上欠圓融試隨處返照自當承認〇萬物若非一體天下無感應矣〇爲人子弟日用問安視饍溫淸定省唯諾進趨隅坐徐行奉杖進履種種小節在家庭父母兄長之前行之絲絲都是性命精髓流洩出來所以爲至德要道〇有目能見無目卽無見有耳能聞無耳卽無聞有血肉軀便有我無血肉軀卽無我有計較思量便有心無計較思量卽無心此凡夫局於形氣所謂顚倒迷惑沉淪生死爲可悲憫者也悟中人須不假五官四肢閉明塞聰兀然枯朽而光熒朗鑑到處空明沖漠無眹之中萬象森羅方爲知者〇形氣有生死性無生死性自太虛來與太虛同體附形氣而爲性形從太虛中結聚故不離太虛之本然譬如冰從水生所以性體與虛合也形毀氣散之後一點虛明不被情識牽纏復還太虛去若被情識牽纏展轉汨沒依舊化形化氣少不得太虛本然仍在如金雜銅中百劫不壞直待銅質銷盡金體復現〇今人病痛只爲心不在軀殼內所以形空氣散日趨朽敗若心在身中食知食視知視聽知聽一切運動喘息無不了了自知則神常凝氣常聚精常固昔賢所以言心要在腔子內也〇天地元氣只在兩間內運用保合不泄所以天長地久日月只在兩間內代明

所以久照今人精氣神識渾在外面發洩無餘安得不敗漏銷竭以至死亡○老子曰載營魄抱一能無離乎營義訓明亦訓動卽魂也動而明者爲魂淮南子曰天氣爲魂地氣爲魄註曰魂人陽神也魄人陰神也魂魄具而成人二者相守魂日也魄月也天道日月相推而明生人身魂魄相守而靈發月附日而生光魄附魂而生靈晝陽勝白日動作魂用事也魄卽伏其間陰不離陽也夜陰勝向晦宴息魄用事也魂卽守其宅陽不離陰也魄精重濁離魂則沉在夜則爲厭寐在晝則爲昏惰頑冥一切貪著不仁之患魂神輕清離魄則浮在晝則爲散亂馳逐在夜則爲驚悸狂呼展轉不寧之患故攝生者以魂爲主魂勝而魄受制則志氣清明神宇光朗爲賢爲聖魄勝而魂受制則私欲橫行邪暗蔽塞爲狂爲愚魂不守魄則官曠宅空神外馳而形無檢破耗銷竭爲病爲死故曰載營魄抱一載者並畜同處之意抱一者渾合不離之法也

## 四書攝提

凡事君者盡忠謀國以求必濟不可輕棄其身處困者畏天凝命以求遂志不可輕棄其命如是則君事無不終而己志無不遂至於萬不可已舍身殞命良非得已豈謂凡事君者先意其必亡遂委身棄

之乎世儒不達於為臣輒云不有其身於處困輒云不有其命但求塞責不顧委托無濟困之才適以自喪其軀豈聖人教人之本意哉夫道貴通變易戒用剛儒者固執用剛舉天下國家之重祗以供吾身之一擲經術不明身世兩誤可不慎歟○不求安飽朱註志有在而不暇及所以敏於事其實飲食居處亦便是事恆情食輒求飽居輒求安所謂有事而正也見小欲速偷父習氣學道者逞一毫習氣不得著一毫私意不得穿衣喫飯都是事○博士家終日尋行數墨靈知蒙閉沒齒無聞皆沿習格物窮理先知後行捕風捉影空談無實學者求真知須躬行實體行之而後著習矣而後察向日用常行處參證自然契合○人情所謂好惡者好他人惡他人耳聖人所謂好仁惡不仁者自好自惡也世所謂好仁惡不仁見可好之在仁可惡之在不仁耳聖人所謂好仁卽是為仁所謂惡不仁卽是去不仁○論語無空虛之談無隱僻之教言性卽言習言命卽言生死興廢言天卽言時行物生言仁卽言工夫効驗言學卽言請事條目境不離物心不離境理不離事學不離文道不離世天不離人性天不離文章故曰下學而上達高卑一也遠邇一也道器一也形性一也理氣博約知行皆一也一卽貫貫卽一故曰一以貫之後儒事事物物

分作兩段及其蔽也遂認指爲月畫地爲餅躡虛爲實貴無而賤有離象而索意厭動而貪靜遠人而爲道絶俗以求真清虛寂滅之教盛而規矩名法蕩然矣○人性雖善必學習而後成聖賢赤子雖良養之四壁中長大不能名六畜雖有忠信之資不學不成令器荀卿疑人性爲惡以此夫性本虛靈人之生理何有不善如五穀果實待人栽培委之閒曠其究腐敗耳可謂五穀果實本無生理乎浮屠稱無學以求見性所以荒宕馳騁敗常亂俗也○聖人於道但教人行不急責人知禮儀三百威儀三千使民由之而已知則存乎賢者縱不知能由亦有所範圍而不及於亂如天下仁人孝子少養生喪祭之禮不廢卽賊子亦少必若責養生者以深愛和氣責居喪者以三年不言責祭祀者以七日戒三日齋洋洋如在不惟孝子慈孫不多得將幷奉養衰麻祭享以爲難行故聖人制禮因人情而節文小大由之正以此二氏執途之人責以明心見性致虛守靜未可得反使世人迷謬不知所趨故道者卑近平常人情而已○道不離宇宙民物二氏言道出宇宙民物之外理學言道藏宇宙民物之中聖人禮樂卽道四科卽學二氏以民物爲幻以空寂爲真故道出於世外理學以有形爲氣以無形爲理故道藏於世中二氏不足論儒者學爲

聖人分理氣爲二舍德行言語政事文學別求主靜窮理豈下學而上達之本教○養身者將天地萬物無邊光彩一齊收攝向身來醞釀停毓然後發生有身而後有天地萬物無己是無天地萬物也故己重於天地萬物尋常行處常知有己卽是放其心而知求○下學而上達一語爲學的世儒與二氏教人先知聖人教人先行故學習爲開卷第一義學習卽行也悅則自然上達悅卽知知卽好且樂故悅蓋由之而後知之也孟子謂行不著習不察者彼爲終身由之而不知者發也終身由之而不知猶然不行不習不由也眞能行習未有不著察者也故道以行爲本聖人教諸子不過尋常踐履躬行實地其所謂正心誠意盡性知命者已卽在其中矣○知與識異知者太虛之元神卽明德之眞體太極初分陽明爲知陰暗爲識暗中亦有明浮屠謂之陰識在天日爲陽魂猶知也月爲陰魄猶識也在人旦晝魂用事爲知昏夜魄用事爲識識附知生還能蔽知知緣識掩還以宰識故旦晝亦不能離識夢寐亦不能離知知爲主勿爲識奪卽知卽止也知不能爲主隨識轉移雖知不能自止學者但使明德常主便是知止○自欺最是雜念妄想爲甚未有可好可惡之物空想過去未來此是念頭上虛妄未見施行不爲欺人祇自欺也及事

物到前蒙蔽苟且不能致知格物惡惡不能如惡臭好善不能如好色自家本念終成欠缺是謂不自慊較自欺加顯矣自欺在未有好惡前不止不定不靜不安不可與慮而戒之之法全在知止自慊在既有好惡後能絜矩能忠信加諸家國天下身心無歉而求慊之功在致知格物故中庸言誠必兼物我始終純一乃爲至誠與大學誠意在致知格物正同大抵恆人意不誠由妄念多所以勿自欺爲始始於知止有定也欲意誠必待擴充所以自慊爲終終於物格知至也○宇宙間惟物與我意在我物在天下往來應感交涉之端在知致吾知往及物謂之格格至也推吾之知至彼物邊攝天下之物歸吾意邊故曰致知在格物○意惟惡念知其非而任之是自欺若善念何嫌往來禪家幷善念掃除乃至夢寐亦欲自主與覺時同如夢覺可一則晝夜亦可一生死亦可一其實晝夜生死焉可一惟生順死安便是生死一晝作夜息便是晝夜一善則思行惡則思止便是行止一意苟無邪便是有意無意一勿自欺者不專在止念在知是知非知其所當止而止之止固不自欺也知其所不必止而不止不止亦非自欺也蓋思者心之官聖功之本禪家必以不起念爲無礙儒者襲其旨刻厲操心乃至旋操旋舍忽存忽亡反以知止爲難失

之遠矣禪寂無念但念起不分善惡皆自欺聖教善是善惡是惡覺是覺夢是夢苟夢覺不一在人卽爲自欺將晝夜不同在天地亦是自欺乎不通之論也○近代致良知之學祇爲救窮理支離之病然矯枉過直欲逃墨而反歸楊孟子言良知謂性善耳是非之心人皆有之然自明自誠先知先覺者少若不從意上尋討擇善固執但渾淪致良知突然從正心起則誠意一關虛設矣致知者致意中之知無意則知爲虛影而所致無把鼻須意萌然後知可致人莫不有良心邪動膠擾於自欺必先知止定靜禁止其妄念以達於好惡然後物可格知可致意可誠若不從知止勿自欺起胡亂教人致良知妄念未除自欺不止鶻突做起卽禪家不起念無緣之知隨感輒應不管好醜一超直入與中庸擇執正相反旣有誠意工夫何須另外致良知不先知止勿自欺以求定靜安慮那得良知呈現致之以格物乎○中之一字自堯舜開之曰允執厥中然未明言其所謂中也夫子始言中庸中卽庸也庸之言用也百姓日用卽中也大舜執其兩端用其中於民執兩端卽執中也易曰一陰一陽之謂道卽兩端也孟子云執中無權猶執一也權卽兩端兩端者執而無執是謂允執後儒以不偏不倚無過不及之間爲中是執一也中有過時自有不

及時過與不及皆有中在如冬有大寒亦有熱夏有大暑亦有涼不可以其不及而謂之非冬夏不可以其太過而謂之非寒暑也○中卽性也性含舒慘喜怒哀樂未發混同所以爲不測之神發皆中節植本於此若但有喜樂無哀怒有哀怒無喜樂則偏方一隅不活潑必以中節爲和者中不可見聞和卽可見聞之中中無思爲和卽思爲之中無和則中爲浮屠之空寂耳聖人言中向用處顯所以爲中庸教人下學而上達微之顯隱之見誠之爲貴也○未發在未有物之先所謂一也神也形而上也無過不及在既有爲之後器也形而下也無過不及者形象之迹未發者不睹聞之神不可相擬○有圓融不測之神而後可損益變通以用中未用只是兩端兩端者無在無不在所謂圓神也一而非一二而非二故曰兩端合虛實有無而之○不論已發未發但氣質不用事都是未發之中○知行合一離行言知知卽記聞離知言行行皆習氣○道由路也共由爲路日用常行實在現成無論微顯內外但切身心人物事理可通行者皆道是謂之誠無當於身心人物事理雖玄妙無用不可行皆是虛浮不可以爲道卽切身心事物人苟昏迷放佚氣質用事雖實亦虛也故聖人教人擇善固執只在人倫庶物間神明失照則荆棘迷路神明

作主則到處亨通舍此談玄說妙捕風捉影盡屬虛浮故曰明則誠矣誠則明矣著實便是誠惺覺便是明誠明而能事畢矣○問天地不二不測曰太極未判渾渾沌沌太極初判一生兩分兩抱一立以爲一而兩已形以爲兩而一方函不可謂一不可謂二第曰不二不二者非一非二之名陽動陰靜翕闢相禪一以貫之是曰不測在人心惟已發之和與未發之中交致而萬感萬應所謂一而二二而一譬如作樂樂器是一中間容戛擊搏拊連器成兩音是一中間有輕重緩急曲折空歇處連音成兩此一陰一陽之道參天兩地之數事物巨細皆然是謂不測○朱子以存心爲尊德性以致知爲道問學存心者操存靜養之謂致知者格物窮理之謂本程子涵養須用敬進學在致知來德性原不主空寂今以存心當尊德性則墮空寂矣問學原不止窮理今以致知當道問學則遺躬行矣德性實落全仗問學離問學而尊德性明心見性爲浮屠耳離德性而道問學尋枝摘葉爲技藝耳除却人倫日用別無德性一味致知窮理不是實學學效也其要在篤行道由也道問學者率由之非記聞之也○夫無思無爲寂然不動德性之虛體也感而遂通天下之故問學之實地也論感應之迹人心一日之間無思無爲者不能斯須而論存主之

神自幼至老其寂然不動者百年常住故曰不睹不聞莫見莫顯豈徒操存靜養無思無爲謂之尊德性乎哉若是則所謂道問學者亦風影耳○身無邪動卽心正心無欺詐卽意誠意無曖昧卽知至事事物物知明處當卽物格○世教衰道術裂日事浮華紛飾鋪張不識道體本初故子思微顯闡幽示人以不睹不聞無聲無臭之真使人斂華就實返本歸元非專教人遺事物靜坐觀空如禪寂也且如論語言敬只是謹慎無敢慢之意不外修己事上而理學家必曰主一無適乃爲敬使學人終日正襟危坐束縛桎梏胸臆以爲操心曰戒慎不睹恐懼不聞君子慎獨當如此畢竟張皇楻杌如捕風繫影徒費商量終無所得何如卽事就境隨處隨時恂恂規矩從容和順自然內外渾融矣○禮曰體魄則降知氣在上知與氣非二知卽氣也無氣卽無知太虛渾是氣所以能神○氣卽理之實處○剛大充塞者氣之分量所以稱浩然者也要其善養不在剛大充塞處只在幾微存主中集義自然氣和心廣體胖上下同流世儒錯向剛大充塞處求謂易道貴剛與時中妙用逈隔大抵氣質不用事卽是養氣德性常主卽是集義○學養氣卽氣是事但不可著於氣平常執事凡事皆事但不可著於事著事便是勿求於心事在卽心在心爲主

事不得爲正便是心勿忘心勿忘則卽事是心不必更於事外求心如心上添心卽是助長體用一原顯微無間事理圓通心境不二求放心之要領也○養氣是徹上下合內外之道天地時行物生人身動作威儀皆氣也天命無聲無臭於四時百物上調停人心不睹不聞於動作威儀上培養偏外則支離偏內則空寂聖學所以養未發之中於已發之和也○儀禮親喪三日成服杖拜君命及衆賓不拜棺中之賜禮凡尊者有賜厥明日必往拜惟喪禮孝子不忍死其親棺中之賜衣衾含襚之類拜於既葬之後孟子爲齊卿母卒王以卿禮賻之臧倉所謂後喪踰前喪衣衾棺槨之美皆王之賜路中論棺槨之美其故可知反於齊拜王賜也止於嬴止境上不入國也衰絰不入公門大夫去國於境爲壇位而哭親至齊境拜賜卽返魯終喪也俗儒譏孟子不終母喪不考禮文之故也○道之大原出於天假使人性本無此道雖學亦不能洪荒至今不知幾億萬載習俗緣染斧斤戕伐此理常新苟非性善絕學無傳久矣豈書冊所得而留哉由學而能者萬不敵天生之一由不學而壞者一喪其天生之萬故學爲要○七篇大抵與楊墨辯然七國時二子死久矣當世爲害者非盡楊墨二子亦未嘗教人無父無君也要之楊子爲我墨子爲人

當時遊士無父無君皆起於自爲爲人故曰天下之言不歸楊則歸墨淳于髡曰先名實者爲人此墨氏兼愛之言也後名實者自爲此楊氏爲我之言也千萬世功利之媒不出此兩途皆是無君父害仁義者也仁義者立人之道人知孟子爲楊墨辯不知爲當世不仁不義者辯也○孔子之道時中而已隨處適中包三才貫古今化育所以流行人物所以生成千變萬化所謂滄海之瀾日月之光觀波瀾浩蕩然後知天下莫大於水觀光輝普照然後知明莫大於日月若但窮源於山下涓涓耳仰觀懸象規規耳求本於聖心幾希耳故善觀水者於波瀾洶湧處善觀日月者於光明普照處善觀聖道者於萬象森羅處說者顧謂觀瀾知水之本觀容光知明之本夫水之本天一也日月之本二氣也觀者不於實而於虛不於顯而於微不於費而於隱何以觀何以見大觀天載於無聲無臭不於時行物生觀聖人於不睹不聞不於經綸變化所以世之學道者澄心默坐不於人倫庶物躬行實踐則二氏之觀空無相爲無量大千者而已以此言道豈孔子下學上達之旨

諫議吳朗公先生執御

吳執御字朗公台州人也崇禎間由進士擢刑科給事中初入考選

宜與令其私人李元功邀致之先生不往御史袁宏勳金吾張道濬搏擊善類太宰王永光主之先生劾其誨貪崇墨宜避賢路永光尋罷上憂兵餉缺額先生言今日言餉不在創法而在擇人誠令北直山西陝西凡近邊州縣罷去遢茸之輩勅吏部精擇進士盡行改選畀以本地錢糧便宜行事各隨所長撫吾民練士兵餉不取償於司農兵不借援於戍卒計無便於此不聽又劾宜興塘報奏章一字涉盜賊一字涉邊防輒借軍機密封下部明畏廷臣摘其短長他日敗可以捷聞功可以罪按也詞臣黃道周清嚴不阿欲借試錄處之未遂其私則遷怒儀部黃景昉楚錄箴砭異同必欲斥之李元功蔣福昌等夙夜入幕私人如市此豈大臣壁立千仞不邇羣小之所爲哉奏上上切責之先生再劾三劾俱留中凡先生所言皆時局小人之深忌已而先生奏薦劉忠端曹于汴并及御史遲太成所舉之姜曰廣文震孟中允倪元璐所舉之黃道周上責其徇濫御史吳彥芳言正人蠖伏尚多邪類鴟班半據薦曹于汴李邦華李瑾劾呂純如章光岳上以朋比下先生與彥芳於刑部坐奏事上書詐不以實律杖徒三年兵部員外郎華允誠劾溫體仁與閔洪學同邑相依驅除異己而吳執御之處分遂不可解矣未幾先生亦卒有江廬獨講一編

其學大都以立誠爲本而以坤二爻爲入門因合之乾三爻深佩宋儒居敬窮理之說至海門言求己處亦篤信不疑故於克己閑邪謂不當作去私說雖未洞見道體獨契往聖而一種擔當近理之識卓然躬行君子也

## 江廬獨講

克復工夫是一了百當其餘出門使民都是逐件做工夫假如出門時聚起精神這出門時便是仁使民時聚起精神這使民時便是仁劉夫子曰精神只是一個這能出門的精神便是能使民的精神此理月落萬川不分江河沼沚只人所見有不同然此語自是從親切體貼來者○祭祀感格乃生者之氣非死者之氣朱子人死未盡散之說尙從佛學來然難說只是生者之氣氣本無間屈伸有無皆氣也雖散而盡仍是死者之氣故曰反而歸者爲鬼○天無時不動而天樞則不動劉夫子曰是動靜判然二物也天樞之動甚微如紡車筦一線極渺忽處其動安可見故謂之居其所其實一線之微與四面車輪同一運轉無一息之停故曰維天之命於穆不已此可以悟心體之妙故曰幾者動之微吉之先見者也此學不明遂令聖真千載沉錮而二氏之說得以亂之○兩間可求惟己七尺可問惟心○

喜怒哀樂稍有盈溢便是氣○常存此心不爲氣動卽是無終食之間違仁

明儒學案卷五十五

姚江黃梨洲先生著

豫章後學
夏鼎 熊育鑫
熊繩祖 熊育鏞
徐兆瀾 周聯慶 重刊
熊榮祖 蕭兆柄
劉秉楨 李真實

## 忠烈黃石齋先生道周

黃道周字幼玄號石齋福之鎮海衛人家貧時時挾策遠游讀書羅浮山山水暴漲墮澗中溯流而入得遇異人授以讀書之法過目不忘登天啓壬戌進士第選庶吉士散館補編修即以終養歸尋丁內艱負土築墓終喪丙舍崇禎庚午起原官小人恨錢龍錫之定逆案借袁崇煥邊事以陷之下獄論死先生抗疏頌寃詔鐫三級陞辭因言易數皇上御極之元當師卦上九開國承家小人勿用以諷首輔温體仁削籍爲民丙子起右中允上言愼喜怒省刑罰即如鄭鄤杖母之獄事屬曖昧法不宜坐奉旨切責丁丑進左春坊左諭德大學士張至發選東宮官屬不及先生楊廷麟等之直講讀者以讓先生至發曰道周意見不無少偏近日疏三罪四恥七不如有不如鄭鄤

之語蔑倫杖毋明旨煌煌鄭何如人而自謂不如是可爲元良輔導乎給事中馮元飈言道周忠足以動聖鑒而不能得執政之心恐天下後世有以議閣臣之得失也戊寅進少詹事兼翰林院侍講學士上御經筵問保舉考選孰爲得人先生對樹人如樹木須養之數十年始堪任用近來人才遠不及古況摧殘之後必須深加培養上又問對曰立朝之才存乎心術治邊之才存乎形勢先年督撫未講形勢要害浪言勦撫隨寇團走事既不效輒謂兵餉不足其實新舊餉約千二百萬可養四十萬之師今寧錦三協兵僅十六萬似不煩別求以供勦寇之用也未幾楊嗣昌奪情入閣陳新甲奪情起宣大總督方一藻以遼撫議和先生具三疏一劾嗣昌一劾新甲一劾一藻七月己巳上召先生至平臺問曰朕自經筵略知學問無所爲而爲之謂天理有所爲而爲之謂人欲爾疏適當枚卜之後果無所爲乎對曰臣無所私上曰前月二十八日推陳新甲何不拜疏對曰御史林蘭友給事何楷皆有劾疏以同鄉恐涉嫌疑耳上曰今遂無嫌乎曰天下綱常邊疆大計失今不言後將無及矣臣所惜者綱常名義非私也上曰知爾素有清名清雖美德不可傲物遂非唯伯夷爲聖之清若小廉曲謹不受餽遺此可爲廉未可爲清也對曰伯夷全忠

孝之節孔子遂許其仁上以爲強說嗣昌出辯曰臣不生於空桑豈
遂不知父母臣嘗再辭而明旨敦迫甚至臣父而在且不敢自有其
身況敢有其子乎道周學行人宗臣實仰企之今乃謂不如鄭鄤臣
始太息絕望鄭鄤之杖母行同梟獍道周又不如鄭何言綱常耶先生
曰臣言文章不如鄭鄤上責其朋比對曰衆惡必察豈得爲比先生
又曰古人對仗讀彈文嗣昌身爲大臣理宜待罪豈得出而角口於
是嗣昌引退上曰爾不宜誹謗大臣對曰臣與嗣昌比肩事主何嫌
何忌而不盡言上曰孔子誅少正卯當時亦稱聞人唯以心逆而險
行僻而堅言僞而辯順非而澤記醜而博不免孔子之誅今之人率
多類此對曰少正卯心在欺世盜名臣之心在明倫篤行上以編激
恣口叱之去先生曰臣今日不盡言則臣負陛下陛下今日殺臣則
陛下負臣上曰爾讀書有年適爲佞口先生又爲上辯忠佞者久之
上怒甚然亦奪於公議止謫江西布政司知事蓋上素知先生清苦
無私第三疏在枚卜之後小人中之者謂當枚卜之時隱忍不言睥
睨宣麻宣麻不得由是發憤耳上入此閒亦遂疑先生平生言行之
出於僞也先是五月閒先生草劾一藥新甲二疏俾長班投會極門
長班恐疏上必敗枚卜乃駕言會極門中官索錢先生無以應至會

推旨下長班絶望始並投三疏故小人有此揣摩彼小人之識見亦
猶夫長班之識見也庚辰江西巡撫解學龍疏薦地方人才謂先生
堪任輔導上怒其朋比逮先生及解撫廷杖之下刑部獄戶部主事
葉廷秀太學生涂仲吉上書頌先生皆廷杖先生在獄中同獄者多
來問學偵事者上聞詞連黃文煥陳天定文震亨孫嘉績楊廷麟劉
履丁董養河田詔上使鎮撫司雜治之連及者既不承至有戟手而
詈者諸人皆返刑部而先生改下北寺當是時告訐公行小人創為
福黨之說以激上怒必欲殺先生而後已司寇劉澤深擬烟瘴遣戍
再奏不允宜興出山天下皇皇以出先生望之辛巳十二月戍辰州
衞一日上御經筵嘆講官不學宜興進曰惟黃道周識雖偏而學則
長次輔蔣八公因言道周貧且病乞移近戍宜興曰皇上無我之心
有同天地既道周有學便可徑用何言移戍上笑而不言既退即御
書原官起用未上而京師陷南渡起禮部尚書掌詹事府事尋以祭
告禹陵出棲遲浙水國亡之後奉思文入福遂首政府是時政由鄭
氏祭則寡人賜宴大臣鄭氏欲居第一先生謂祖制武職無班文官
右者相與爭執鄭氏辭屈嫌隙遂成先生視鄭氏殊無經略之志自
請出關然不能發其一甲轉其斗粟徒以忠義激發旬月之間揭竿

雲集先生親書告身獎語給為公賞得之者榮於誥敕從廣信抵衢州為其門人所紿至婺源明堂里見執繫尙膳監絕粒十四日不死引磬又不殊丙戌三月七日兵解年六十二先生深辨宋儒氣質之性之非氣有清濁質有敏鈍自是氣質何關性上事性則通天徹地只此一物於動極處見不動於不睹不聞處見睹聞著不得纖毫氣質宋儒雖言氣質之性君子有弗性焉畢竟從夾雜中辨別精微早已拖泥帶水去也故知先生之說為長然離心之知覺無所為性離氣質亦無所為知覺如此以求盡性未免易落懸想有先生之學則可無先生之學尙須商量也

榕壇問業

千古聖賢學問只是致知此此知字只是知止試問止字的是何物象山諸家說向空去從不聞空中有個止宿考亭諸家說逐物去從不見卽事卽物止宿得來此止字只是至善至善說不得物畢竟在人身中然繼天成性包裹天下共明共性不說物不得此物粹精周流時乘在吾身中獨覺獨知是心是意在吾身對照過共知共覺是家國天下世人只於此處不明看得吾身內外有幾種事物著有著無愈去愈遠聖人看得世上只是一物極明極親無一毫障礙以此心

意澈地光明纔有動處更無邪曲如日月一般故曰明明德於天下學問到此處天地皇王都於此處受名受象不消走作亦更無復走作那移去處故謂之止自宇宙內外有形有聲至聲臭斷處都是此物貫澈如南北極作定盤針不由人安排得住繼之成之誠之明之擇之執之都是此物指明出來則直曰性細貼出來則爲心爲意爲才爲情從未有此物不明可經理世界可通透照耀試問諸賢家國天下與吾一身可是一物可是兩物又問吾身有心有意有知夢覺形神可是一物兩物自然谺然摸索未明只此是萬物同原推格不透處格得透時麟鳳蟲魚一齊拜舞格不透時四面牆壁無處藏身此是古今第一本義舍是本義更無要說亦更不消讀書做文章也

○問前說萬物一體未免是籠統說話周程說敬延平說靜唐虞說中此中皆不著一事一物如要靜觀未發氣象又放不得胞與源頭某云賢說極好未發前不看得天地萬物已發後必爲天地萬物所倒此處格透縱有蔽虧是天地萬物影光相射○問時時守中與時措之宜是一是二某云聖門喫緊入手處只在慎獨自不覩聞自未發以至已發隱微顯見何時離得中字何時分破得中字聖門不把和字硬對正是聖門明眼明手如小人便要通方隨時變化以此於

中庸上看粗了○大抵戒愼則時時做得不戒愼則時時做不得擇乎中庸不能期月者畢竟於隱微去處工夫不到隨他說時中變化我只管是刻刻獨知再勿隨他橫生手脚○人心頭學地須積精而成如一片日頭晃赤赤無一點昏昧團團天中只一片日子曰北則晝長氣熱萬物皆生日南則晝短氣寒萬物皆死鹹鹵而出則爲雷霆迫氣而行則爲風雨餘光所照以爲星辰餘威所薄以爲潮水爆石爲文融金爲液出入頂踵照於心繫如此世間無一物一事不是日頭串透人生學問精誠常如此日然後能貫串六虛透徹上下千里萬里無有障隔如此便到十世百世更無芥礙不如此雖杵針鐵線穿鑽不來何況鋼城千重內外○問上下四方覆仰圓成如何說一矩字既是矩字如何貫去某云此事只有管仲曉得曾參用得管子云大圓生大方大方生規規生矩矩自四方從大圓中五變出來生人生物生四肢百節禮樂疇象無人曉得顏子問目夫子把四勿與他板板整齊他人一毫用不得曾子以忠恕兩字代之漢初儒者把大學中庸置禮書中是聖門奧義今人抽出以爲心學如一方甎磨作圓錢又於矩中再變回去是樂律中自黃鍾子聲五變之後再起清音也古人爲學立一字有千種奧義追尋將來所以發憤爲得

不厭今人爲學極好是賣弄得去所以自家亦厭薄了今如賢看到矩字此是管子所謂大圓初生時如一印璽千聖相傳尙有手法孟子所謂巧力一聖難傳譬如一物渾圓勾而股之此之謂絜絜是絜而使方一物四方率而圓之此之謂率率是率而得圓一物方圓徑而通之此之謂貫貫是貫而得一聖人只此三法提挈天地裁成萬物舉其形迹似云準繩規矩推其巧力便是挽摶兩造創立精光三千年來無人解得但恐言之又生許多口涎費人砭剟不如涵涵大家看四書去也○問性體穆然無思無爲中庸便說戒慎恐懼此是後天存省之功是先天流行之體某云人須曉得人不是天性不是道人若是天便亦蒼蒼茫茫遠無紀極性若是道便亦隨人函裹宏闡不來所賴聖人居敬存誠時時看得人卽是天性卽是道所以禮樂文章節次生來成個變化昭明外道大錯只說天字更不看地看人更不知天上日月星辰如何安頓天上有個日月星辰人面上有個耳目口鼻只此便須戒慎豈得無思無爲如是未生以前何消探討程伯子所云極上更不須說也成周盛時公卿士夫個個知學如頌云維天之命於穆不已雅云天生蒸民有物有則夫子乃云乾道變化各正性命保合太和乃利貞吾儒著眼只在各正不已中間未

到於穆變化上去切勿云毛髮骨節俱是虛空也○問中庸以性明道揭一誠字卽如老氏所謂其中有物者窈冥之內信有此物則玄素所求差別不遠如何刊落兩家且如所論退藏寂感何思何慮難道無存省流行之別某云洗心退藏此中更爲何物寂感遂通此外亦有何物只如憧憧往來此時戒懼已爲晚矣人身自牀几上下何處不空頂踵竪來何處不實空實兩事切不須說只看日方出地上萬象昭明雷在澤中萬物宴息泛泛說虛中寶藏猶入古廟中見鳴蛙以爲精怪也如是至誠人只管肅衣冠一揖而退耳○讀書人莫苦紛囂莫喜空寂只是不驕不諂不淫不濫如駕安車導坎過橋常覺六轡在手雞犬放時亦在家園何須建鼓○問聖門之學不過博文約禮如是三千三百之禮包舉詩書夫子自少到老定奪不盡如是無文之禮此是入手便當尋求豈容留爲後著某云覽看一部禮記纔信得儼若思抑先信得儼若思然後去看一部禮記耶真讀書人目光常出紙背往復循環都有放光所在若初入手便求要約如行道人不睹宮牆妄意室中是亦穿窬之類也○聖門體道在鄙夫面前說孝說弟說敬說誠說仁說義得了一個個個貫得只是學便不同也如要學孝學弟學敬學誠學仁學義亦何處貫串不得試問

諸賢周公仰思待旦夫子發憤忘食此豈謂恕字擬議不透耶讀書人再不要傍聲起影如蕉鹿無一是也○問一是何物多是何物多一相生又是何物易曰動貞夫一此一字與貞觀貞明何處貫串某云凡天地貞觀此是氣象凝成在學識中做體幹自在日月貞明此是精神所結在學識中做意思回環有此兩樣理義萬千費千古聖賢多少言論唯曉得兩極貫串貞一而動天地日月東西循環總此一條走閃不得四顧星河烟雲草木都是性道都是文章至此便是要約○問如此體會猶在太虛空際如何探討自家消息如要事事物物求個太極雖舌敝齒落做不得學識漢子如何會到一貫田地某云賢看兩極果落空虛天地日月何由不能傾倒須信兩極只是一條控持天地轆轤日月觀是此觀明是此明不須就他顯求形象細認聲香○問如此看一貫到有一物貫串中間如轂之與輻四旁中央等是一物何由能得終古無敝萬物同原某云吾生在天地中間盡天地中事何須怪天地有物也○問陰陽變化離不得多二五絪緼說不得一生初既不須說復命又不容談何苦於一多上往反辨析譬如西銘數行該括許大曉得此意亦省多少言語豈有聖門諸賢當日未解西銘意思也某云西銘極好然如一詩六義春秋

三徵禮樂五起中間變現千億無涯如何包裹得住籠統話再勿說如且學識看他後來終是緩綆穿石如要把柄體會詩書終是傀儡線子也○問此道只須靜觀久當自徹古人嘗說外照終年不見一身內照移時能見天下聖人學問只是致知致知前頭又要格物如看萬物果是萬物此與未嘗格物有何分別如看萬物不殊一物此知豈復萬物所量譬如鏡子十分光明自然老來老照少來少照豈必豫先料理面孔耶某云從來論說唯有此徹聖人一貫只是養得靈湛看得無限名象從此歸游首尾中間同是此路如信得盤古世界便有詩書亦信得周公制作初無文字也只爲此處浩瀚落空要原本擇執與人持循便說天下言無多子行無多子使天下文人回頭捫心與初讀書人了無分別耳○問學識原頭果是格物此物條貫初甚分明聖人教人先知後慮如此知字定是不慮之知若知便有慮便膠擾一番何由靜定得來想此止字卽是靜定本領知字卽是靜定法門靜定生安靈晃自出百千學識俱從此處發亮銷光也某云累日來說此唯此說得透一貫如大法樹萬葉千枝不離此樹學識如花葉隨風映日不離初根卽此是本末一貫不爲鳥語蟬啼所亂問此一貫處初不說出本末既有本末是一樹身如何貫得萬

樹且如格物物格可是就身心意知看出家國天下纔有下手抑是把情性形體與飛走草木揉做一團纔有識路也某云只要知至知至者物不役心知不至者以心役物貫不貫在此○問教卽學識性卽一貫教不過明性學識亦不過明一貫而已中庸稱誠明合體此明字與博聞強記殊科何不直就誠處教人下手翻說學識令人終身在言語文字上推求某云不說言語文字安得到無言語文字上去譬如一性便有二五氤氳健順保合千聖萬賢詮譯不透莫說无妄兩字空空貫串便與天命相通也○某少時初到郡中在張太沃齋頭蔣先輩以冊使抵家一日過訪便問山下有天取象大畜如何講論某時空踈但以臆對云山下有天想是空洞如乾與咸合成玄谷以此與得寶藏應出神聲如是實然亦生成一物不來把前言往行藏在何處先輩亦謂有理及後歸家見輔嗣舊說云天降時雨山川出雲此便是大畜之象爲此慚懊至於累日今見人講論輒想此語見有學問處便想此事如精氣自是山川游魂自是雲雨山川不變雲雨時與人與鬼神同是一物夢寐云爲同是一變遡他源頭精游之際學識同歸若條段看去精氣亦貫得游魂也易說尺蠖龍蛇同是精義莫於此處分人分鬼曹秋水說鬼神聽人猶人聽鳥只此

兩語十倍分明○吾人本來是本精微而來不是本混沌而來如本混沌而來只是一塊血肉豈有聰明官竅如本精微而來任是死去生還也要窮理讀書夫子自家說發憤忘食樂以忘憂又說不知老之將至一語下頭有此三轉如是爲人自然要盡人道如是好學自然要盡學理孟子說盡其心者只是此心難盡每事只領三分知不到好好不到樂雖有十分意量亦只是二三分精神精神不到滿天明月亦是襆被身意量欲窮四處雷霆自有一天風雨切勿說雲散家家春來樹樹也○性道與仁如何言說鼓舞不倦只是文章孟子亦說樂善不倦古今多少聖賢不敢於江漢源頭酣歌鼓掌奈何動指蚤虱以爲車輪也○諸賢都問生而知之者好古敏以求之者中間實指何物某亦未嘗分註子貢有言夫子之言性與天道不可得而聞也既有好古敏求四字豈患空岐錯下心目○問孔顏得力發憤忘食是何事欲罷不能又是何事不過此一點知光包天括地自家本性與萬物相盪併力趕上教休不休工夫淨時覺日朗天空任飛任躍無論敏求博約俱著不得自有一段活潑的地孟子說萬物皆備反身而誠正是知至的光景今人不識致知入門空把孔顏樂處虛貼商量無論拾級循途不得即兀坐靜參亦不得也某云如賢

說都不須疑難昔湖州問程叔子直以誠正立論於此知字尙隔一層伯子見濂溪重證所學亦未嘗一口道破今日說是性光無量與萬物相映從此更尋實義不落慧空始信曲肱蔬食不是黃虀數根弄月吟風亦不在頭巾話下也○天命兩字如何是命之於天率性兩字如何是率之於人天人中閒承接一路有覺有知果是何物從此推求覺造化之跡二氣良能皆是誤認了○問齋明盛服算得未發大本抑看作已發達道耶某云此處喜怒哀樂都無著處直是撓搏天地屈伸萬物宇宙形聲一出一歸了無覓處算作陰陽頭腦極處藏身○上知下愚俱是積習所成積習既成遷改不動如他性初何曾有上知下愚之別○問致知格物物不曲不直易稱龍蛇之屈精義入神禮稱物曲本天殽地鬼神體物聖人曲成正在此勾萌處實實致力此處隱微未顯未見然到顯見卻無復致力之處正在獨知處衷曲自語事事見得自己不是有一兩處鬱萃未達盡力托出便是誠明路頭○克治與存養非有兩樣工夫○此道初無繆巧但就日用平實細心今看夫子言終日言造次顛沛富貴貧賤是何等平實何等綿細更要想他前頭便是懸空理會也○問陽明先生云致知各隨分量所及如樹有些小萌芽只把些水灌溉不要浸壞了

他論此良知根芽與草木不同落地光明貫天徹地聖愚之分只有保喪而無增減豈有只此端倪怕人浸灌的道理某云說則如此說何嘗見有良知落地光明陀陀爍爍也學者如提燈燈亮時自謂眼力甚明燈滅時雖一身手足亦不能自信也要須學得此光與日月同體低頭內照不失眉毛○賁者仁之色素者仁之地也有此素地隨他繪出富貴貧賤患難造次顛沛如一大幅山川草木鳥獸蟲魚屈折動靜姿態橫生只見可樂不見離異耳學人無此素心便每每出位出位者如借人倩盼作我笑目纔動此想便是哇淫○問性從心生中庸言性不言心此何以故人身中靈覺便是天又說知性了纔知天此中豈有分別乎某云盡處則無分別若不盡者勺水海性隙照天光終難說得分明也有意思人再勿傍影起形牽扯字義○問紫陽云知性即窮理之事窮理便向外去知性秖從中尋此理如何理會某云紫陽學問得力在此自濂溪以來都說性是虛空人受以生耳紫陽始於此處討出二五合撰事事物物皆從此出如曉得事事物物皆稟於天自然盡得心量盡得心量自然性靈無遺○問天性在人猶水性之在冰此語如何某云橫渠不作此說作此說者猶程門氣質之論耳橫渠云氣質之性君子不謂性也又云海結爲

冰冰散爲水冰泡聚散而海不與焉此處説冰才水性亦猶外道説石火電光非實論才性也又問五行於陰陽各有偏屬則稟受不同自有善惡何謂無耶某云此如五吏之才何關帝天之命○問如文箕之蒙難孔顏之阨窮似皆理不勝數不知兩者孰爲有權抑豈並行不得軒輊與某云吉凶生大業陰陽奇偶窮達壽夭總是德業必經之路如使聖賢都要富貴都要壽考則爻象無陰蓍筴無奇也夷齊顏冉龍比由賜八人生死天下窮奇然無八人盜跖彭籛比屋而是也吾門以數明理以理明數除却理數性地自明不干管郭之事○約到不二約到不遷便把一生博文工夫納於無文上去吾輩過失不多只在浩博一路收拾不下如實見不貳不遷卓可藏神立命雖百國寶書九千絃誦何能滓人見聞○顏子屢空又問爲邦直要何物夫子無端説出夏時四事淫佞二端直是何故以此認聖賢實有不空不竭所在纔有學誨默識來往路頭譬如虛寂不動感而遂通又有應問如響疊疊變化豈可説天生神物亦有虛閒不干人事耶易本虛寂説出吉凶同患孔顏禹稷本是空洞説出飢溺由己此是空中所藏竭復歸空○某少時初讀論語問先生云頭一葉書孔子只教人讀書有子如何教人孝弟孔子只教人老實曾子如何教

人省事聞者大笑某今老來所見第一件猶是讀書第二件猶是老實凡人人自是聖賢自有意思只要致思學者如鑿井美泉難遇見人讀書長年啖土若不致思泉脈何來○命中不著一物本來自足初無空殖可言無空殖故無得失無得失故無億無忘只是清虛澹薄則與命較親卜度經營則與貨較親耳世人言命都在得失一邊所以有殖有億有氣數人事之差哲人言命在清虛一邊所以無殖無億無得失當否之慮日往月來寒往暑來明推歲成此卽是天之命○受天之命便有心有性有意有知有物難格有知難至物理未窮性知難致定後之慮去億一丈去空一尺空是物格無物天命以前上事億是因意生知人生以後下事屢空是天人隔照之間屢中是物理隔照之間譬如一事當前有是有非有得有失屢空人只說我生以來與物平等初無是非初無得失屢中人便說某處是非某處得失至人看來安慮之中萬物畢現空亦不空中有不中是非得失如天命然一絲一毫洞見難逃如此便說屢字不得說無不中不得無不空不得所以說空○問先正嘗言道如覆盂本空無有射者卽言無有未嘗不中然却多一射某云此言近似却不是也豈是顏子射覆自一至十常說出空子貢射覆自二至一常無不中耶道該

萬有還未嘗有空者得他還元一路十中八九億者得他發生一路十中二三子貢於萬有路上見得七八只是格物物還未格顏子於元無路上見得八九已是物格與知至爲隣耳他們常說世儒只曉得格物不曉得物格正是此樣又問億爲格物空爲物格則格物物格中間亦距千里耶某云箭開時萬里同觀箭到時只一鏃地巧箭不射高棋莫著射是巧力所生億是明聰隙現難道靜觀動照不是一樣神靈只是靜觀無礙動照易窮耳○命之有理與氣如人之有形與神合下併受無有分層順則都順逆則都逆善作家人說他餓死他亦要仰拾俯掇善讀書人縱是頑鈍他亦要旁稽博覽有此一途纔見工夫爲道教之本如論天命原始則只是饑食渴飲不學不慮清明在躬志氣若神人如看得名利亦澹才情亦澹自是理氣兩路俱清如看得名利亦不澹才情亦不澹自是理氣兩路俱濁也○人生只此精神先要拿得堅定在堅定裏充拓得鬆便是得力受用只是點點滴滴在聖賢理路辨其生熟耳一日之間心眼拿定不走錯路不放工夫不趕枝葉又不枯寂作事使他精神在在灌注隨其所見在在會心便是絕大成就○人有己便不仁有己便傲傲便無禮無禮便與天下間隔無己便細細便盡禮盡禮便與天下通克己

者只把己聰明才智一一竭盡精神力量一一抖擻要到極細極微所在事事物物俱從理路鍊得清明視聽言動無一是我自家氣質如此便是格物物格致知知至耳所以天下更無間隔更無人說我無禮便是天下歸仁○天下事物稍稍著色便行不去只是白地受采受裁如水一般色味聲文一毫不著隨地行去無復險阻江河之礙富貴貧賤患難一毫著心便是不素便行不去素字只是平常戒愼恐懼喜怒哀樂一切安和常有處澹處簡之意○凡意不誠總由他不格物不格物所以不格理謂萬物可以意造萬理可以知破如到不造不破去處生成一個龍蟠虎踞不得支離漸漸自露性地所以說是物格知至○濂溪云動而無靜靜而無動物也動而無動靜而無靜神也物則不通神妙萬物如濂溪此語猶是未嘗格物天下無無動無靜之物有常動常靜之神中庸一部說天地夫婦鬼神通是此物知獨者該萬知萬者還獨知一者該兩知兩者還一如是格物工夫只從兩端細別立剛與柔立仁與義原始要終知終知至只此知能便是聖人之所斂袵鬼神之所彈指矣○性涵動靜只是中和任他萬物無情無識有氣有知都是中和生聚得來蕃變得去中和藏處只是一獨如萬物歸根蟄伏時候個個有戒愼恐懼的意思

中和顯處只是一節如萬物專條生育時候個個有識度數制德行的意思無過不及不驚不怪雖虎兕龍蛇蜂蠆鬼蜮於君子性上有何隔礙此理極是尋常只自家性地看不明白耳自家性地看得明白比人照物動靜一般自然喜怒不傷哀樂得度萬物伏藏與他共獨萬物蕃變與他同節雖有氣質情識種種不齊都爲性光收攝得盡○作用是性光包羅是性體如說中和則無復體用分處○問萬物看來只是好生惡死天地亦是生物之性孟子說盡心知性想此好生之心充拓得盡便是性體與天地一般某云此處極是但有不同凡物有性有情有命好生惡死是萬物之情方生方死是萬物之命或得偏而生或得偏而死是萬物之性虎豹之有慈仁蜂蟻之有禮義魚鼈草木之有信智具種種性與人一般只是包羅充拓全藉吾人大壯說天地之情无妄說萬物之性天地乘時無一非禮之動萬物純質無一詐僞之萌人能盡此兩端便是參贊手段○情是性之所分性是情之所合情自歸萬性自歸一○古今唯有周孔思孟識性字楊荀周程只識得質字告子亦錯認質字耳易云繼之者善成之者性善繼天地性成萬物繼天立極是性根上事範圍曲成是性量上事善是萬物所得以生性是萬物所得以成猿靜狙躁猫義

鼠貪鷹直羔馴雁序雉介此皆是質上事不關性事如性者自是伊得以生伊得以成入水入林能飛能躍的道理此是天地主張不關品彙能盡得天地主張道理何患萬物陶鑄不成○問未發以前性在天地之心已發以後性在萬物身上自家胸中有何生成安頓天地萬物去處某云未發前性亦不落天地已發後性亦不落萬物只是自家看得天地缺陷萬物顚蹐便惕然如墜性傷生一樣此是我自家繼成本色問如此則是心也云何是性某云若無心如何認性得出○問性得天地之始不假思慮纔會中和如心動便著物便費操存猶之分畫便有陰陽如何更以太極陶鑄萬象某云意自分陰陽心自包太極性是爻象全圖從心起手從意分義耳○身心原無兩物著物便是妄意意之與識識之與情情之與欲此類皆附身而起誤認爲心則心無正面亦無正位都爲意識情欲誘向外去若論格致源頭委曉得意識情欲俱是物上精魄不是性地靈光也○天備二氣五行留不得一點雲霧雲霧盡淨經緯盡呈纔見天之正面風雨晦冥日光常在入夷出晉明體自存此便是盡存正在的消息人曉得天之與日纔曉得性之與心曉得盡存正在纔曉得本體工夫不已無息格得此物十倍分明始信得意識情欲是心邊物初不

是心風雨雲雷是日邊物初不是日性之與天皆備萬物不著一物心之與日不著一物乃照萬物只此兩端原無二物只此一事更無他知○必有事焉而勿正正字說文反正爲乏之篆書正與已相近當是乏與已之誤也有事勿乏如不乏祀之乏有事勿已如純亦不已之已則義暢而語順矣○問忿懥等項皆由身起則是正心又先要修身了如何是正心要著某云如從心起則是要著如從身起則是後著也知見覺聞皆從心起情欲畏惡皆從身起人從此處看不分明所以顛倒如看得分明則腑臟官骸個個是性光所攝身心修正豈有兩路工夫○人從身上求心如向國中覓王終爲權貴所亂從心上求身如坐王位覓國只覺殿宇隨身忿懥等項所不得其正者只是從身覓心修節不上戒慎恐懼能得其正者只是從心覓身隱顯分明也外道七處徵心只說得意邊諸路未曾就心中看得入夷出晉赫赫如常○須就夢寐中間認出神之非形情之非識情形動處其實非心神識靜中未必是性再破神識以納心端重合形情以歸性始如此十年洞見天地日月星辰纔有定靜田地○聖人仰觀俯察遠近類物都是坤道所以必用坤道者人生托足便在裏面開口便是學習只有敬義直方不消學習亦要從靜辨中來不從靜辨

中來便有無數風霧遮蓋上面冰霜之禍都由學者自爲豪傑處心不學積漸所成有此不屑下學一念直至亂臣賊子亦做得去有此專意下學一念直至天地變化草木蕃亦做得去草木托根於地一曲一直禽鳥孚化於鷇載飛載翔當其用力只是本色一日變化皆不自知江水就下河源出山西夫厲志星蜺變天此事豈人思想所到釋老只是不學無尊道工夫便使後來譸張爲幻如當時肯學踐迹入室豈能貽害至於今日○問不知人在敦化中間抑在川流裏去某云如此問亦希奇察天察地不礙飛躍是敦化上事鳥以空爲實魚以水爲空是川流上事也聖人以天地觀身以事業觀天地作用凡世間有形象者都是吾身文字有文字者都是吾身文字註脚過此以往只是魚鳥事業○太極與陰陽總是一個動極處正是不動所在曉得此理所以隨寓能安入羣不亂不要光光在靜坐處尋起生義○問人不能如仲尼都在小德中沿流赴海而已西漢以來文章人才各不相似恐別有氣化在裏面吾輩囿之而不知耳某云氣化山川皆能囿人只有心思通徹天地仲尼在未學前只是忠信美質加五十年學問便在堯舜文武前頭只恐忠信無基爲有無約泰盈虛所蕩耳○問認得初體分明只一主靜便了如何又著敬字

某云純公亦言靜坐獨處不難居廣居應天下爲難人都於靜處著動天都於動處見靜除是木石纔得以靜爲體問若看誠字直於靜中看得分明某云不是敬了那看得出上下鳥獸蟲魚草木個個是誠個個與鬼神同體要就靜中看他根胎只得百分之一問如是敬者却把上下鳥獸蟲魚草木都作天地鬼神看耶某云自然是如此問釋家可有此意思否某云他看作石火電光那得有此意思○鬼神兩字只是不睹不聞中有睹聞只此便是致知便是格物却借祭祀來說耳大學首傳便說此謂誠於中形於外這個鬼神去剔小人之肺肝中庸下段又說誠則形形則著這個鬼神去贊聖賢之功德世間只此兩種鬼神皆在不睹不聞有共睹共聞之妙在與知與能有不可知不可能之秘算來只是人心實有此理動而爲意此意不誠便有許多邪魔陰慝變現手目此意一誠便有許多神明聖賢當身顯現知之者以爲天命人性不知者以爲精氣游魂○問中庸不於君臣父子夫婦昆弟朋友言誠不於天地鳶魚言誠獨於鬼神言誠果如程子所謂天地功用造化之迹乎某云程張所說鬼神是天地以上事中庸所說鬼神是人身以上事心如火也火輒有影天地以生物爲心生便有屈伸人身以交物爲心物交便有隱見都是實

形取影或正或倒或遠或近在天爲災祥在人爲寤寐在日用爲聽睹形聲極奇極怪極平極常心力大者看鬼神亦大心力小者看鬼神亦小精者看精粗者看粗善言鬼神者莫過於易括之一言曰以齋戒神明其德其實只是誠字不誠的人看子弟臣友天地鳶魚亦無一物誠者看天下無形無聲無手目無肺肝所在個個是我心光所照所以能酬酢一世變化天下問如此看來祭祀之鬼神是爲人心寫照卜蓍之鬼神是爲人心傳響有形寫照者見之於祭祀有聲傳響者見之於蓍龜何處是性命所在某云此無形聲者便是性命所在問若此者都是意意生想想生妄如何得到至誠所在某云如此纔要誠誠意只是愼獨愼獨者自一物看到百千萬物現來承受只如好色惡臭感目觸鼻自然曉會不假推求所謂知至知至便是明誠○問易稱何思何慮聖人不慮而知要此能慮何用某云極星不動處纔能轉爲宅能轉使天下星辰河嶽都有奠麗如不能轉日月經緯如發車釘何處得明亮來○人都說獨中無物曾子說獨中有十目十手人都說皮面相覷夫子獨說肺肝如見以此見肚皮蓋屋都是晶亮東西容隱不得一物半物好色惡臭自是人間第一大件物知相觸萬法緣由俱從此起人如曉得峻血交心聞香捫鼻

便曉得四體百骸個個有知不從物來不從意起如曉得屋漏透光肝腸掛面便曉得瓦礫皮膚更無一物細不能掩大不能藏只此誠意一章更無餘義○氣有清濁質有敏鈍自是氣質何關性上事如火以炎上爲性光者是氣其麗於木而有明暗有青赤有燥濕是質豈是性水以潤下爲性流者是氣其麗於土而有輕重有晶淖有甘苦是質豈是性天地之大德曰生生是天地之性亦就理上看來故曰天生蒸民有物有則民之秉彝好是懿德不曾以二氣交感者稱性也就形色看出天性是聖人盡性之妙看天下山川草木飛潛動植無一不與吾身相似此從窮理格物來○問天之有氣數亦猶人之有氣質性無所麗麗於氣質命無可見見於氣數故言氣質而心性卽在其中言氣數而天命卽在其中不可分天命爲理氣數爲數猶不可分性爲理氣質爲質也某云說合一處何嘗不合說精微處自然要條段分明說氣數則有災沴之不同說天命則以各正爲體說氣質則有智愚之異等說人性則以至善爲宗氣數猶五行之吏分布九野與晝夜循環猶人身之有脈絡消息天命猶不動之極向離出治不與斗柄俱旋卽人身之心性是也心性不與四肢分咎天命不與氣數分功天有福善禍淫人有好善惡惡中間寂然感而遂

通再著不得一毫氣質氣數不睹不聞無聲無臭只是性命宅子於不睹聞處見睹聞於無聲臭處斷聲臭纔是宅子上認著主翁凡說性命只要盡心者不欺本心事事物物當空照過撞破琉璃與天同道四圍萬里不見浮雲○萬物都有個真源知所由起知所由止知擴知充此一路火光如從電來則是隔山雷影不是本光如從燈來則是竈下吹灰不成獨照只此一物通透萬物要在意識情欲邊頭認宅如備電燈以準刻漏也○天下只是一物更無兩物日月四時鬼神天地亦只是一物更無兩物說是兩物者人所不知龜亦不知著亦不知了說是一物者何以人所不知龜又能知著又能知只是人多思慮如泛海洋泛看流星無復南北到有一定東西範圍不過曲成不遺兩膝貼地一日一夜周行十三萬里若竟此言只恐世人吐舌也要知天地只是殼子日往月來寒往暑來只是脈絡周行丈數無數聖賢只爲天地療得心痛○問物來觸心知以虛應知往接物意緣觸生虛觸之間依然無物豈應心裏有物藏知某云如此則天地間盡數是物何獨爾心無意無知須知爾身的有自來又知爾心的有自受止涵萬物動發萬知函蓋之間若無此物日月星辰一齊墜落譬如泓水仰照碧落上面亦有星光下面亦有星光照爾眼

中亦有星光若無此心伊誰別察又如璇臺四臨曠野中置安牀曰起此亦不起月落此亦不落漢轉斗迴此不轉迴依然自在打破大地二萬一千里這個心血正在中間爲他發光浮在地面要與山川動植日月星辰思量正法也此處看不明白禮樂詩書都不消說○知意心身生千萬物此千萬物各印爾知此是博約路頭通天徹地○月自不殊因眼異色既有異眼亦生異舌孟子說不動心告子亦說不動心同一輪車有生有死詩說皇皇后帝佛說衆鬼夜叉同一空中有精有怪吾儒戒懼只是仁人孝子事親事天之常如無此心只是鬼奴風犢之具畏敬有所恐懼正是明淨天中辨出雷根雹子如是無風無雨何人不說天晴○或問云虞廷說人心道心已犯兩路何處是太極定針某云人心道心猶之天道人道天道極微難得不思不勉只要人涵養漸到從容田地使微者自宏人道極危難得便精便一只要人擇執漸到誠明去處使危者自平不是此一心便有理欲善惡俱出性地也或問云如此中原無兩路何爲又著擇執費許多圖維某云都是向善一路但須擇執乃中中乃精精乃一如不到精一執中猶近遠路頭如何立命立教或問云如夫子說性相近便還有周程意思某云不然譬如桀紂無羣小青藍其初亦近於

堯舜此處便是性善決說不得堯舜無禹皋護持必至於桀紂也繼善成性是天命合人的道理繼志述事是人道合天的道理譬如祖父遺下產業此都是極好意思到其間田土佳惡物產精粗便是肥磽氣質上事如何說祖父意有善惡也大滌問業下段同○劉器之嘗說格物反覆其手曰只是此處看不透故須格物此是從克己處入手於形色看到天性上是直捷路頭邵伯温亦說格物云先子內外篇只是萬物皆備於我學者格物只看易詩書春秋此是從博文處入手於理義看到至命上是漸次路頭古今學者只是此兩路顏子喟然之時才情未竭夫子誘他於文禮上作工夫及至才情竭後鑽仰莫從仁義禮樂漸成墮黜看一身聰明都無著處此是復見天心時候學者須兼此兩路工夫莫作南頓北漸誤墮禪門也

明儒學案卷五十六

姚江黃梨洲先生著

豫章後學 夏鼎 熊育鑫 熊繩祖 熊育鏞 徐兆瀾 周聯慶 熊榮祖 蕭兆柄 劉秉楨 李真實 重刊

## 忠節金伯玉先生鉉

金鉉字伯玉其先武進人後籍順天崇禎戊辰進士就揚州教職轉國子博士陞工部主事奄人張彝憲總理戶工二部欲以屬禮待同官先生累疏爭之遂引疾歸彝憲奏彈落職讀書十二年甲申二月起補兵部主事巡視皇城賊陷大同先生請徹宣府監視中官恐於中掣肘不無僨事之虞岀任撫臣賊騎未便窺宣也不報已而宣之迎賊者果中官杜勳也京城失守先生朝服拜母而哭曰職在皇城他非死所至御河投水而死年三十五母夫人章氏亦投井死初先生巡視每過御河輒流連不能去嘗歸以語弟至是而驗先生卒後家人簡其書籍壬午七月晦日讀邵子記其後曰甲申之春定我進退進雖遇時外而弗內退若苦衷遠而弗滯外止三時遠不卒歲優

哉游哉庶沒吾世先生未必前知然真識所至自能冥契從來不足異也先生曾問學於蕺山先師某過其家門巷蕭然殘杯冷炙都中縉紳之士清修如先生者蓋僅見耳

## 語錄

言動便要濟人利物靜中中正和平之意爲之根不得自淪枯寂○每事思退易三百八十四爻未聞有退凶者乾乾不已惟進德修業爲然○周子曰動而無動靜而無靜神也余謂戒懼於不睹聞靜而無靜也言行之謹信動而無動也然則戒愼恐懼也謹信也其皆神之所爲乎其卽所謂天理乎○敬之至便是仁其心收斂不容一物卽萬物皆備於是矣○存養省察四字盡了聖學致知力行總在此四字中矣外此而他求不支離便懸遠○湛然無一物時大用在中也宜存養而勿失萬物各得其所時全體在外也宜省察而不著所謂一以貫之者也○事來我應皆分所當爲此不可生厭棄心至於本無一事我心強要生出事來此便是憧憧往來○有一毫從軀殼起念雖參天贊地之事咸是己私不必功名色貨有一毫物我隔膜卽知玄知妙之胸亦錯認本體馴致害物傷人○境遇艱苦時事物勞攘時正宜提出主宰令本體不爲他物所勝此處功夫較之平常

百倍矣不然平常工夫亦未到妥貼處○一事不可放過一念不可放過一時不可放過勇猛精進處處見有善可遷有過可改方是主一工夫

## 中丞金正希先生聲

金聲字正希徽之休寧人崇禎戊辰進士改庶吉士己巳十一月京師戒嚴上焦勞失措先生新被知遇不忍坐視因言通州昌平爲京師左右翼宜以重兵犄角天津漕糧湊集防禦尤急未敢謂見將足任也草澤義士曰申甫朝士多知之屢薦未用願仗陛下威靈用申甫練敢戰之士以爲批亢擣虛之舉疏入立召申甫授都指揮僉書副總兵以先生兼山東道御史監其軍申甫本遊僧嘗夜觀乾象語朝士云木星入太微垣帝座前患在踰旬未幾而兵動故先生信之申甫造戰車旣倉卒取辦而所給軍士又多募自街兒丐戶十二月丁卯以七千人戰於蘆溝橋大師繞出車後車不得轉全軍覆沒先生亦遂謝歸流賊震驚先生團練義勇以保鄉邦癸未春鳳督馬士英調黔兵勦寇肆掠新安先生率鄉勇盡殲之士英劾奏有旨逮問先生於道上疏言士英不能節制兵卒上直先生召復原官會毋卒未上而國變南渡陞右僉都御史先生不出士英深忌之凡馬阮所

仇之君子多避地焉國亡後先生城守如故及新安破執至白下刃之賦詩云九死靡他悲烈廟一師無濟負南陽讀者悲之南陽乃思文初封地也先生精於佛學以無心爲至其除欲力行無非欲至於無心也充無心之所至則當先生所遇之境隨順萬事而無情皆可以無心了之而先生起爐作竈受事慷慨無乃所行非所學歟先生有言不問動靜期於循理此是儒家本領先生雜之佛學中穿透而出便不可謂先生事業純是佛家種草耳然先生畢竟有葱嶺習氣者其言逆境之來非我自招亦是天心仁愛之至未嘗不順之而順乃不過爲無可柰何而安之若命作一註解聖門之學但見一義字義當生自生義當死自死初不見有生死順逆也

## 天命解

譬之水焉性猶水也道猶江河也性之於道猶水之必就下而行地中爲江河也言本天命猶歸大海也無以壅水而自行地非率性之道乎有以濬地而後達水非脩道之教乎功績爲水而用力在治地教指爲性而用力乃在脩道〇天命也性也道也一而已矣不能必天下無不離道之人而能定天下有必不可離之道道有時而可離則性有時而可不率也性有時而可不率則天有時而不命也維天

之命於穆不已天有時而不命則萬物或幾乎息矣然則中庸曷不曰性也者不可須臾不率也可不率非性也書曰天有顯道厥類惟彰天命之性人所不睹所不聞也立乎所睹所聞之地而達於所不睹所不聞之天者則爲道衡之乎此而後其離合之故可得而自見也其於天命順逆之故可得而自明也其言亦猶之曰天命也者不可須臾離也云爾○董子曰道之大原出於天天不變道亦不變蓋爲虛位非有實體也道之爲言猶云萬物各得其所焉爾物有萬變而必隨時變易以咸若吾天命之性此即不變之道也水無分於東西以及萬方而必不能無分於上下其所謂下必至於海而後息物無分於剛柔陰陽仁義緜兩端以及萬變而必不能無分於道與非道其所謂道必至於天命而後已人可須臾離道是水亦可須臾而不行於地中也須臾離道是則須臾而自絕於天自隕厥命也而安得不戒慎恐懼○此所不睹所不聞人以爲隱微耳不知天下固莫有見於斯顯於斯者也惟此隱微爲至顯至見也且自此隱微而外無復有見焉顯焉者也惟此隱微爲獨顯獨見也如鏡現象全體一鏡離鏡體別無影象可得故君子慎之慎之何也人之於天命有若無睹焉者矣若無聞焉者矣進而求之戒慎焉其將睹所未睹恐懼

焉其將聞所未聞而未也惟此一實餘二非真瞪目而視之無非是也傾耳而聽之無非是也無別睹也無別聞也有別睹焉有別聞焉卽謂悖天而褻命也天無二日民無二王以此爲愼其獨也○易有太極是生兩儀兩儀生四象至於四而大變備矣寒熱燥溼物之情也春夏秋冬天之時也人具一天命之性而感於物有受有不受受之爲好不受爲惡故大學舉好惡繇是而析焉喜者好之初也樂者好之竟也怒者惡之初也哀者惡之竟也於是有四四性舉而性之大變亦備矣故中庸舉喜怒哀樂人之所以靈於萬物者以其喜怒哀樂之性能自主而自繇也其所不受物莫能強納其所受物莫能強奪也所喜所怒所哀所樂之事雖因乎物而能喜能怒能哀能樂之具實係乎我忽喜忽怒忽哀忽樂之態雖存乎人而應喜應怒應哀應樂之則實本乎天本乎天者惟其本無喜本無怒本無哀本無樂是故可以喜可以怒可以哀可以樂故其於未發也則謂之中而於其發而中節也則謂之和○喜怒哀樂之用於天下也大之爲生殺次之爲予奪又其下者爲趨避蓋自天子以至庶人其大小不同無不皆有以用之也喜天下之所喜怒天下之所怒哀天下之所哀樂天下之所樂如此則其所喜樂必其有便於天下者也其所哀怒

必其有害於天下者也而天地位矣萬物育矣○形而上者謂之天形而下者謂之地故其神明之屬求其所自則舉而名之爲天體質之屬原其所自則總而名之爲地故夫可睹可聞者皆地之屬也其所不睹所不聞而爲睹聞者則曰天也人之生也稱受命於天而不稱受命於地極德之至也稱上天之載而不并稱天地之覆載命無二受尊無二上也論量陽全而陰半易稱坤元統於乾元朱子曰天包乎地之外而氣常行乎地之中天不獨職覆亦具兼載論分天尊地卑乾坤定矣惟乾道變化首出庶物至於坤厚雖德合無疆不過順承而已先則迷矣後則得主而利矣此謂定位故以地從天則治以天從地則亂

## 詮心

古人云無一法可當情又云擬心爲犯戒得味爲破齋信知此事眞容纖毫不得金屑雖貴落眼成翳才有一法當情須知此心全體已被障却故知諸法無論細大精粗究其極處無一而不爲心害者也故事心者必須見心見心者亦初不必別求心見去其害心者而已○才見有心便非心心盡處心體露故往往曰盡其心今學者每曰學道學無心無心境界豈是如今掩耳偷鈴死兜兜地百不思百不

想百不知百不會而自以爲無心耶會須此心實實盡却欲覓一心了不可得耳今人誰不曰我學無心我今百思想不起矣但一遇緣千種萬狀殊形異體紛紜而來莫知其所自豈能望古人之反欲覓一心而了不可得者耶○心既以一無愛憎爲盡矣爲無心矣然則遇境逢緣一無鑑別而與爲模稜與爲浮沉夢夢以終其身乎曰是不然惟眞無愛憎之人而後可以鑑別天下之法而用其愛憎雖終日熾然用其愛憎而實無所愛憎蓋惟無心而後可以爲萬物立心惟無心而後可以見萬物之心故也見萬物之心而後可以爲自見其心見萬物之心爲見心但自見其心不可以爲見心也故必至於不自見其心而後爲見心故覓心了不可得至哉弗以易矣○應須打疊教此心淨盡無往不利無處不得用只爲此心不淨盡向來及今空過了許多好時光錯了許多好事件○動靜者物也心不屬動靜雖不屬動靜而未嘗不動未嘗不靜役其心於芸芸而不知此心行所無事之常住也灰其心於寂寂而不知此心周旋萬變之如珠走盤也有曰精太用則竭氣太用則敝又有曰流水不蠹戶樞不朽大抵心法無所不有於天下之物雖至粗至惡無不可以喻心者於天下之物雖至精至美無一可以盡喻此心者

應事

問曰愚今時學問大約只是讀書窮理靜坐居敬逼迫得心路稍覺開通神氣稍覺清明於此等時遇事當前平日所棘手疑難者爾時殊有歷歷楚楚清順安適之意然事務之來與讀書靜坐之時相稱則所獲足供所用有如紜紛沓至又不支矣爲之柰何或曰工夫無間於動靜陽明先生有言不問有事無事總是幹辦此一件事不可以靜坐讀書時作精神之獲入來應事作務時爲精神之用出去若誠如陽明先生所云則於應事作務盡算得收拾整頓精神進入之時矣又何供應不支之足云請得更疏暢其說曰人情莫不違苦而就樂故樂則生矣樂之所在不問動靜期於循理雖日在嘈雜場中油油然也雖境有順逆事有難易而吾所以待之者順亦如是逆亦如是難亦如是易亦如是安如貼如如未嘗有變易也精神以樂且日生而更不支之是患與問曰順逆難易空談道理誠哉如所言矣請一驗之事乎先以順逆境言之所云逆境如恥辱在於幾微可以不顧進之唾罵惡聲入於吾耳可以不聽又進之而饑寒迫於肌膚又進之而箠杖及於體骨又進之而刀鋸絕命又進之而鼎鑊糜沸令之必死而又不令卽死當恁麽時此心能道一句順之則順乎否至

於事之難易其最難者如大兵壓境萬賊臨城事在旦夕危於呼吸君父簡命誼不得辭當恁麼時又能道一句易之則易乎否或曰此處正所謂順之則順易之則易者也凡順逆境之來必有所自萬無無因而至者且如我行一事本無大過且是善行而郎此一事遂以得禍此似無因殊不知我此事縱不相招我生平豈遂無一念一事足以相招者苟我生平有一事一念此我自知此一禍正適應此一事一念則此一禍正我此一事一念之藥石矣郎我生平果潔淨之至無一事一念足以招此禍者則必我此一事或可謂善而實未必盡善或事善此中未必純善如精金一塊內尙微雜礦氣則此一禍者又適爲我一爐精金之猛火矣故逆境之來庸俗人盡以爲適然而智者莫不以爲固然也且不但以爲固然而實見其有所由然不但以爲有所由然而實見其爲天心仁愛之至所謂欲報之德昊天罔極者當恁麼時夫安得而不順以實順若乃事勢之難如大兵壓境萬賊臨城時若我平時曾膺此任則定思患預防爲先事之計所不必言若壞於前人則必先外度其敵內度其國上度其君下度其身實據己見所及告人以今日所當爲者而又實據己力所能告人以今日所必不可爲者可以辭則推舉所知之賢能實勝己者以濟

國家之事不可辭而後以身當之其當事也不可以自用自用則孤不可以任人任人則危不問其見出於人見出於己見出於智見出於愚而要其事情之確然有據可以信心而不疑者則斷而行之不俟終日疑則闕焉若其疑而不決而其事又不可以闕焉置之者則姑權於利害輕重大小之間以爲行止焉其亦庶乎其不至於大失矣若其事有萬不可知則鞠躬盡瘁死而後已成敗利鈍非所逆睹古之君子嘗言之矣其極不過如前所云逆境之至至於絕命而止也天下事雖至重至大至深至遠其必以次第而見次第而成如持斧析薪爇火熟食循理則治燦然指掌輕若反手可行則行可止則止將此身交付造物大光明海中任他安置聽他成就不留絲毫牽枝蔓葉拖泥帶水夫又安得而不易乎問者曰孟子曰至大至剛以直養而無害則塞乎天地之間害者逆之也難之也直養者順而易也非曰能之敬識其意願從事以終身焉後半段乃先生致命遂志之本

## 輔臣朱震青先生天麟

朱天麟字震青吳之崑山人崇禎戊辰進士其鄉試出先忠端之門授饒州府推官選爲翰林院編修從亡司票擬罷官而卒先生崇志

讀書好深湛之思以僻書怪事子虛烏有詮易讀之汗漫恍惚而實以寓其胸中所得有蒙莊之風焉與人言蟬聯不自休未嘗一及世事明末士大夫之學道者類入宗門如黃端伯蔡懋德馬世奇金聲錢啓忠皆是也先生則出入儒釋之間諸公皆以忠義垂名天壤夫宗門無善無惡事理雙遣有無不著故萬事瓦裂惡名埋沒之夫一入其中逍遙而便無愧怍諸公之忠義總是血心未能融化宗風未許謂之知性後人見學佛之徒忠義出焉遂以此爲佛學中所有儒者亦遂謂佛學無礙於忠孝不知此血性不可埋沒之處誠之不可掩吾儒真種子切勿因諸公而誤認也

## 與金正希書

盡心存心兩語尊旨劈提盡心一句撇倒存心下截第瞿然疑之鄙見心只是一若處囂不雜居靜不枯作止垢淨有無斷常泯然消化者卽西竺古先生涅不生槃不滅之妙心也在我夫子卽意必固我四絕者是猶龍氏亦云真常應物常應常靜此不待擬議不假思維如如不動一了百了所謂能盡其心者與大資性人一喝放下直見本來朝聞道夕死可矣凡夫肉團未遽能爾所以上士教之曰曉得起滅去處生死大事方決又轉一語曰果見得起滅的是誰滅亦由

汝不滅亦由汝或卽盡其心不必存其心之意與弟又以見得起滅的是誰仍是不起不滅者然一時偶識得而隨緣放曠恐錯認本來或逐處發憤尋求又虞非觀自在法門故鄙見亟欲以存心爲渡筏迺尊旨又以著一存心便同存意譬之水上削波波何能平說得極切隱病然顧其存心何如若把一心去存屬意何辯卽曰我存心在這裏執著還類放馳皆由未識其心耳所云其心者意生不順生意滅不隨滅一切聲塵感觸遞有去來此心初何去來祇緣結習之久染著意念聲塵汩汩與波波搖水動漸失妙明是以學者要當去來現在心不可得時認出元本真靈存存又存不在內外中間一毫無起滅來去先儒強名之曰湛然虛明氣象雖然隔境想及信口說到易耳試參十二時中稍得一刻平衡不失昏散而冷便失拘檢而燥所以存心比之養火温温得中良非易易若念起卽除又存心中照了消磨緊著非一味向意根上抓平如以掌按波之謂也至於未發不爽其惺已發不還其寂頭頭現成處處灑脫則又知性知天動靜不失其時本等頑鈍如弟雖遇上智伸拳樹拂不啻隔靴卽一棒一痕非關真痛故欲從存其心上勉強從事殊見爲難若直揭盡心一句固是頂門一針然謂事理二障種種難盡何以一識認其心便能

了當且其心何以當下便識認得噫中庸不可能也



門人金夢文識

虔中偶語

山川草木皆有明神若將我殼子罩他頭上依舊是人〇外邊色響投胸皮肉闌之不住內裏情思赴物門壁隔之不能凡夫内外尙合而況聖心〇痛癢卽知知實不曾痛癢〇當念起時憬然無起於不起處亦不求滅其唯靜照有恆乎〇鬼神不瞰人之形專瞯人之意毋意則鬼神莫知陰陽能束我以氣難縛我於虛致虛則陰陽莫治〇問身當天崩地坼我在何處曰今天地完好時那便是汝〇每日事事相乘一事偶歇旋又無事討事做矣此際須要常省便不多事不失事纔得事事見個性靈耳〇事到頭來拚將頭頂著做去反得自由〇我欲築室深山視花木開謝爲春秋不問甲子或曰每年一本曆書何嘗擾汝

徵君孫鍾元先生奇逢

孫奇逢字啓泰號鍾元北直容城人舉鄉書初尙節俠左忠毅魏忠節周忠介之獄先後爲之頓舍其子弟與鹿忠節之父舉旛擊鼓斂義士之錢以救之不足則使其弟啓美匹馬走塞外求援於高陽逆奄之熖如火之燎原先生焦頭爛額赴之不顧也燕趙悲歌慷慨之

風久湮人謂自先生而再見家有北海亭名稱其實焉其後一變而爲理學卜居百原山康節之遺址也其鄉人皆從而化之先生家貧遇有宴會先時蕭然一榻耳至期則椅桌瓶罍不戒而集北方之學者大概出於其門先生之所至雖不知其淺深使喪亂之餘猶知有講學一脈者要不可泯也所著大者有理學宗傳特表周元公程純公程正公張明公邵康節朱文公陸文安薛文清王文成羅文恭顧端文十一子爲宗以嗣孟子之後諸儒別爲考以次之可謂別出手眼者矣歲癸丑作詩寄羲勉以蕺山薪傳讀而愧之時年九十矣又二年卒

歲寒集

自渾朴散而象數之繁異同之見理氣之分種種互起爭長然皆不謬於聖人所謂小德之川流也有統宗會元之至人出焉一以貫之所謂大德之敦化也學者不能有此大見識切不可專執一偏之見正宜於古人議論不同處著眼理會如夷尹惠不同微箕比不同朱陸不同豈可相非正借有此異以證其同合知廉勇藝而文之以禮樂愈見冶鑄之手○忠孝節義道中之一節一目文山以箕子自處便不亟亟求畢旦夕之命此身一日不死便是大宋一日不滅生貴

乎順不以生自嫌死貴乎安不以死塞責○處人之道心厚而氣和不獨待君子卽待小人亦然○問做人曰饑餓窮愁困不倒聲色貨利侵不倒死生患難考不倒而人之事畢矣○問陽明無善無惡心之體曰陽明初亦言至善其所謂無善無惡者無善之可言亦猶之乎至善也非告子之所謂無善也○人者天地之心也人失其爲人而天地何以清寧故爲天地立心爲生民立命者聖賢之事也明王不作聖人已遠而堯舜孔子之心至今在此非人也天也○問理與氣是一是二曰渾沌之初一氣而已其主宰處爲理其運旋處爲氣指爲二不可渾爲一不可○問性也有命也有性性命是一是二曰性也有命是就見在去尋源頭不得認形骸爲塊然之物命也有性是就源頭還他見在不得以於穆爲窈然之精盡性立命不容混而爲一亦不容截而爲二○或曰士不可小自待不惟不宜讓今人并不宜讓古人予謂士不宜過自恃不惟宜讓古人幷宜讓今人無一人不在其上則無一人不出其下矣無一人不在其下則無一人不出其上矣十年不能去一矜字此病不小○問處事之道曰水到渠成不必性急天大事總平常事○成缺在事不在心榮辱在心不在事○五十守貧卽是道一語罔敢失墜邇聞志是其命甚覺親切

子曰匹夫不可奪志也蓋志不可奪便是造命立命處○問道何在曰無物不有無時不然堯舜後雖無堯舜堯舜之心至今在孔子後雖無孔子孔子之心至今在亦見之於無物不有無時不然而已矣其消息總得之於天○念菴云戒愼不睹恐懼不聞此孔門用工口訣也白沙云戒愼恐懼所以防存之而非以爲害也白沙是對積學之人說念菴是對初學之人說徒飾於共見共聞之際而隱微未慊祇自欺之小人致謹於十目十手之嚴而跼蹐太甚終非成德之君子二公各有對症之藥○連日取文清靜坐觀心閒中一樂八字作功課客曰心何用觀曰爲其不在也客曰不在而何以觀曰一觀之而卽在矣時時觀則時時在到得不待觀而無不在則無不樂非誠意君子未可語此○人生在世逐日擾攘全無自得尋其根源除怨天尤人別無甚事○骨肉之間多一分渾厚便多留一分天性是非正不必太明○問士當今日道應如何曰不辱身問不辱曰薛文清有言劉靜修百世之師也

明儒學案卷五十七

珍倣宋版印

# 明儒學案卷五十八

姚江黃棃洲先生著

豫章後學 夏鼎 熊育鑫 熊繩祖 熊育鏞 徐兆瀾 周聯慶 熊榮祖 蕭兆柄 劉秉楨 李真實 重刊

## 東林學案

今天下之言東林者以其黨禍與國運終始小人既資爲口實以爲亡國由於東林稱之爲兩黨卽有知之者亦言東林非不爲君子然不無過激且依附者之不純爲君子也終是東漢黨錮中人物嗟乎此寱語也東林講學者不過數人耳其爲講院亦不過一郡之內耳昔緒山二溪鼓動流俗江浙南畿所在設教可謂之標榜矣東林無是也京師首善之會主之爲南皐少墟於東林無與乃言國本者謂之東林爭科場者謂之東林攻逆閹者謂之東林以至言奪情奸相討賊凡一議之正一人之不隨流俗者無不謂之東林若是乎東林標榜遍於域中延於數世東林何不幸而有是也東林何幸而有是也然則東林豈眞有名目哉亦小人者加之名目而已矣論者以東

林爲清議所宗禍之招也子言之君子之道辟則坊與清議者天下之坊也夫子之議臧氏之竊位議季氏之旅泰山獨非清議乎清議熄而後有美新之上言媚閹之紅本故小人之惡清議猶黃河之礙砥柱也熹宗之時龜鼎將移其以血肉撑拒沒虞淵而取墜日者東林也毅宗之變攀龍髯而蓐螻蟻者屬之東林乎屬之攻東林者乎數十年來勇者燔妻子弱者埋土室忠義之盛度越前代猶是東林之流風餘韵也一堂師友冷風熱血洗滌乾坤無智之徒竊竊然從而議之可悲也也夫

端文顧涇陽先生憲成

忠憲高景逸先生攀龍

御史錢啓新先生一本

文介孫淇澳先生愼行

主事顧涇凡先生允成

太常史玉池先生孟麟

職方劉靜之先生永澄

學正薛元臺先生敷教

侍郎葉園適先生茂才

孝廉許靜餘先生世卿
耿庭懷先生橘
光祿劉本儒先生元珍
忠端黄白安先生尊素
貢士吳覲華先生桂森
宗伯吳霞舟先生鍾巒
文選華鳳超先生允誠
中書陳幾亭先生龍正

姚江黄棃洲先生著

豫章後學　夏鼎　熊育鑫　熊繩祖　熊育鏞　徐兆瀾　周聯慶　熊榮祖　蕭兆柄　劉秉楨　李真實　重刊

## 端文顧涇陽先生憲成

顧憲成字叔時别號涇陽先生常之無錫人父學四子先生次三其季允成也先生年十歲讀韓文諱辯遂宛轉以避父名遇不可避者輒鬱然不樂父謂之曰昔韓咸安王命子勿諱忠吾名學汝諱學是忘學也年十五六從張原洛讀書原洛授書不拘傳註直據其所自得者爲說先生聽之輒有會講論語至問禘章先生曰惜或人欠却一問夫子不知禘之說何以知知其說之於天下乎講孟子至養心莫善於寡欲先生曰寡欲莫善於養心原洛曰舉子業不足以竟子之學盍問道於方山薛先生乎方山見之大喜授以考亭淵源錄曰洙泗以下姚江以上萃於是矣萬曆丙子舉鄉試第一庚辰登進士第授戶部主事時江陵當國先生與南樂魏允中漳浦劉廷蘭風期

相許時稱爲三解元上書吳縣言時政得失無所隱避江陵謂吳縣曰聞有三元會皆貴門生公知之乎吳縣以不知對江陵病百官爲之齋醮同官署先生名先生聞之馳往削去壬午轉吏部尋告歸丙戌除驗封司主事明年大計京朝官左都御史辛自修剛方爲婁江所忌工部尚書何起鳴在拾遺中或惎之曰公何不訐辛與之同罷相君且德公矣起鳴如其惎給事並論辛何辛何果同罷先生上疏分別君子小人刺及執政謫桂陽州判官柳子厚蘇子瞻莊定山曾謫桂陽先生以前賢過化之地扁所居曰愧軒戊子移理處州明年丁憂辛卯補泉州尋擢考功司主事三王並封詔下先生率四司爭之疏九不可得止癸巳內計太宰孫清簡考功郎趙忠毅盡斥小人朝署爲之一清政府大恚忠毅降調外任先生言臣與南星同事南星被罪臣獨何辭以免不報轉稽勳司適鄒忠介請去婁江言文書房傳旨放去先生曰不然若放去果是相國宜成皇上之是該部宜成相國之是若放去爲非相國不宜成皇上之非該部不宜成相國之非婁江語塞自嚴嵩以來內閣合六部之權而攬之吏部至王國光楊巍指使若奴婢陸五臺始正統均之體孫清簡守而不變婁江於是欲用羅萬化爲冢宰先生不可卒用陳恭介婁江謂先生曰近

有怪事知之乎先生曰何也白內閣所是外論必以爲非內閣所非外論必以爲是先生曰外間亦有怪事婁江曰何也曰外論所是內閣必以爲非外論所非內閣必以爲是相與笑而罷陞文選司郎中當是時推用君子多不得志婁江一切歸過於上先生乘婁江假沐之間悉推君子之久詘者奏輒得可婁江無以難也會推閣員婁江復欲用羅萬化先生又不可與太宰各疏所知七人無不合者太宰大喜上之七人者多不爲時論所喜而召舊輔王山陰尤婁江之所不便也遂削先生籍戊戌始會吳中同志於二泉甲辰東林書院成大會四方之士一依白鹿洞規其他聞風而起者毘陵有經正堂金沙有志矩堂荆溪有明道書院虞山有文學書院皆捧珠盤請先生涖焉先生論學與世爲體嘗言官輦轂念頭不在君父上官封疆念頭不在百姓上至於水間林下三三兩兩相與講求性命切磨德義念頭不在世道上即有他美君子不齒也故會中亦多裁量人物訾議國政亦冀執政者聞而藥之也天下君子以清議歸於東林廟堂亦有畏忌四明亂政附四明者多爲君子所彈射四明度不能留遂計挈歸德同去以政授之朱山陰山陰懦且老不爲衆所憚於是小人謀召婁江以中旨下之而于東阿李晉江葉福清亦同日拜焉晉

江獨在京師得先入婁江方引故事疏辭先生爲文二篇號夢語寐
語譏切之江西參政姜士昌以慶賀入遂疏錫爵再居相位偏愎忌
刻摧抑人才不宜復用語連廷機大抵推先生旨也東阿以拜官之
日卒不與政福清素無根柢於舊相特爲東林所期許得入戊申詔
起先生南京光祿少卿乞致仕時考選命下新資臺諫附和東林者
十八九益相與咀嚼婁江山陰晉江不得在位其黨斥逐殆盡而福
清遂獨秉政海內皇皇以起廢一事望之福清度不能請請亦不力
也未幾而淮撫之爭起淮撫者李三才以豪傑自許一時君子所屬
望爲冢宰總憲者也小人畏之特甚遂出奇計攻之先生故友淮撫
會富平復起爲太宰富平前與沈嘉禾爭丁右武計事分爲兩黨先
生移書勸之欲令洒濯嘉禾引與同心則依附者自解且宜擁衛淮
撫勿墮壬人計富平不省而好事者遂錄其書傳天下東林由是漸
爲怨府辛亥內計富平斥崑宣黨魁七人小人唁唁而起儀部丁長
孺抗言七人宜斥救者非是儀部又先生之門人也壬子五月先生
卒年六十三先生卒後福清亦罷相德清用事臺諫右東林者並出
他傍附者皆以爲法﨑向之罪申王沈朱者不復口及而東林獨爲
天下大忌諱矣天啓初諸正人稍稍復位鄒忠介請錄遺賢贈太常

寺卿逆奄之亂小人作東林點將錄天鑒錄同志錄以導之凡海內君子不論有無干涉一切指爲東林黨人以御史石三畏言削奪先生崇禎二年贈吏部右侍郎諡曰端文先生深慮近世學者樂趨便易冒認自然故於不思不勉當下卽是皆令究其源頭果是性命上透得來否勘其關頭果是境界上打得過否而於陽明無善無惡一語辯難不遺餘力以爲壞天下教法自斯言始按陽明先生教言無善無惡心之體有善有惡意之動知善知惡是良知爲善去惡是格物其所謂無善無惡者無善念惡念耳非謂性無善無惡也有善有惡之意以念爲意也知善知惡非意動於善惡從而分別之爲知好善惡惡天命自然炯然不昧者知也卽性也陽明於此加一良字正言性善也爲善去惡所謂有不善未嘗不知知之未嘗復行也良知是本體天之道也格物是工夫人之道也蓋上二句淺言之下二句深言之心意知物只是一事今錯會陽明之立論將謂心之無善無惡是性由是而發之爲有善惡之意由是而有分別其善惡之知由是而有爲善去惡之格物層層自內而之外使善惡相爲對待無善無惡一語不能自別於告子矣陽明每言至善是心之本體又曰至善只是盡乎天理之極而無一毫人欲之私又曰良知卽天理其言

天理二字不一而足乃復以性無善無不善自墮其說乎且既以無善無惡爲性體則知善知惡之知流爲麄幾陽明何以又言良知是未發之中乎是故心無善念無惡念而不昧善惡之知未嘗不在此至善也錢啓新曰無善無惡之說近時爲顧叔時顧季時馮仲好明白排決已不至蔓延爲害當時之議陽明者以此爲大節目豈知與陽明絕無干涉嗚呼天泉證道龍谿之累陽明多矣

## 小心齋劄記

程子每見人靜坐便歎其善學羅豫章教李延平於靜中看喜怒哀樂氣象至朱子又曰只理會得道理明透自然是靜不可去討靜坐三言皆有至理須參合之始得○識仁說曰仁者渾然與物同體只此一語已盡何以又云義禮智信皆仁也及觀世之號爲識仁者往往務爲圓融活潑以外媚流俗而內濟其私甚而蔑棄廉恥決裂繩墨閃爍回互誑己誑人曾不省義禮智信爲何物猶偃然自命曰仁然後知程子之意遠矣○無可無不可是孔子小心處○性卽理也言不得認氣質之性爲性也心卽理也言不得認血肉之心爲心也皆喫緊爲人語○或問致良知之說何如曰今之談良知者盈天下猶似在離合之間也盍徵諸孟子之言孩提之童無不知愛其親也

及其長也無不知敬其兄也親親仁也敬長義也竊惟仁義爲性愛敬爲情知愛知敬爲才良知二字蓋通性情才而言之者也乃主良知者既曰吾所謂知是體而非用駁良知者又曰彼所謂知是用而非體恐不免各墮邊見矣曰有言良知卽仁義禮智之智又有言分別爲知良知亦是分別孰當曰似也而未盡也夫良知一也在惻隱爲仁在羞惡爲義在辭讓爲禮在分別爲智非可定以何德名之也只因知字與智字通故認知爲用者既專以分別屬之認知爲體者又專以智屬之恐亦不免各墮邊見矣性體也情用也曰知曰能才也體用之閒也是故性無爲而才有爲情有專屬而才無專屬惟有爲則仁義禮智一切憑其發揮有似乎用所以說者謂之用也惟無專屬則惻隱羞惡辭讓是非一切歸其統率有似乎體所以說者謂之體也陽明先生揭致知特點出一個良字又曰性無不善故知無不良其言殊有斟酌○性太極也知曰良知所謂乾元也能曰良能所謂坤元也不慮言易也不學言簡也故天人一也更不分別○自昔聖賢論性曰帝衷曰民彝曰物則曰誠曰中和總總只是一個善告子卻曰性無善無不善便是要將這善字打破自昔聖賢論學有從本領上說者總總是個求於心有從作用上說者總總是個求於

氣告子却曰不得於言勿求於心不得於心勿求於氣便是要將這求字打破善字打破本體只是一個空求字打破工夫也只是一個空故曰告子禪宗也○許行何如曰其並耕也所以齊天下之人將高卑上下一切掃去其不二價也所以齊天下之物將精粗美惡一切掃去總總成就一個空與告子一般意思但告子深許行淺許行空却外面的告子空却裏面的○告子仁內義外之說非謂人但當用力於仁而不必求合於義亦非因孟子之辨而稍有變也正發明杞柳桮棬之意耳何也食色性也原未有所謂仁義猶杞柳原未有所謂桮棬也仁內也非外也義外也非內也各滯方所物而不通是故仁義成而性虧猶桮棬成而杞柳虧也始終只是一說○食色性也當下卽是更有何事若遇食而甘之遇色而悅之便未免落在情境一邊謂之仁不謂之性矣若於食而辨其孰爲可甘於色而辨其孰爲可悅便未免落在理路一邊謂之義不謂之性矣故曰動意則乖擬心則差告子之旨蓋如此○訟卦義有君子之訟有小人之訟君子之訟主於自訟九五是也小人之訟主於訟人餘五爻是也○勿謂今人不如古人自立而已勿謂人心不如我心自盡而已董仲舒曰仲尼之門五尺童子羞稱五伯此意最見得好三千七十其間

品格之殊至於倍蓰只一段心事個個光明提著權謀術數便覺忸怩自然不肯齒及他非故擯而絶之也○性太極也諸子百家非不各有所得而皆陷於一偏只緣認陰陽五行爲家當○丙戌余晤孟我疆我疆問曰唐仁卿伯元何如人也余曰君子也我疆曰何以排王文成之甚余曰朱子以象山爲告子文成以朱子爲楊墨皆甚辭也何但仁卿已而過仁卿述之仁卿曰固也足下不見世之談良知者乎如鬼如蜮還得爲文成諱否余曰大學言致知文成恐人認識爲知便走入支離去故就中間點出一良字孟子言良知文成恐人將這個知作光景玩弄便走入元虛去故就上面點出一致字其意最爲周密至於如鬼如蜮正良知之賊也奈何歸罪於良知獨其揭無善無惡四字爲性宗愚不能釋然耳仁卿曰善早聞足下之言向者從祀一疏尚合有商量也○無聲無臭吾儒之所謂空也無善無惡二氏之所謂空也名似而實遠矣是故諱言空者以似廢真混言空者以似亂真○人須是一個真是非之心人皆有之只以不真之故便有夾帶是非太明怕有通不去合不來的時節所以須要含糊少間又於是中求非非中求是久之且以是爲非以非爲是無所不至矣○異教好言父母未生前又好言天地未生前不如中庸只說

個喜怒哀樂之未發更爲親切於此體貼未生前都在其中矣〇一日遊觀音寺見男女載道余謂季時曰卽此可以辯儒佛已凡諸所以爲此者一片禍福心耳未見有爲禍福而求諸吾聖人者也佛氏何嘗邀之使來吾聖人何嘗拒之使去佛氏何嘗專言禍福吾聖人何嘗諱言禍福就中體勘其間必有一段真精神迥然不同處季時曰此特愚夫愚婦之所爲耳有識者必不然曰感至於愚夫愚婦而後其爲感也真應至於愚夫愚婦而後其爲應也真真之爲言也純乎天而人不與焉者也研究到此一絲莫遁矣〇知謂識其事之當然覺謂悟其理之所以然朱子生平極不喜人說個悟字蓋有懲於禪門耳到這裏又未嘗諱言悟也〇心活物也而道心人心辨焉道心有主人心無主有主而活其活也天下之至神也無主而活其活也天下之至險也〇或問魯齋草廬之出仕何如曰在魯齋則可在草廬則不可曰得非以魯齋生於其地而草廬故國人嘗舉進士歟曰固是亦尚有說考魯齋臨終謂其子曰我生平爲虛名所累不能辭官死後慎勿請謚但書許某之墓四字令子孫識其處足矣此分明表所仕之非得已又分明認所仕爲非愧恨之意溢於言表絕不一毫文飾也乃草廬居之不疑以爲固然矣故魯齋所自以爲不可

者乃吾之所謂可而草廬所自以爲可者乃吾之所謂不可自其心論之也○唐仁卿痛疾心學之說予曰墨子言仁而賊仁仁無罪也楊子言義而賊義義無罪也世儒言心而賊心心無罪也仁卿曰楊墨之於仁義只在跡上模擬其得其失人皆見之而今一切托之於心無形無影何處究詰二者之流害孰大孰小吾安得不惡言心乎予曰只提出性字作主這心便有管束孔子自言從心所欲不踰矩矩卽性也季時曰性字大矩字嚴尤見聖人用意之密仁卿曰然○佛法至釋迦一變蓋迦葉以上有人倫釋迦棄人倫矣至達磨再變釋迦之教圓達磨之教主頓矣至五宗三變黃梅以前猶有含蓄以後機鋒百出傾囊倒篋不留一錢看矣此雲門所以無可奈何而有一拳打殺喂却狗子之說也或曰何爲爾爾由他門畢竟呈出個伎倆來便不免落窠臼任是千般播弄會須有盡○孔孟之言看生死甚輕以生死爲輕則情累不干爲能全其所以生所以死以生死爲重則惟規規焉軀殼之知生爲徒生死爲徒死佛氏之謂生死事大正不知其所以大也○人身之生死有形者也人心之生死無形者也衆人見有形之生死不見無形之生死故常以有形者爲主聖賢見無形之生死不見有形之生死故常以無形者爲主○邇來講識

仁說者多失其意仁者渾然與物同體義禮智信皆仁也此全提也今也於渾然與物同體則悉意舉揚於義禮智信皆仁也則草草放過識得仁體以誠敬存之而已不須防檢不須窮索此全提也今也於不須防檢不須窮索則悉意舉揚於誠敬存之則草草放過若是者非半提而何既於義禮智信放過卽所謂渾然與物同體者亦只窺見儱統意思而已既於誠敬存之放過卽所謂不須防檢窮索者亦只窺見脫洒意思而已是弃其半而失之也○康齋日錄有曰君子常常喫虧方做得覽之惕然有省於是思之曰夫子之道忠恕而已矣忠恕之道喫虧而已矣顏子之道不校而已矣不校之道喫虧而已矣孟子之道自反而已矣自反之道喫虧而已矣○朱子之釋格物其義甚精語物則本諸帝降之衷民秉之彜夫子之所謂性與天道子思之所謂天命孟子之所謂仁義程子之所謂天然自有之中張子之所謂萬物一原語格則約之以四言或考之事爲之著或察之念慮之微或求之文字之中或索之講論之際蓋謂內外精粗無非是物不容妄有揀擇於其間又謂人之入門各各不同須如此收得盡耳議者獨執一草一木亦不可不理會兩言病其支離則過矣○惟危惟微惟精惟一是從念慮事爲上格無稽之言勿聽勿詢

之謀弗庸是就文字講論上格卽聖人亦不能外是四者朱子所云固徹上徹下語也○不學不慮所謂性也說者以爲由孩提之不學而能便可到聖人之不勉而中由孩提之不慮而知便可到聖人之不思而得此猶就聖人孩提分上說若就性上看聖人之不勉而中恰到得孩提之不學而能聖人之不思而得恰到得孩提之不慮而知耳雖然猶二之也原來只是一個沒些子界限故曰大人者不失其赤子之心者也○耳目口鼻四肢人見以爲落在形骸塊然而不神今曰性也有命焉是推到人生以上不容說處以見性之來脈極其元遠如此不得丟却源頭認形骸爲塊然之物也仁義禮智天道人見以爲來自於穆窈然而不測今曰命也有性焉是直反到愚夫愚婦可與知與能處以見命之落脈極其切近如此不得丟却見在認於穆爲窈然之物也○書言人心惟危道心惟微直是八字打開太極圖說言無極之真二五之精玅合而凝卽人心道心又不是截然兩物也孟子之論性命備發其旨性也有命焉蓋就人心拈出道心以爲舍無極沒處尋二五也命也有性焉蓋就道心攝入人心以爲舍二五沒處討無極也所謂妙合而凝蓋如此○道者綱常倫理是也所謂天敘有典天秩有禮根乎人心之自然而不容或已者也

有如佛氏之說行則凡忠臣孝子皆爲報夙生之恩而來凡亂臣賊子皆爲報夙生之怨而來反諸人心之自然而不容或已處吾見了不相干也於是綱常倫理且茫焉無所繫屬而道窮矣法者黜陟予奪是也所謂天命有德天討有罪發乎人心之當然而不容或爽者也有如佛氏之說行則凡君子而被戮辱皆其自作之孽而戮辱之者非爲傷善凡小人而被顯榮皆其自貽之福而顯榮之者非爲庇惡揆諸人心之當然而不容或爽處吾見了不相蒙也於是黜陟予奪且貿然無所憑依而法窮矣○周子主靜蓋從無極來是究竟事程子教人靜坐則初下手事也然而靜坐最難心有所在則滯無所在則浮李延平所謂看喜怒哀樂未發氣象正當有在無在之間就裏得個入處循循不已久之氣漸平心漸定獨居如是遇事如是接人如是卽喜怒哀樂紛然突交於前亦復如是總總一個未發氣象渾無內外寂感之別下手處便是究竟處矣○程叔子曰聖人本天釋氏本心季時謂添一語衆人本形○史際明曰宋之道學在節義之中今之道學在節義之外予曰宋之道學在功名富貴之外今之道學在功名富貴之中在節義之外則其據彌巧在功名富貴之中則其就彌下無惑乎學之爲世詬也○或問佛氏大意曰三藏十二

部五千四百八十卷一言以蔽之曰無善無惡試閱七佛偈便自可見曰永嘉證道歌謂棄有而著無如舍溺而投火恐佛氏未必以無爲宗也曰此只就無善無惡四字翻弄到底非有別義也棄有以有爲惡也著無以無爲善也是猶有善有惡也無亦不著有亦不棄則無善無惡矣自此以往節節推去掃之又掃直掃得沒些子剩都是這個意思○有駁良知之說者曰分別爲知良知亦是分別余曰分別非知能分別者知也認分別爲知何啻千里曰知是心之發竅處此竅一發作善由之作不善由之如何靠得他作主余曰知善知惡是曰良知假令善惡雜出分別何在曰所求者旣是靈明能求者復是何物如以靈明求靈明是二之也余曰卽本體爲工夫何能非所卽工夫爲本體何所非能果若云云孔之言操心也孰爲操之孟子之言存心也孰爲存之俱不可得而解矣曰傳習錄中一段云蘇秦張儀也窺見良知妙用但用之於不善耳陽明言良知卽天理若二子窺見妙用一切邪思枉念都無棲泊處如之何用之於不善乎揆諸知善知惡之說亦自不免矛盾也余曰陽明看得良知無善無惡故如此說良知何病如此說良知未能無病陽明應自有見恨無從就正耳按儀秦一段係記者之誤故劉先生將此删去○問孟子道

性善更不說性如何樣善只道乃若其情則可以爲善矣乃所謂善也可見性中原無處著個善卽令反觀善在何處曰我且問卽令反觀性在何處曰處處是性從何拈出曰如此我且不問性在何處但問性與善是一是二曰是一非二曰如此却說恁著不著○羅近溪以顏山農爲聖人楊復所以羅近溪爲聖人李卓吾以何心隱爲聖人○何心隱輩坐在利欲膠漆盆中所以能鼓動人者緣他一種聰明亦自有不可到處耿司農擇家僮四人每人授二百金令其生殖內一人從心隱問計心隱授以六字曰一分買一分賣又益以四字曰頓買零賣其人用之起家至數萬試思兩言至平易至巧妙以此處天下事可迎刃而解假令其心術正固是有用才也○喫緊只在識性識得時不思不勉是率性思勉是修道識不得時不思不勉是忘思勉是助總與自性無干○謂之善定是不思不勉謂之不思不勉尚未必便是善○伍容菴曰心旣無善知安得良其言自相悖○朱子云佛學至禪學大壞只此一語五宗俱應下拜羲謂至棒喝而禪學又大壞○余弱冠時好言禪久之意頗厭而不言又久之恥而不言至於今乃畏而不言羅近溪於此最深及見其子讀大慧語錄輒呵之卽管東溟亦曰吾於子弟並未嘗與語及此吾儒以理爲性

釋氏以覺爲性語理則無不同自人而禽獸而草木而瓦石一也雖欲二之而不可得也語覺則有不同矣是故瓦石未嘗無覺然而定異乎草木之覺草木未嘗無覺然而定異乎禽獸之覺禽獸未嘗無覺然而定異乎人之覺雖欲一之而不可得也今將以無不同者爲性乎以有不同者爲性乎○史際明曰天下有君子有小人君子在位其不能容小人宜也至於并常人而亦不能容焉彼且退而附於小人而君子窮矣小人在位其不能容君子宜也至於并常人而亦不能容焉彼且進而附於君子而小人窮矣 羲謂常人附於君子亦君子之窮也常人未必眞能爲君子則小人并疑君子爲常人而得以藉口矣此東林君子往往爲依附者所累也○玉池問念菴先生謂知善知惡之知隨發隨泯當於其未發求之何如曰陽明之於良知有專言之者無知無不知是也有偏言之者知善知惡是也陽明生平之所最喫緊只是良知二字安得遺未發而言只緣就大學提宗並舉心意知物自不得不以心爲本體既以心爲本體自不得不以無善無惡屬心既以無善無惡屬心自不得不以知善知惡屬良知參互觀之原自明白念菴恐人執用而忘體因特爲拈出未發近日王塘南先生又恐人離用而求體因曰知善知惡乃徹上徹下語

不須頭上安頭此於良知並有發明而於陽明全提之旨似均之契悟未盡也○近世喜言無善無惡就而即其旨則曰所謂無善非真無善也只是不著於善耳子竊以爲經言無方無體是恐著了方體也言無聲無臭是恐著了聲臭也言不識不知是恐著了識知也何者吾之心原是超出方體聲臭識知之外也至於善即是心之本色說恁著不著如明是目之本色還說得個不著於明否聰是耳之本色還說得個不著於聽否又如孝子還可說莫著於孝否如忠臣還可說莫著於忠否昔陽明遭寧藩之變日夕念其親不置門人問曰得無著相陽明曰此相如何不著斯言足以破之矣○管東溟曰凡說之不正而久流於世者必其投小人之私心而又可以附於君子之大道者也愚竊謂無善無惡四字當之何者見以爲心之本體原是無善無惡也合下便成一個空見以爲無善無惡只是心之不著於有也究竟且成一個混空則一切解脫無復掛礙高明者入而悅之於是將有如所云以仁義爲桎梏以禮法爲土苴以日用爲緣塵以操持爲把捉以隨事省察爲逐境以訟悔遷改爲輪迴以下學上達爲落階級以砥節礪行獨立不懼爲意氣用事者矣混則一切含糊無復揀擇圓融者便而趨之於是將有如所云以任情爲率性以

一珍倣宋版印

隨俗襲非爲中庸以闇然媚世爲萬物一體以枉尋直尺爲捨其身濟天下以委曲遷就爲無可無不可以狷狂無忌爲不好名以臨難苟安爲聖人無死地以頑鈍無恥爲不動心者矣由前之說何善非惡由後之說何惡非善是故欲就而詰之彼其所占之地步甚高上之可以附君子之大道欲置而不問彼其所握之機緘甚活下之可以投小人之私心卽孔孟復作其奈之何哉○問本朝之學惟白沙陽明爲透悟陽明不及見白沙而與其高弟張東所湛甘泉相往復白沙靜中養出端倪陽明居夷處困悟出良知良知似卽端倪何以他日又闢其勿忘勿助曰陽明目空千古直是不數白沙故生平並無一語及之至勿忘勿助之闢乃是平地生波白沙曷嘗丟却有事只言勿忘勿助非惟白沙從來亦無此等呆議論也○語本體只是性善二字語工夫只是小心二字

商語

丁長孺曰聖賢無討便宜的學問學者若跳不出安飽二字猶妄意插脚道中此討便宜的學問也○博文是開拓工夫約禮是收斂工夫○乾坤一闔一闢也坎離一虛一實也震艮一動一靜也兌巽一見一伏也皆可作博約註疏○王龍谿問佛氏實相幻相之說於陽

明陽明曰有心俱是實無心俱是幻無心俱是實有心俱是幻龍谿曰有心俱是實無心俱是幻是本體上說工夫無心俱是實有心俱是幻是工夫上說本體又陽明曰不睹不聞是本體戒愼恐懼是工夫又曰戒愼恐懼是本體不睹不聞是工夫子曰凡說本體容易落在無一邊陽明所云無心俱是幻景逸所云不做功夫的本體也今曰戒愼恐懼是本體卽不睹不聞原非是無所云有心俱是實此矣凡說工夫容易落在有一邊陽明所云有心俱是幻景逸所云不識本體的功夫也今曰不睹不聞是功夫卽戒愼恐懼原非是有所云無心俱是實此矣○喜怒哀樂之未發謂之中是所空者喜怒哀樂也非善也上天之載無聲無臭是所空者聲臭也非善也夫善者內之不落喜怒哀樂外之不落聲臭本至實亦本至空也又欲從而空之將無架屋上之屋疊床下之床也○金玉瓦礫之喻殊覺不倫夫善者指吾性之所本有而名之也惡者指吾性之所本無而名之也金玉瓦礫就兩物較之誠若判然若就眼上看金玉瓦礫均之爲惡也非善也以其均之爲眼之所本無也取所本無喻所本有非其類矣○孟子曰乃若其情則可以爲善矣乃所謂善也蓋因用以顯體也愚作一轉語曰乃所謂性則無不善矣乃所以善也蓋因體以知

珍倣宋版印

用也○或謂性體虛明湛寂善不得而名之以善名性淺之乎其視性矣竊意善者萬德之總名虛明湛寂皆善之別名也名曰清虛湛一則得名曰善則不得十與二五有以異乎將無淺之乎其視善也○孟子不特道情善且道形善所謂形色天性是也情之虛明湛寂不待言形則不免重滯矣由孟子言之都是虛明湛寂的何者以肉眼觀通身皆肉以道眼觀通身皆道也象山每與人言爾目自明爾耳自聰亦是此意○陽明之無善無惡與告子之無善無惡不同然費個轉語便不自然假如有人於此揭兼愛爲仁宗而曰我之兼愛與墨氏之兼愛也不同揭爲我爲義宗而曰我之爲我與楊氏不同也人還肯之否○古之言性者出於一今之言性者出於二出於一統乎太極而爲言也出於二雜乎陰陽五行而爲言也書曰惟皇上帝降衷於下民詩曰天生蒸民有物有則皆就陰陽五行中拈出主宰所謂太極也以其渾然不偏曰衷以其確然不易曰則試於此體味可謂之無善無惡乎可謂之有善有惡乎可謂之能爲善亦能爲惡乎是故以四端言性猶云是用非體卽以四德言性猶云是條件非統體其善還在可疑可信之閒惟知帝衷物則之爲性不言善而其爲善也昭昭矣○形有方所是極實的物事易於凝滯要其所以

爲形本之天命之散而成用也其亦何嘗不虛也耳順則有方所者悉歸融化實而能虛不局於有矣心無方所是極虛的物事易於走作乃其所以爲心本之天命之聚而成體也其亦何嘗不實也從心所欲不踰矩則無方所者悉歸調伏虛而能實不蕩於無矣○鄧定宇秋游記有天也不做他地也不做他聖人也不做他龍溪極賞之新本刪去此三語是此老百尺竿頭進步惟恐發人之狂預爲掃蕩也○高景逸曰果是透性之人卽言收攝不曾加得些子若未透性卽言自然不免加了自然底意思況借自然易流懶散借收攝可討入頭故聖賢立教必通上下照古今若以今日禪家的話頭去駁孔子語語是病不知聖賢所以至今無病者正在此也陽明之良知至矣暨其末流上者益上下者益下則非陽明本旨也江右先達如羅念菴於此每有救正王塘南於此每有調停便俱受不透性之譏矣○心之所以爲心非血肉之謂也應有個根柢處性是已舍性言心其究也必且墮在情識之內粗而不精天之所以爲天非窈冥之謂也應有個著落處性是已舍性言天其究也必且求諸當人之外虛而不實

陽明先生曰求諸心而得雖其言之非出於孔子者亦不敢以爲非也求諸心而不得雖其言之出於孔子者亦不敢以爲是也此兩言者某竊疑之夫人之一心渾然天理其是天下之眞是也其非天下之眞非也然而能全之者幾何惟聖人而已矣自此以下或偏或駁遂乃各是其是各非其非欲一一而得其眞吾見其難也故此兩言者其爲聖人設乎則聖人之心雖千百載而上下冥合符契可以考不謬俟不惑無有求之而不得者其爲學者設乎則學者之去聖人遠矣其求之或得或不得宜也於此正應沈潛玩味虛衷以俟更爲質諸先覺考諸古訓退而益加培養洗心宥密俾其渾然者果無媿於聖人如是而猶不得然後徐斷其是非未晚也苟不能然而徒以兩言橫於胸中得則是不得則非其勢必至自專自用憑恃聰明輕侮先聖註脚六經無復忌憚不亦誤乎陽明嘗曰心卽理也某何敢非之然而言何容易孔子七十從心不踰矩始可以言心卽理七十以前尚不知如何也顏子其心三月不違仁始可以言心卽理三月以後尚不知如何也若漫曰心卽理也吾問其心之得不得而已此乃無星之秤無寸之尺其於輕重長短幾何不顚倒而失措哉與李見羅

○心在人欲上便是放在天理上便是收天理本內也因而象

之曰在內人欲本外也因而象之曰在外非有方所可求知此則知把柁之所在矣今曰著意收他恐收卽成礙任其走作腔子裏何物把柁似只在方所上揣摩而不於理欲關頭討個分曉將來恰成一弄精魂漢乃放心非求放心也復唐大光○南昌有朱以功布衣行修言道慥慥君子也足與章本清布衣頡頏後先暇中可物色之與孟白○以功有朱布衣集多所發明向嘗見之今失其本容當訪問

○佛學三藏十二部五千四百八十卷一言以蔽之曰無善無惡第辯四字於告子易辨四字於佛氏難以告子之見性粗佛氏之見性微也辨四字於佛氏易辨四字於陽明難在佛自立空宗在吾儒則陰壞實教也夫自古聖人教人爲善去惡而已爲善爲其固有也去惡去其本無也本體如是工夫如是其致一而已矣陽明豈不教人爲善去惡然既曰無善無惡而又曰爲善去惡學者執其上一語不得不忽其下一語也何者心之體無善無惡則凡所謂善與惡皆非吾之所固有矣皆非吾之所固有則皆情識之用事矣皆情識之用事皆不免爲本體之障矣將擇何者而爲之未也心之體無善無惡則凡所謂善與惡皆非吾之所得有矣皆非吾之所得有則皆感遇之應迹矣皆感遇之應迹則皆不足爲本體之障矣將擇何者而去

之猶未也心之體無善無惡吾亦無善無惡已耳若擇何者而爲之便未免有善在若擇何者而去之便未免有惡在若有善無惡便非所謂無善無惡矣陽明曰四無之說爲上根人立教四有之說爲中根以下人立教是陽明且以無善無惡掃却爲善去惡矣既已掃之猶欲留之縱曰爲善去惡之功自初學至聖人究竟無盡彼直見以爲是權教非實教也其誰肯聽既已拈出一個虛寂又恐人養成一個虛寂縱重重教戒重重囑咐彼直見以爲是爲衆人說非爲吾輩說也又誰肯聽夫何故欣上而厭下樂易而苦難人情大抵然也投之以所欣而復困之以所厭畀之以所樂而復攖之以所苦必不行矣故曰惟其執上一語雖欲不忽下一語而不可得至於忽下一語其上一語雖欲不弊而不可得也羅念菴曰終日談本體不說工夫纔拈工夫便以爲外道使陽明復生亦當攢眉王塘南曰心意之物皆無善無惡使學者以虛見爲實悟必依憑此語如服鴆毒未有不殺人者海内有號爲超悟而竟以破戒負不韙之名正以中此毒而然也且夫四無之說主本體言也陽明方曰是接上根人法而識者至等之鴆毒四有之說主工夫言也陽明第曰是接中根以下人法而昧者遂等之外道然則陽明再生目擊茲弊將有摧心扼腕不能

一日安者何但攢眉已乎 同上

## 當下繹

當下者卽當時也此是各人日用間現現成成一條大路但要知有個源頭在何也吾性合下具足所以當下卽是合下以本體言通攝見在過去未來最爲圓滿當下以對境言論見在不論過去未來最爲的切究而言之所謂本體原非於對境之外另有一物而所謂過去未來要亦不離於見在也特具足者委是人人具足而卽是者尙未必一一皆是耳是故認得合下明白乃能識得當下認得當下明白乃能完得合下此須細細參求未可率爾也○平居無事不見可喜不見可嗔不見可疑不見可駭行則行住則住坐則坐臥則臥卽衆人與聖人何異至遇富貴鮮不爲之充詘矣遇貧賤鮮不爲之隕穫矣遇造次鮮不爲之擾亂矣遇顚沛鮮不爲之屈撓矣然則富貴一關也貧賤一關也造次一關也顚沛一關也到此真令人肝腑具呈手足盡露有非聲音笑貌所能勉強支吾者故就源頭上看必其無終食之間違仁然後能於富貴貧賤造次顚沛處之如一就關頭上看必其能於富貴貧賤造次顚沛處之如一然後算得無終食之間違仁耳○子謂平居無事一切行住坐臥常人亦與聖人同大概

言之耳究其所以卻又不同蓋此等處在聖人都從一團天理中流出是爲真心在常人則所謂日用而不知者也是爲習心指當下之習心混當下之真心不免毫釐而千里矣昔李襄敏講學諸友競辨良知發一問曰堯舜孔子豈不同爲萬世之師今有人過堯舜之廟而不下車者則心便安過孔子之廟而不下車者則心便不安就下車孔廟而言指曰良知則分明是個良知就不下車堯舜廟而觀則安於堯舜廟者固是個習心而不安於孔廟者亦祗是個習心耳良知何在衆皆茫然無對

## 忠憲高景逸先生攀龍

高攀龍字存之別號景逸常州之無錫人萬曆己丑進士尋丁嗣父憂服闋授行人時四川僉事張世則上疏謂程朱之學不能誠意壞宋一代之風俗進所著大學古本初義欲施行天下一改章句之舊先生上疏駁之寢其進書婁江再入輔政驅除異己六十餘人以趙用賢望重示意鄭材楊應宿訐其絕婚去之先生劾錫爵聲音笑貌之間雖示開誠布公之意而精神心術之微不勝作好作惡之私謫揭陽添註典史半載而歸遂與顧涇陽復東林書院講學其中每月三日遠近集者數百人以爲紀綱世界全要是非明白小人聞而惡

之廟堂之上行一正事發一正論俱目之爲東林黨人天啓改元先生在林下已二十八年起爲光祿寺丞陞少卿署寺事孫宗伯明春秋之義劾舊輔方從哲先生會議持之益力轉太常大理晉太僕卿乞差還里甲子卽家起刑部侍郎逆奄魏忠賢亂政先生謂同志曰今日之事未能用倒倉之法惟有上下和衷少殺其毒耳其論與先忠端公相合總憲缺先忠端公上速推憲臣愼簡名賢疏意在先生也陞左都御史糾大貪御史崔呈秀依律遣戍亡何逆奄與魏廣微合謀借會推晉撫一事盡空朝署先生遂歸明年三朝要典成坐移宮一案削籍爲民毀其東林書院丙寅又以東林邪黨逮先生及忠端公七人緹帥將至先生夜半書遺疏自沈止水三月十七也年六十有五疏云臣雖削奪舊係大臣大臣受辱則辱國故北向叩頭從屈平之遺則君恩未報結願來生崇禎初逆奄呈秀伏誅贈太子少保兵部尚書賜祭葬蔭子謚忠憲其自序爲學之次第云吾年二十有五聞令公李元冲名復陽與顧涇陽先生講學始志於學以爲聖人所以爲聖人者必有做處未知其方看大學或問見朱子說入道之要莫如敬故專用力於肅恭收斂持心方寸間但覺氣鬱身拘大不自在及放下又散漫如故無可奈何久之忽思程子謂心要在腔

子裏不知腔子何所指果在方寸間否耶覓註釋不得忽於小學中見其解曰腔子猶言身子耳大喜以爲心不專在方寸渾身是心也頓自輕鬆快活適江右羅止菴（名懋忠）來講李見羅修身爲本之學正合於余所持循者益大喜不疑是時只作知本工夫使身心相得言動無謬己丑第後益覺此意津津憂中讀禮讀易壬辰謁選平生恥心最重筮仕自盟曰吾於道未有所見但依吾獨知而行是非好惡無所爲而發者天啓之矣驗之頗近於此略見本心妄自擔負期於見義必爲冬至朝天宮習儀僧房靜坐自覓本體忽思閑邪存誠句覺得當下無邪渾然是誠更不須覓誠一時快然如脫纏縛癸巳以言事謫官頗不爲念歸嘗世態便多動心甲午秋赴揭陽自省胸中理欲交戰殊不寧帖在武林與陸古樵（名粹明）吳子往（名志遠）談論數曰一日古樵忽問曰本體何如余言下茫然雖答曰無聲無臭實出口耳非由真見將過江頭是夜明月如洗坐六和塔畔江山明媚知己勸酧爲最適意時然余忽忽不樂如有所束勉自鼓興而神不偕來夜闌別去余便登舟猛省曰今日風景如彼而余之情景如此何也窮自根究乃知於道全未有見身心總無受用遂大發憤曰此行不徹此事此生真負此心矣明日於舟中厚設蓐席嚴立規程

以半日靜坐半日讀書靜坐中不帖處只將程朱所示法門參求於凡誠敬主靜觀喜怒哀樂未發默坐澄心體認天理等一一行之立坐食息念念不舍夜不解衣倦極而睡睡覺復坐於前諸法反覆更互心氣清澄時便有塞乎天地氣象第不能常在路二月幸無人事而山水清美主僕相依寂寂靜靜晚間命酒數行停舟青山徘徊碧澗時坐磐石溪聲鳥韵茂樹修篁種種悅心而心不著境過汀州陸行至一旅舍舍有小樓前對山後臨澗登樓甚樂偶見明道先生曰百官萬務兵革百萬之衆飲水曲肱樂在其中萬變俱在人其實無一事猛省曰原來如此實無一事也一念纏綿斬然遂絕忽如百斤擔子頓爾落地又如電光一閃透體通明遂與大化融合無際更無天人內外之隔至此見六合皆心腔子是其區宇方寸亦其本位神而明之總無方所可言也平日深鄙學者張皇說悟此時只看作平常自知從此方好下工夫耳乙未春自揭陽歸取釋老二家參之釋典與聖人所爭毫髮其精微處吾儒具有之總不出無極二字弊病處先儒具言之總不出無理二字觀二氏而益知聖道之高若無聖人之道便無生民之類即二氏亦飲食衣被其中而不覺也戊戌作水居爲靜坐讀書計然自丙申後數年喪本生父母徙居婚嫁歲無

寧息只於動中煉習但覺氣質難變甲辰顧涇陽先生始作東林精舍大得朋友講習之功徐而驗之終不可無端居靜定之力蓋各人病痛不同大聖賢必有大精神其主靜只在尋常日用中學者神短氣浮須數十年靜力方得厚聚深培而最受病處在自幼無小學之教浸染世俗故俗根難拔必埋頭讀書使義理浹洽變易其俗腸俗骨澄神默坐使塵妄消散堅凝其正心正氣乃可耳余以最劣之質即有豁然之見而缺此一大段工夫其何濟焉所幸呈露面目以來纔一提策便是原物丙午方實信孟子性善之旨此性無古無今無聖無凡天地人只是一個性最上根潔清無蔽便能信入其次全在學力稍隔一塵頓遙萬里孟子所以示瞑眩之藥也丁未方實信程子鳶飛魚躍與必有事焉之旨謂之性者色色天然非由人力鳶飛魚躍誰則使之勿忘勿助猶爲學者戒勉若眞機流行瀰漫布濩亘古亘今間不容息於何而忘於何而助所以必有事者如植穀然根苗花實雖其自然變化而栽培灌溉全在勉強學問苟漫說自然都無一事即不成變化亦無自然矣辛亥方實信大學知本之旨壬子方實信中庸之旨此道絕非名言可形程子名之曰天理陽明名之曰良知總不若中庸二字爲盡中者停停當當庸者平平常常有一

毫走作便不停當有一毫造作便非平常本體如是工夫如是天地聖人不能究竟況於吾人豈有涯際勤物敦倫謹言敏行兢兢業業斃而後已云爾此先生甲寅以前之功如此其後涵養愈粹工夫愈密到頭學力自云心如太虛本無生死劉先生謂先生心與道一盡其道而生盡其道而死是謂無生無死非佛氏所謂無生死也先生之學一本程朱故以格物爲要但程朱之格物以心主乎一身理散在萬物存心窮理相須並進先生謂纔知反求諸身是真能格物者也頗與楊中立所說反身而誠則天下之物無不在我爲相近是與程朱之旨異矣先生又曰人心明卽是天理窮至無妄處方是理深有助乎陽明致良知之說而謂談良知者致知不在格物故虛靈之用多爲情識而非天則之自然去至善遠矣吾輩格物格至善也以善爲宗不以知爲宗也夫善豈有形象亦非有一善從而知之知之推極處卽至善也致良知正是止至善安得謂其相遠總之致知格物無先後之可言格物者申明致之一字格物卽在致之中未有能致而不謂之格物者先生謂有不格物之致知則其所致者何事故必以外窮事物之理爲格物則可言陽明之致知不在於格物若如先生言人心明卽是天理則陽明之致知卽是格物明矣先生之格

物本無可議特欲自別於陽明反覺多所扞格耳

語

有物必有則則者至善也窮至事物之理窮至於至善處也○格物是隨事精察物格是一以貫之○人心之靈莫不有知良知也因其已知而益窮之至乎其極致良知也○纔知反求諸身是眞能格物者也○格物愈博則歸本愈約明則誠也○窮理者格物也知本者物格也窮理一本而萬殊知本萬殊而一本○學者以知至爲悟不悟不足以爲學故格物爲要○無工夫則爲私欲牽引於外有工夫則爲意念束縛於中故須物格知至誠正乃可言也○朱子曰致知格物只是一事格物以理言也致知以心言也由此觀之可見物之格卽知之至而心與理一矣今人說著物便以爲外物不知不窮其理物是外物物窮其理理卽是心故魏莊渠曰物格則無物矣○學有無窮工夫心之一字乃大總括心有無窮工夫敬之一字乃大總括○心無一事之爲敬○無適自然有主不假安排○不知敬之卽心而欲以敬存心不識心亦不識敬○無妄之謂誠無適之謂敬有適皆妄也○主一之謂敬無適之謂一人心如何能無適故須窮理識其本體所以明道曰學者須先識仁識得仁體以誠敬存之而已

故居敬窮理只是一事○朱子立主敬三法伊川整齊嚴肅上蔡常惺惺和靖其心收斂不容一物言敬者總不出此然常惺惺其心收斂一著意便不是蓋此心神明難犯手勢惟整齊嚴肅有妙存焉未嘗不惺惺未嘗不收斂內外卓然絕不犯手也○人心放他自由不得○心中無絲髮事此爲立本○理不明故心不靜心不靜而別爲法以寄其心者皆害心者也人心戰戰兢兢故坦坦蕩蕩何也以心中無事也試想臨深淵履薄冰此時心中還著得一事否故如臨如履所以形容戰戰兢兢必有事焉之象實則形容坦坦蕩蕩澄然無事之象也○真知天自是形體隔不得觀天地則知身心天包地外而天之氣透於地中地之氣皆天之氣心天也身地也天依地地依天天地自相依倚心依身身依心身心自相依倚○心卽精神不外馳卽內凝有意凝之反梏之矣○朱子曰滿腔子是惻隱之心是就人身上指出此理充塞處最爲親切蓋天地之心充塞於人身者爲惻隱之心人心充塞天地者卽天地之心人身一小腔子天地卽大腔子也○孟子心之官則思思則虛靈不昧之謂思是心之睿於心爲用著事之思又是思之用也○一念反求此反求之心卽道心也更求道心轉無交涉○須知動心最可恥心至貴也物至賤也奈何

貴爲賤役○何以謂心本仁仁者生生之謂天只是一個生故仁卽天也天在人身爲心故本心爲仁其不仁者心蔽於私非其本然也○人身內外皆天也一呼一吸與天相灌輸其死也特脫其闔闢之樞紐而已天未嘗動也○理靜者理明欲淨胸中廓然無事而靜也氣靜者定久氣澄心氣交合而靜也理明則氣自靜氣靜理亦明兩者交資互益以理氣本非二故默坐澄心體認天理爲延平門下至教也若徒以氣而已動卽失之何益哉○默坐澄心體認天理謂默坐之時此心澄然無事乃所謂天理也要於此時默識此體云爾非默坐澄心又別有天理當體認也○朱子曰必因其已發而遂明之省察之法也吾則曰必因其未發而遂明之體認之法也其體明其用益明矣○龜山曰天理卽所謂命知命只事事循天理而已言命者惟此語最盡其實無一事不要惹事○窮理者天理也天然自有之理人之所以爲性天之所以爲命也在易則爲中正聖人卦卦拈出示人此處有毫釐之差便不是性學○人心明卽是天理○旣得後須放開蓋性體廣大有得者自能放開不然還只是守不是得蓋非有意放開也○道性善者以無聲無臭爲善之體陽明以無善無惡爲心之體一以善卽性也一以善爲意也故曰有善有惡者意之

動佛氏亦曰不思善不思惡以善爲善事以惡爲惡事也以善爲意以善爲事者不可曰明善○龜山門下相傳靜坐中觀喜怒哀樂未發前作何氣象是靜中見性之法靜中觀者卽是未發者也觀不是思思則發矣此爲初學者引而致之之善誘也○佛氏最忌分別是非如何紀綱得世界紀綱世界只是非兩字亘古亘今塞天塞地只是一生機流行所謂易也○大易教人息息造命臣弒其君子弒其父其所由來者漸也既已來矣豈可逃乎辨之於蚤如地中無此種子秧從何來○繼之者善是萬物資始成之者性是各正性命元特爲善之長耳元而亨亨而利利而貞貞而復元繼之者皆此善也○利貞者性情也成這物方有這性故至利貞始言性情○伊川說游魂爲變曰既是變則存者亡堅者腐更無物也此殆不然只說得形質耳游魂如何滅得但其變化不可測識也聖人卽天地也不可以存亡言自古忠臣義士何曾亡滅避佛氏之說而謂賢愚善惡同歸於盡非所以教也況幽明之事昭昭於耳目者終不可掩乎張子曰大易不言有無言有無諸子之陋也○天地間感應二者循環無端所云定數莫逃者皆應也君子盡道其間者皆感也應是受命之事感是造命之事聖人祈永天命皆造命也我由命造命由我造但知

委順而不知順道非知命者也○人想到死去一物無有萬念自然撒脫然不如悟到性上一物無有萬念自無繫累也○一日克己復禮無我也佛氏曰懸崖撒手近儒亦曰拚皆似之而實非何者以非聖人所謂復禮也或曰眞爲性命人被惡名埋沒一世更無出頭亦無分毫掛帶此是欲率天下入於無忌憚其流之弊弒父與君無所不至○政事本於人才舍人才而言政者必無政財用本於政事舍政事而言財者必無財○有問錢緒山曰陽明先生擇才始終得其用何術而能然緒山曰吾師用人不專取其才而先信其心其心可托其才自爲我用世人喜用人之才而不察其心其才止足以自利其身已矣故無成功愚謂此言是用才之訣也然人之心地不明如何察得人心術○人不患無才識進則才進不患無量見大則量大皆得之於學也

## 劄記

心無出入所持者志也○道無聲臭體道者言行而已○人心纔覺便在腔子裏不可著意○有憤便有樂不知手之舞之足之蹈之平日無憤無樂只是悠悠○天然一念現前能爲萬變主宰此先立乎其大者○當下卽是此默識要法也然安知其當下果何如朱子曰

提醒處卽是天理更別無天理此方是真當下○易之本體只是一生字工夫只是一懼字○窮至無妄處方是理

## 說類

靜坐之法喚醒此心卓然常明志無所適而已志無所適精神自然凝復不待安排勿著方所勿思效驗初入靜者不知攝持之法惟體貼聖賢切要之言自有入處靜至三日必臻妙境○靜坐之法不用一毫安排只平平常常默然靜去此平常二字不可容易看過卽性體也以其清淨不容一物故謂之平常畫前之易如此人生而靜以上如此喜怒哀樂未發如此乃天理之自然須在人各各自體貼出方是自得靜中妄念強除不得真體旣顯妄念自息昏氣亦強除不得妄念旣淨昏氣自清只體認本性原來本色還他湛然而已大抵著一毫意不得著一毫見不得纔添一念便失本色由靜而動亦只平平常常湛然動去靜時與動時一色動時與靜時一色所以一色者只是一個平常也故曰無動無靜學者不過借靜坐中認此無動無靜之體云爾靜中得力方是動中真得力動中得力方是靜中真得力所謂敬者此也所謂仁者此也所謂誠者此也是復性之道也

靜坐說○前靜坐說觀之猶未備也夫靜坐之法入門者藉以涵養

初學者藉以入門彼夫初入之心妄念膠結何從而見平常之體平平常則散漫去矣故必收斂身心以主於一一即平常之體也主則有意存焉此意亦非著意蓋心中無事之謂一著意則非一也不著意而謂之意者但從衣冠瞻視間整齊嚴肅則心自一漸久漸熟平常矣故主一者學之成始成終者也靜坐說後○凡人之所謂心者念耳人心日夜繫縛在念上故本體不現一切放下令心與念離便可見性放之念亦念也如何得心與念離放退雜念只是一念所謂主一也習之久自當一旦豁然示學者○古人何故最重名節只爲自家本色原來冰清玉潔著不得些子汙穢纔些子汙穢自家便不安此不安之心正是原來本色所謂道也同上○爲善必須明善善者性也性者人生而靜是也人生而靜時胸中何曾有一物來其營營擾擾者皆有知識以後日添出來非其本然也既是添來今宜減去減之又減以至於減無可減方始是性方始是善何者人心湛然無一物時乃是仁義禮智也爲善者乃是仁義禮智之事也爲善說

○今人所謂天以爲蒼蒼在上者云爾不知九天而上九地而下自吾之皮毛骨髓以及六合內外皆天也然則吾動一善念而天必知之動一不善念而天必知之而天又非屑屑焉知其善而報之善知

其不善而報之不善也凡感應者如形影然一善感而善應隨之一不善感而不善應隨之自感自應也夫曰自感自應何以謂之天何以爲天必知之也曰自感自應所以爲天也所以爲其物不貳也若曰有感之者又有應之者是二之矣惟不二所以不爽也 知天說 ○

昔朱子初年以人自有生卽有知識念念遷革初無頃刻停息所謂未發者乃寂然之本體一日之間卽萬起萬滅未嘗不寂然也蓋以性爲未發心爲已發未發者卽在常發中更無未發時也後乃知人心有寂有感不可偏以已發爲心中者心之所以爲體寂然不動者也性也和者心之所以爲用感而遂通者情也故章句云喜怒哀樂情也其未發則性也二語指出性情如指掌矣王文成復以性體萬古常發萬古常不發以鐘爲喻謂未叩時原是驚天動地已叩時原自寂天寞地此與朱子初年之說相似而實不同蓋朱子初年以人之情識逐念流轉而無未發之時文成則以心之生機流行不息而無未發之時文成之說微矣而非中庸之旨也中庸所謂未發指喜怒哀樂言夫人豈有終日喜怒哀樂者蓋未發之時爲多而喜怒哀樂可言未發不可言不發文成所謂發而不發者以中而言中者天命之性天命不已豈有未發之時蓋萬古流行而太極本然之妙萬

古常寂也可言不發不可言未發中庸正指喜怒哀樂未發時爲天命本體而天命本體則常發而不發者也情之發性之用也不可見性之體故見之於未發未發一語實聖門指示見性之訣靜坐觀未發氣象又程門指示初學者攝情歸性之訣而以爲無未發時者失其義矣 未發說 ○聖人之學所以異於釋氏者只一性字聖人言性所以異於釋氏言性者只一理字理者天理也天理者天然自有之條理也故曰天敘天秩天命天討此處差不得鍼芒先聖後聖其揆一也明道見得天理精故曰傳燈錄千七百人若有一人悟道者臨死須尋一尺布裹頭而死必不肯削髮異服而終此與曾子易簀意同此理在拈花一脈之上非窮理到至極處不易言也 心性說 ○老氏氣也佛氏心也聖人之學乃所謂性學老氏之所謂心所謂性則氣而已佛氏之所謂性則心而已非氣心性有二其習異也性者天理也外此以爲氣故氣爲老氏之氣外此以爲心故心爲佛氏之心聖人氣則養其道義之氣心則存其仁義之心氣亦性心亦性也或者以二氏言虛無遂諱虛無非也虛之與實有之與無同義而異名至虛乃至實至無乃至有二氏之異非異於此也性形而上者也心與氣形而下者也老氏之氣極於不可名不可道佛氏之心極於不

可思不可議皆形而上者也二氏之異又非異於道器也其端緒之異天理而已 氣心性說 ○伊川曰在物爲理處物爲義此二語關涉不小了此卽聖人艮止心法胡廬山以爲心卽理也舍心而求諸物遺內而徇外舍本而逐末也嗚呼天下豈有心外之物哉當其寂也心爲在物之理義之藏於無朕也當其感也心爲處物之義理之呈於各當也心爲在物之理故萬象森羅心皆與物爲體心爲處物之義故一靈變化物皆與心爲用體用一源不可得而二也物顯乎心心妙乎物妙物之心無物於心無物於心而後能物物故君子不從心以爲理但循物而爲義不從心爲理者公也循物爲義者順也故曰廓然大公物來順應故曰聖人之喜怒在物不在己八元當舉當舉之理在八元當舉而舉之義也四凶當罪當罪之理在四凶當罪而罪之義也此之謂因物付物此之謂艮背行庭內外兩忘澄然無事也彼徒知昭昭靈靈者爲心而外天下之物是心爲無矩之心以應天下之物師心自用而已與聖賢作處天地懸隔 理義說 ○張子曰形而後有氣質之性天地間性有萬殊者形而已矣以人物言之人形直而靈獸形横而蠢以人言之形清而靈形濁而蠢故史傳所載商臣伯石之類皆形也形異而氣亦異氣異而性亦異非性異也

弗虛弗靈性弗著也夫子曰性相近也習染未深之時未始不可為善故曰相近然而質美者習於善易習於惡難質惡者習於惡易習於善難上智下愚則氣質美惡之極有必不肯習於善必不肯習於惡也故有形以後皆氣質之性也天地之性非學不復故曰學以變化氣質為主或疑天地之性氣質之性不可分性為二者非也論性於成形之後猶論水於淨垢器中道著性字只是此性道著水字只是此水豈有二耶或又疑性自性氣質自氣質不可混而一之者亦非也天地之道為物不貳故性卽是氣氣卽成質惡人之性如垢器盛水清者已垢垢者亦水也明乎氣質之性而後知天下有自幼不善者氣質而非性也故曰氣質之性君子有弗性者焉氣質說○凡了悟者皆乾也修持者皆坤也人從迷中忽覺其非此屬乾知一覺之後遵道而行此屬坤能皆乾坤端倪而非其體乍悟復迷乍作復止未足據也必至用力之久一旦豁然如大畜之上九畜極而通曰何天之衢乃如是乎心境都忘宇宙始闢方是乾知知之既真故守之必力細行克矜小物克謹視聽言動防如關津鎮如山岳方是坤能譬之於穀乾者陽發生耳根苗花實皆坤也蓋乾知其始坤成其終無坤不成物也故學者了悟在片時修持在畢世若曰悟矣一切

冒嫌疑毀藩籬曰吾道甚大奈何爲此拘拘者則有生無成苗不秀秀不實惜哉乾坤說○真放下乃真操存真操存乃真放下心存誠敬至於死生不動更有何物不放下耶若謂心存誠敬胸中有誠敬則拳拳服膺胸中有一善乎本體本無可指聖人姑拈一善字工夫極有多方聖人爲拈一敬字鄒顧請益

辨

大學致知在格物物格而后知至陽明曰所謂致知格物者致吾心之良知於事事物物也致吾心良知之天理於事事物物則事物各得其理矣事物各得其理格物也是格物在致知知至而後物格也又曰物事也格正也但意念所在卽要去其不正以全其正又曰格物者格其心之不正以歸於正是格物在正心誠意意誠心正而後格物也陽明辨○凡人之學謂之曰務外遺內謂之曰玩物喪志者以其不反而求諸理也求諸理又豈有內外之可言哉在心之理在物之理一也天下無性外之物無心外之理猶之器受日光在彼在此日則一也不能析之而爲二豈待合之而始一也同上

論學書

平昔自認以此心惺然常明者爲道心惟知學者有之蚩蚩之氓無

有也卽其平旦幾希因物感觸倏明倏晦如金在鑛但可謂之鑛不可謂之金如水凝冰但可謂之冰不可謂之水而先生乃曰僮僕之服役中節者皆道心也初甚疑之已而體認忽覺平日所謂惺然常明之心乃是把捉之意而蚩蚩之民有如鳶飛魚躍出於任天之便者反有合於不識不知之帝則特彼日用不知耳然則無覺非也有意亦非也必以良心之自然者爲眞稍涉安排卽非本色矣與許敬菴〇佛氏所謂善念中善事也與聖人言善絕不相干韓子曰彼以煦煦爲仁孑孑爲義其小之也固宜如佛氏所謂善其無之也亦宜答顧涇陽〇格物之功非一其要歸於知本知修身爲本而本之天下無餘事矣蓋格來格去知得世間總無身外之理總無修外之工正其本萬事理更不向外著一念如此自然純乎天理而無一毫人欲之私豈不是止至善也程朱錯認此謂知本是闕文而謂格致別有傳遂令修身爲本二節無歸著後世知得此謂知本是原文而謂格物只格本末又令格物致知之工無下手假令一無知識之人不使讀書講論如朱子四格法而專令格本末其有入乎同上〇諸老之中塘南可謂洞澈心意者矣然以愚見窺之尚有未究竟在何則聖人之學上下一貫故其表裏精粗無不兼到舉要而言循理而已

循理便無事卽無思無爲之謂也今徒曰無思無爲得手者自不至遺棄事物然已啓遺棄事物之弊矣如曰止於至善有何名相倚著之可言至矣極矣今必曰無善無惡又須下轉語曰無善無惡乃所以爲至善也明者自可會通然而以之明心性者十之一以之墮行檢者十之九矣無思無爲者卽無善無惡之謂也未離知解則未離門戶未離門戶則未離倚著倚著易知而無倚著之倚著難知也故曰尙有未究竟在聖人之道至易至簡無可名言故曰予欲無言惟其無可言故其可言者人倫日用之常而已所以愈淺而愈深愈卑而愈高愈顯而愈微然而如之何而可使人見本體也曰此在人之信而非可以無思無爲無善無惡轉令人走向別處去也如易曰乾元亨利貞如言人仁義禮智之謂也停停當當本體如是而已信得及者別無一事日用常行人倫事物無令少有汙壞而已此所以爲至易至簡也 同上

○善卽生生之易也有善而後有性學者不明善故不知性也夫善洋洋乎盈眸而是矣不明此則耳目心志一無著落處其所學者僞而已矣然其機竅在於心人心反復人身來故能向上尋去下學而上達也 答馮少墟

○方寸卽宇宙也世人漫視爲方寸耳顧非窮究到名言不立之地爲名言而已非存養於思慮未

發之先爲思慮而已名言思慮爲憧憧之朋從而已答劉念臺○理者心也窮之者亦心也但未窮之心不可爲理未窮之理不可爲心此處非窮參妙悟不可悟則物物有天然之則日用之間物還其則而已無與焉如是而已同上○心一也黏於軀殼者爲人心即爲識發於義理者爲道心即爲覺非果有兩心然一轉則天地懸隔謂之覺矣猶以爲形而下者乘於氣機也視聽持行皆物也其則乃性也佛氏以擎拳豎拂運水搬柴總是神通妙用蓋以縱橫豎直無非是性而毫釐之差則於則上辨之凡事稍不合則必有不安此見天然自有之中毫髮差池不得若觀佛氏於彝倫之際多所未安彼却不顧也同上○敬者絕無之盡也有毫釐絲忽在便不是有敬字在亦不是同上○存養此心純熟至精微純一之地則即心即性不必言合如其未也則如朱子曰虛靈知覺一而已矣而所以爲知覺者不同不嫌於分剖也與錢啓新○貨色二字落脚便成禽獸與揭陽先生○自昔聖賢兢兢業業不敢縱口說一句大膽話今却不然天下人不敢說底話但是學問中人說以心性之虛見爲名教罪人者多矣與管東溟○某洗心待盡但見本性本無常變變動他不得一切變幻皆銷歸於此候倚鶴趙師○嘗妄意以爲今日之學寧守先儒

之說拘拘爲尋行數墨而不敢談元說妙自陷於不知之妄作寧稟前哲之矩硜硜爲鄉黨自好而不敢談圓說通自陷於無忌憚之中庸積之之久倘習心變革德性堅凝自當恍然知大道之果不離日用常行而步步踏實地與對塔說相輪者遠矣 答葉臺山 ○學必須悟悟後方知痛癢耳知痛癢後直事事放過不得 與羅匡湖 ○戒懼慎獨不過一靈炯然不昧知是必行知非必去而已所以然者何也此件物事不著一毛惟是知是必行知非必去斬斬截截潔潔淨淨積習久之至於動念必正方是此件不然只是見得他光景不爲我有試體行不慊心時還是此件否耶 答耿庭懷 ○不患本體不明只患工夫不密不患理一處不合惟患分殊處有差必做處十分酸澀得處方能十分通透 復錢漸菴 ○知危者便是道心 同上 ○人心一片太虛是廣運處此體一顯即顯無漸次可待澈此則爲明心一點至善是眞宰處此體愈窮愈微有層級可言澈此方爲知性或曰至善是現成天則有何層級曰所謂層級就人見處言身到此處見到此處進一層又一層見到天然停停當當處方是天則此即窮理之謂也或曰虛到極處便見至善豈虛是虛善是善曰只看人入處何如從窮理入者即虛是理虛是知覺便是仁義禮智不從窮理入者

即氣是虛仁義禮智只是虛靈知覺緣心性非一非二只在毫芒眇忽間故也同上○某與李先生見羅稍異者以格物致知而知本以知本爲物格知至耳至於主意則在知止工夫則在知本一也吾人日用何曾頃刻離著格物開眼便是開口便是動念便是善格物者時時知本善知本者時時格物格透一分則本地透一分止地透一分耳與徐匡岳○復元聖質也見在已是康齋等輩矣說者謂康齋不及白沙透悟蓋白沙於性地上窮研極究以臻一旦豁然康齋只是行誼潔修心境靜樂如享現成家當者然其日漸月摩私欲淨盡原與豁然者一般即敬軒亦不見作此樣工夫至其易簀之詩此心惟覺性天通原是豁然境界不可謂其不悟復元再肯進此一步則幾矣但恐其質妙行敦身心已定壘得去日用已洒落得去不信有此一步只有一試法須自知之有妄想否有倚靠否若有妄想即樂亦須假物如讀書亦假借也若有倚靠即敬亦是倚靠如以敬直內便不是直也論辛復元○辛全字復元家貧十七八纔知讀書即有志聖學三十不娶友人勸之始有室不赴試當事挽之康於學宮崇禎時以薦舉入朝所著有樂天集養心錄然其人胸中憒憒急欲自見劉先生曰辛復元儒而僞者也馬君謨禪而僞者也君謨衢州人

林增志師之○聖學全不靠靜但各人稟賦不同若精神短弱決要靜中培擁豐碩收拾來便是良知散漫去都成妄想答吳安節○人生處順境好過却險處逆境難過却穩世味一些靠不著方見道味親切道味有些靠不著只是世味插和兩者推敲儘有進步若順境中一切混過矣同上○接教言連日精神不暢此不可放過凡天理自然通暢和樂不通暢處皆私欲也當時刻喚醒不令放倒與吳子徵○心體無有形體無有邊際無有內外無有出入停停當當直上直下不容絲毫人力但昏雜時略綽喚醒一醒即是本體昭然現前更不待認而後合待認而合則與道爲二反成急迫躁擾矣靜中不可空持硬守必須涵泳聖賢之言使義理津津悅心方得天機流鬯○此道旣爾充塞形色即是天性但隨有所在一切整齊嚴肅許大乾坤樞紐在此總無餘事矣俱同上○居平日取聖賢書循循而讀之內體諸身而合外應之事而順自不覺其篤信而深好之故自學庸語孟周程張朱諸書而外不敢泛有所讀確守師說亦不敢自立所見出而應世一秉其所信亦不敢有所委曲求濟於其間答史玉池○爲己之根未深怒於毀者必喜於譽却是平日所爲好事不過欲人道得一個好於自己的性分都無干涉同上○躬行君子聖人

所謂未得者要形色純是天性聲爲律身爲度做到聖人亦無盡處所以爲未得故不悟之修止是粧飾不修之悟止是見解二者皆聖人所謂文而已豈躬行之謂哉答蕭康侯○某自甲午年赴謫所從萬山中盤石上露出本來面目修持十五年祇覺一毫尚在去年一化方知水窮山盡處耳雖然聖解一破立盡凡情萬疊難銷古德牧之爲牛某則奉之爲君夫何爲哉恭己正南面而已答瞿洞觀○廊廟山林俱各有事在山林者一念不空卽非真體有民社者一念不實亦非真空同上○人生只有一個念頭最可畏全憑依他不得精察天理令這念頭只在兢業中行久之純熟此個念頭卽是天理孔聖七十方到此地位吾輩何敢說大話也與丁子行○足下契禪獨深而好觀程子遺書先入之言主張於內爲力甚難倘於高明未合願姑舍之萬勿援釋合儒爲孔門大罪業今之陽崇儒而陰從釋借儒名以文釋行者大熾足下才高力強尤大可慮與其似是亂真則不若靜守禪宗答劉直洲○李先生獨揭止修之旨自頂至踵皆爲實地頭無動無靜皆爲實工夫其意微矣其功大矣善學者得之則凡聖賢之言皆見下落如五味之相濟而不相爲病不善學者舉一廢百亦有不覺其相爲牴牾者何也聖人之言寬而不迫雖至於千

變萬化而道則一也李先生提綱挈領之教說近於執執則迫矣故某以爲既得其大本則宜益涵泳聖賢之言而寬以居之斯爲不失李先生之意也與羅止菴○談良知者致知不在格物故虛靈之用多爲情識而非天則之自然去至善遠矣吾輩格物格至善也以善爲宗不以知爲宗也故致知在格物一語而儒禪判矣答王儀賓○陽明先生於朱子格物若未嘗涉其藩者其致良知乃明明德也然而不本於格物遂認明德爲無善無惡故明德一也由格物而入者其學實其明也卽心卽性不由格物而入者其學虛其明也是心非性心性豈有二哉則所從入者有毫釐之辨也答方本菴○體卽是用用卽是體雖不容分然用寂是體體發是用亦不容混一觀而用寂矣所謂觀未發者如是若徒觀其氣象何啻千里人能知用寂之體只於此立本乃真復也與吳觀華○寂卽是易發卽是爻同上○此事凝之甚難散之甚易道豈有聚散乎正欲凝此無聚散者故本體本無散工夫只是凝與周季純○學問只要一絲不掛其體方真體既真用自裕到真用工夫時卽工夫一切放下方是工夫同上○身心之事當汲汲求之不可丟在無事甲中一切求閑好靜總是無事生事與卞子靜○學問在知性而已知性者明善也孟子道性善

而言必稱堯舜者何也性無象善無象稱堯舜者象性善也若曰如是如是言上會者淺象上會者深此象在心得其正時識取心得其正心中無事時也與陳似本○於穆之真絕無聲無臭安得有富貴貧賤夷狄患難是刀鋸鼎鑊之所不能及安得有死生但在日用煉習純是此件卽真無死生耳與孫淇澳○都下近傳姑蘇詞林作六君子弔忠文想如丈教正實其說矣此何異公子無忌約賓客入秦軍乎杜門謝客正是此時道理彼欲殺時豈杜門所能逃然卽死是盡道而死非立巖牆而死也大抵現前道理極平常不可著一分怕死意思以害世教不可著一分不怕死意思以害世事想丈於極痛憤時未之思也與劉念臺

## 雜著

默而識之曰悟循而體之曰修修之則彝倫日用也悟之則神化性命也聖人所以下學而上達與天地同流如此而已矣今之爲悟者或攝心而乍見心境之開明或專氣而乍得氣機之宣暢以是爲悟遂欲舉吾聖人明善誠身之教一掃而無之決隄防以自恣滅是非而安心謂可以了生死嗚呼其不至於率禽獸食人而人相食不止矣近思錄序○聖人言道未嘗諱言無也曰上天之載無聲無臭無

聲無臭者不可言言人倫庶物而已天生蒸民有物有則故典曰天序禮曰天秩命曰天命討曰天討是之謂天則聖人之學物還其則而我無與焉萬變在人實無一事無之極也是故言天下之至賾而不可惡也言天下之至動而不可亂也彼外善以爲性故物曰外物窮事物之理曰徇外直欲一掃而無之不知心有未盡不可得而無也理有未窮心不可得而盡也今以私欲未淨之心遽遣之使無其勢必有所不能則不得不別爲攝心之法外人倫庶物而用其心至於倫物之閒知之不明處之不當居之不安將紛擾滋甚而欲其無也愈不可得矣是故以理爲主順而因之而不有者吾之所謂無也以理爲障逆而掃之而不有者彼之所謂無也陽明先生所謂善非性善之善也何也彼所謂有善有惡者意之動則是以善屬之意也其所謂善第曰善念云爾所謂無善第曰無念云爾吾以善爲性彼以善爲念也吾以善自人生而靜以上彼以善自吾性感動而後也故曰非吾所謂性善之善也吾所謂善元也萬物之所資始而資生也烏得而無之故無善之說不足以亂性而足以亂教善一而已矣一之而一元萬之而萬行爲物不二者也天下無無念之心患其不一於善耳一於善卽性也今不念於善而念於無

無亦念也若曰患其著焉著於善著於無一著也著善則拘著無則蕩拘與蕩之患倍蓰無算故聖人之教必使人格物物格而善明則有善而無著今懼其著至夷善於惡而無之人遂將視善如惡而去之大亂之道也故曰足以亂教古之聖賢曰止善曰明善曰擇善曰積善蓋懇懇焉今以無之一字掃而空之非不教爲善也旣無之矣又使爲之是無食而使食也方本菴性善繹序○至日閉關關心關也其紛念爲商旅其真宰爲后商旅不行則內固后不省方則外馳闔乾坤之門而爲關斯爲闢乾坤之戶而爲感德大業三百八十四畫一畫綰之點朱吟序○諸賢之登斯堂也有不雝雝肅肅者乎此雝雝肅肅之時有喜乎有怒乎有哀樂乎抑有思慮乎無有也所謂未發也善之體也一反觀而明矣此反觀者何物也心也明德也性寂而靜心能觀之情發而動心能節之此心之所以統乎性情而明德之所以體用乎至善也格致之法也桐川會續記序○姚江之弊始也掃聞見以明心耳究而任心而廢學於是乎詩書禮樂輕而士鮮實悟始也掃善惡以空念耳究且任空而廢行於是乎名節忠義輕而士鮮實修崇文會語序○論語二十篇不言心第兩言之曰其心三月不違仁曰從心所欲不踰矩是則固有違仁踰矩之心矣自

致良知之宗揭學者遂認知爲性一切隨知流轉張皇恍惚其以恣情任欲亦附於作用變化之妙而迷復久矣尊聞錄序○耳目手足者形也視聽持行者色也聰明恭重者性也本來如是復還其如是之謂工夫也修而不悟者徇末而迷本悟而不澈者認物以爲則不知欲修者正須求之本體欲悟者正須求之工夫無本體無工夫無工夫無本體也馮少墟集序○感應所以爲鬼神非有鬼神以司感應聖人以天理如是一循其自然之理所以爲義佛氏以因果如是懾人以果報之說所以爲利感應篇序○今人欽欽焉目明耳聰手恭足重心空空而無適於斯時也徹內外非天乎天非性乎性非善乎以其爲人之本色無纖毫欠缺無纖毫汙染而謂之善也循是而動不違其則之謂道故學莫難於見其本色見本色斯見性矣程子以學者須先識仁而謂不須防檢不須窮索夫學豈可廢防檢窮索欲人識防檢窮索之非本色辨其非本色者卽知其本色知其本色則防檢窮索皆本色也曹真予集序○學欲其得之心而已無所得諸其心則物也者物也有所得諸其心則物也者知也物自爲物故物不關於性物融爲知則性不累於物如此而已矣藝訓韻律序○古之至人以變易成其不易以不易貞其變易夫人自少壯而老身

體髮膚日遷日謝變易矣而心不易也夫人之心思營爲萬起萬滅變易矣而性不易也吾萬起萬滅者注之於是而不二焉是爲以變易成其不易久之而熟道義成性向之萬起萬滅者轉而爲萬變萬化之妙是爲以不易貞其變易夫人之夢也其遊魂能視能聽能言能動無質無體與有質有體者不異然遊魂爲變變而不可知者以其昧而不靈至成性而遊魂始靈故大人通晝夜而知守其不易也王應峯壽序○人之率然而動皆欲也惕然而慮皆理也欲動而慮止則得失之分而安危存亡治亂之機也慮得集序○太極者理之極至處也其在人心湛然無欲卽其體也先儒云心卽太極此語須善會無欲之心乃真心真心斯太極矣若但見其無形無方無際而已是見也有所見便是妄書悟易篇○凡人而可至於聖人者只在愼獨獨者本然之天明也人所不知而己所獨知也是卽知其爲是非卽知其爲非非由思而得非由慮而知卽此是天卽此是地卽此是鬼神無我無人無今無古總是這個知得這個可畏卽便是敬不欺瞞這個卽便是誠一一依這本色卽便是明書扇○覺者心也敬者身也今人四體不端見君子而後肅焉端焉所以不安者非由見君子而然其性然也見君子而性斯顯耳故心覺而身敬者坤承乾

也乾坤合德則形性渾融久而熟凡而聖矣同上○陸古樵曰只要立大本一日有一日之力一月有一月之力務要靜有定力令我制事毋使事制我此下皆三時記○陸粹明號古樵廣東新會人從湖陽蕭自麓學以主靜爲宗余深喜其言聞其謂子徵曰靜後覺真氣從丹田隱隱而生予又懼其誤認主靜之旨也○明月臨江不能飲酒亦覺幽蘊內攻不暢諸外篷牕隱坐深自克省知前功之不切手勢一轉○李見羅書云果明宗果知本真有心意知物各止其所而格致誠正總付之無所事事的光景矣又曰格致誠正不過就其中缺漏處照管提撕使之常止常止則身常修心常正意常誠知常致而物自格矣余則以大學格致卽中庸明善所以使學者辨志定業絶利一源分剖爲己爲人之界精研義利是非之極透頂徹底窮究擣巢要使此心光明洞達直截痛快無毫髮含糊疑似於隱微之地以爲自欺之主夫然後爲善而更無不爲之意拒之於前不爲惡而更無欲爲之意引之於後意誠心正身修善之所以純粹而精止之所以敦厚而固也不然非不欲止欲修而氣稟物欲拘蔽萬端恐有不能實用其力者矣且修身爲本聖訓昭然千古誰不知之只緣知誘物化不能反躬非欲能累人知之不至也何以旦晝必無穿窬之

念夜必無穿窬之夢知之切至也故學者辨義利是非之極必皆如無穿窬之心斯為知至此工夫喫緊沈著豈可平鋪放在說得都無氣力且條目次第雖非今日致明日誠然著個先後字亦有意義不宜如此儱侗此不過先儒舊說見羅則自謂孔曾的傳恐決不入也○余觀文成之學蓋有所從得其初從鐵柱宮道士得養生之說又聞地藏洞異人言周濂溪程明道是儒家兩個好秀才及婁一齋與言格物之學求之不得其說乃因一草一木之說格及官舍之竹而致病旋即棄去則其格致之旨未嘗求之而於先儒之言亦未嘗得其言之意也後歸陽明洞習靜導引自謂有前知之異其心已靜而明及謫龍場萬里孤遊深山夷境靜專澄默功倍尋常故胸中益洒洒而一旦怳然有悟是其舊學之益精非於致知之有悟也特以文成不甘自處於二氏必欲篡位於儒宗故據其所得拍合致知又粧上格物極費工力所以左籠右罩顛倒重複定眼一覷破綻百出也後人不得文成之金鍼而欲強繡其鴛鴦其亦誤矣○蕭自麓臨別謂曰公當潛養數年不可發露先輩皆背地用一陣堅苦工夫故得成就耳余深然之○或曰至善自性體宋儒如何認作極功余曰公自認作極功朱子未嘗如此說門人問曰至善是各造其極然後為

至否朱子曰至善是自然的道理如此說不得又曰至善是些子恰好處天理人心之極致也公且看人心若純乎天理而無一毫人欲之私此何等境界還算不得性體否曰一草一木皆要格如何余曰公看上下文否聖賢之言隨人抑揚人欲專求性情故推而廣之曰性情固切草木皆有理不可不察人欲泛觀物理則又曰致知當知至善所在若徒欲泛觀物理恐如大軍之遊騎出太遠而無所歸也一進一退道理森然何嘗教人去格草木曰今日格一物明日格一物如何曰自是問者疑一物格則萬物皆通故云雖顏子亦未至此惟今日而格明日又格積習多然後有貫通處耳此於道理何疑豈曾限定公一日只格得一物耶○許敬菴先生之學以無欲爲主自是逈別世儒不必以大學論離合也當時濂溪無欲之學大學未經表章反覺潔淨今日人人自爲大學執此病彼氣象局促耳

講義

自有知識以來起心動念俱是人欲聖人之學全用逆法只從矩不從心所欲也立者立於此不惑者不惑於此步步順矩故步步逆欲到五十而知天命方是順境故六十而耳順矣七十而心順矣不踰矩章○人生有身必有所處不處約便處樂不仁之人約也處不得

樂也處不得此身無一處可著落也約者收斂之義樂者發舒之義不仁者愈約愈局更無過活處愈樂愈放更無收煞處約樂章○所謂一不是只說一箇心是說這箇心到至一處譬之於金當其在鑛時只可謂之鑛不可謂之金故未一之心只可謂之心惟精之心方可謂之一一貫章○人果能見得天理精明方見得人欲細微一動於欲便礙於理如兩造然遂內自訟一訟則天理常伸人欲消屈而過不形於外矣故曰見性斯能見過見過斯能復性見過章○忠信是天生人的原來本色聖賢好學不過是還他本色若不學便逐日澆散非是把忠信做箇基本忠信之外又有甚學問也十室之邑章○人生何處有一毫不停當何處有一毫不圓滿自家做得不停當覺得不圓滿皆是有生以後添出來勾當添出來念頭原初本色何曾有此但一直照他本色終日欽欽不迷失了故物便到聖人地位也只如此人之生也直章○中即吾之身心是也庸即吾之日用是也身心何以為中只潔潔淨淨廓然大公便是身心不是中能廓然無物即身心是中也日用何以謂之庸只平平常常物來順應便是日用不是庸能順事無情即日用是庸也到這裏一絲不掛是個極至處上面更無去處也中庸其至章○仁是生生之理充塞天地人

身通體都是何曾有去來有內外自人生而靜以後誘物爲欲遂認欲爲心迷不知反耳若一念反求此反求者卽仁也别尋個仁卽誤矣曰如此不幾認心爲性乎何以言心不違仁曰心性不是兩個程子謂人心反復入身來自能尋向上去下學而上達也心是形而下者仁是形而上者違則卽心卽仁不違則心只是心看人自得何如仁遠章〇孔門心法極難看不是懸空守這一個心只隨時隨處隨事隨物各當其則蓋心不是别物就是大化流行與萬物爲體的若事物上差失就是這個差失學者不知本領只去事物上求却離了本知是本領要守住這個心又礙了物皆謂之不仁學如不及章〇生生之謂易無刻不生則無刻不易無刻不易則無刻不逝但不可得而見可見者無如川流此是人的性體自有生以來此個真體變做憧憧妄念一般流行運用不舍晝夜遂沈迷不反學者但猛自反觀此憧憧者在何處了不可得妄不可得卽是真也緣真變妄故轉妄卽真如掌反覆朱子欲學者時時省察不使毫髮間斷不是教人將省察念頭接續不間斷此真體原自不舍晝夜人間斷他不得但有轉變耳時時省察不令轉變久之而熟乃爲成德也川上章〇今人錯認敬字謂纔說敬便著在敬上了此正不是敬凡人心下膠膠

擾擾只緣不敬若敬便豁然無事了豈有敬而著個敬在胸中爲障礙之理修己以敬章○除却聖人全知一徹俱徹以下便分兩路一者在人倫庶物實知實踐去一者在靈明知覺默識默成去此兩者之分孟子於夫子微見朕兆陸子於朱子遂成異同本朝文清文成便是兩樣宇內之學百年前是前一路百年來是後一路兩者遞傳之後各有所弊知及之章○人只有這一點明察是異於禽獸處明察者何也乃知覺運動中之天則仁義禮智中之靈竅然這個明察人人具足知誘物化以後都變作私智小慧在世情俗見中全不向人倫庶物上來所以不著不察然一轉頭私智小慧又都作真明真察這一轉亦惟人能之禽獸不能也人之所以異於禽獸章○孟子拈出情字才字證性之善然人之爲不善畢竟從何而來爲卽才也非才之罪是誰之罪歟曰不思之罪也思非今人泛然思慮之思是反觀也吾輩試自反觀此中空空洞洞不見一物卽性體也告子便認作無善無不善不知此乃仁義禮智也何者當無感時故見其無及感物而動便有惻隱四者出來所謂乃若其情則可以爲善隨順他天然本色應付而去是可以爲善者乃才也若不思則人是蠢然一物信著耳目口鼻四肢逐物而去仁義禮智之才皆爲耳目口鼻

四肢之用才非性之才矣然則爲不善豈才之罪乃若其情章○心之所同然不是輕易說得的只看口之於味必須易牙之味天下方同耳之於聲必須師曠之音天下方同目之於色必須子都之姣天下方同不然畢竟有然有不然者說不得同嗜同聽同美也心之理義何以見得天下同然須是悅心者方是卽如今人說一句話處一件事到十分妥當的方人人同然稍有不到便不盡同所以理必曰窮理義必曰精義不到至處喚不得理義不足以悅心不足以同於天下富歲子弟章○天地間渾然一氣而已張子所謂虛空卽氣是也此是至虛至靈有條有理的以其至虛至靈在人卽爲心以其有條有理在人卽爲性澄之則清便爲理淆之則濁便爲欲理是存主於中欲是梏亡於外如何能澄之使清一是天道自然之養夜氣是也一是人道當然之養操存是也牛山之木章○氣之精靈爲心心之充塞爲氣非有二也心正則氣清氣清則心正亦非有二也養氣工夫在持志持其志便不梏於物是終日常息也息者止息也萬念營營一齊止息胸中不著絲毫是之謂息今人以呼吸爲息謬矣同上○放如流放竄殛之放必有個安置所在或在聲色或在名利才知得放便在這裏放心章

## 會語

凡事行不去時節自然有疑有疑要思其所以行不去者卽是格物○人要於身心不自在處究竟一個著落所謂困心衡慮也若於此蹉過便是困而不學○聖學正脈只以窮理爲先不窮理便有破綻譬如一張棹子須要四隅皆見不然一隅有汙穢不知也又如一間屋一角不照卽躲藏一賊不知也○問靜中何以格物曰格物不是尋一個物來格但看身心安妥稍不安妥格其因甚不安妥是也問既安妥如何曰體認此安妥亦格物也○學問先要知性性上不容一物無欲便是性○無爲其所不爲是孟子道性善處性中原無物因其所本無故不爲不欲若只在不爲不欲上求吾人終日除不爲不欲之時須有空缺此空缺時作何工夫○問言性則故而已矣之故曰故者所謂原來頭也只看赤子他只是原來本色何嘗有許多造作○心氣分別譬如日廣照者是氣凝聚者是心明便是性○學者於理氣心性須要分析明白延平默坐澄心便明心氣體認天理便明理性○問近覺坐行語默皆瞞不得自家曰此是得力處心靈到身上來了但時時默識而存之○天只是天一落人身故喚做命命字卽天字也○易言利用出入民咸用之謂之神吾輩一語一默

一作一息何等神妙凡民不知胡亂把這神都做壞了學者便須時
時照管胸中無事則真氣充溢於中而諸邪不能入○整菴云氣聚
有聚之理氣散有散之理氣散氣聚而理在其中先生曰以本原論
之理無聚散氣亦無聚散如人身爲一物物便有壞只在萬殊上論
本上如何有聚散氣與理只有形上形下之分更無聚散可言○敬
字只是一個正字伊川整齊嚴肅四字恰好形容得一個正字○顯
諸仁卽是藏諸用譬如一株樹春風一動枝葉蔚然枝葉都是春發
出是顯諸仁然春都在枝葉卽藏諸用夫子言仁曰恭寬信敏惠可
見仁都在事上離事無仁○薛文清呂涇野語錄中無甚透悟語後
人或淺視之豈知其大正在此他自幼未嘗一毫有染只平平常常
脚踏實地做去徹始徹終無一差錯旣不迷何必言悟所謂悟者乃
爲迷者而言也○氣節而不學問者有之未有學問而不氣節者若
學問不氣節這一種人爲世教之害不淺○問康齋與白沙透悟處
熟愈曰不如白沙透徹胡敬齋如何曰敬齋以敬成性者也陽明白
沙學問如何曰不同陽明象山是孟子一脈陽明才大於象山象山
心粗於孟子自古以來聖賢成就俱有一個脈絡濂溪明道與顏子
一脈陽明象山與孟子一脈橫渠伊川朱子與曾子一脈白沙康節

與曾點一脈敬齋康齋與尹和靖子夏一脈又問子貢何如曰陽明稍相似○問告子是強持否曰他到是自然的問近於禪乎曰非也告子之學釋氏所呵者也謂之自然外道○問整菴陽明俱是儒者何議論相反曰學問俱有一個脈絡宋之朱陸亦然陸子之學直截從本心入未免道理有疎略處朱子却確守定孔子家法只以文行忠信為教使人以漸而入然而朱子大能包得陸子陸子粗便包不得朱子陸子將太極圖通書及西銘俱不信便是他心粗處○學問並無別法只依古聖賢成法做去體貼得上身來雖是聖賢之言行即我之言行矣曹月川看他文集不過是依了聖賢實落行去將古人言語略闡發幾句並無新奇異說他便成了大儒故學問不貴空談而貴實行也○問劉誠意先曾出仕而後佐太祖何如曰焉有天生真主為天下掃除禍亂既抱大才而不輔之者乎誠意之差差在前此之輕出○問王龍溪辭受不明必良知之學誤之也曰良知何嘗誤龍溪龍溪誤良知耳又問龍溪之差恐亦陽明教處未加謹嚴曰陽明未免有放鬆處○一向不知象山陽明學問來歷前在舟中似窺見其一斑二先生學問俱是從致知入聖學須從格物入致知不在格物虛靈知覺雖妙不察於天理之精微矣豈知有二哉有不

致之知也毫釐之差在此○敬義原非二物假如外面正衣冠尊瞻視而心裏不敬久則便傾倚了假如內面主敬而威儀不整久則便放倒了所以聖人說敬義立而德不孤難久者只是德孤德孤者內外不相養身心不相攝也

明儒學案卷五十八

# 明儒學案卷五十九 東林二

姚江黃梨洲先生著

豫章後學 夏鼎 熊育鑫 熊繩祖 熊育鏞 徐兆瀾 周聯慶 熊榮祖 蕭兆柄 劉秉楨 李真實 重刊

## 御史錢啓新先生一本

錢一本字國端別號啓新常州武進人萬曆癸未進士授廬陵知縣入爲福建道御史劾江西巡按祝大舟逮之貪風始衰又劾時相假明旨以塞言路請崇祀羅文毅羅文恭陳布衣曹學正已而巡按廣西皇太子冊立改期上言自古人君未有以天下之本爲戲如綸如綍乃展轉靡定如此者一人言及卽曰此激擾也改遲一年屆期而又有一人言及又曰此激擾也復遲二三年必使天下無一人敢言庶得委曲遷延以全其昵愛之私曾不顧國本動搖周幽晉獻之禍可以立覩疏留中踰四月給事孟養浩亦以國本爲言內批廷杖幷削先生籍歸築經正堂以講學東林書院成與顧端文分主講席黨禍起小人以東林爲正鵠端文謠諑無虛日而先生不爲弋者所慕

先生之將歿也豫營窀穸掘地得錢兆在庚戌賦詩曰庚戌年遙月易逢今年九月便相衝又曰月朔初逢庚戌令夬行應不再次且如期而逝蓋丁巳九月月建爲庚戌也天啓二年壬戌贈太僕寺少卿予祭一壇先生之學得之王塘南者居多徽一時學者喜談本體故以工夫爲主一粒穀種人人所有不能凝聚到發育地位終是死粒人無有不才才無有不善但盡其才始能見得本體不可以石火電光便作家當也此言深中學者之病至謂性固天生亦由人成故曰成之者性夫性爲自然之生理人力絲毫不得而與故但有知性而無爲性聖不能成愚不能虧以成虧論性失之矣先生深於易學所著有像象管見象鈔續鈔演九疇爲四千六百八爻有辭有象占驗吉凶名範衍類儒學正脈名源編匯編錄時政名邸鈔語錄名黽語

黽語

聖門教人求仁無甚高遠只是要人不壞却心術狂狷是不壞心術者鄉愿是全壞心術者○稜角多全無渾涵氣象何以學爲○毋信俗耳庸目以是非時事臧否人物○人分上是非好醜一切涵容不輕發露卽高明廣大氣象朱子曰人之情僞固有不得不察然此意偏勝便覺自家心術亦染得不好也○在聖人分上說無二而非一

在凡人分上說無一而非二時時處處因二以求其一便是學的頭面○性體不現總是血氣用事之夫○聖賢所謂無無聲臭耳非無天載也無思無爲耳非無易也無伐無施耳非無善勞也○操有破有載之心以立於世何時滾出太極圈來○動而未形有無之閒不是未形與形交界處亦不是有無過接處動之著爲已形爲念爲慮動之微爲未形爲意爲幾誠意硏幾愼獨異名而一功○必有事焉而勿正心心事無兩不於事外正心不於心外有事心事打成一片此所以爲集義必有事焉而又正心必無事焉而唯正心皆襲皆取○心者三才主宰之總名天地之心天地之主宰人心人之主宰只單以人言心一而不二便爲通天地人以言心一而三三而一便微別無兩心謂人心道心八字打開謂道心爲主人心聽命謂性是先天太極之理心兼後天形氣性是合虛與氣心是合性與知覺俱要理會通透○以三才言生理性也以三才言主宰心也一而不二無主心非其心矣一而不二不生性非其性矣君子所性仁義禮智根於心心性不合一都無根其心三月不違仁心與仁不合一都是違七十而從心所欲不踰矩心矩不合一都是踰○君子以仁存心以禮存心仁則心存不仁則亡禮則心存無禮則亡若曰存之於心而

不忘仁禮皆心中之磈礧物矣○同此一息之時同此一息之氣有以之生有以之死有以之存有以之亡便見生死存亡只一氣恁地滾出不窮底又見物各一極斷然不相假借底○聖學率性禪學除情此毫釐千里之辨○聖賢教人下手樹藝五穀五穀熟而民人育異端教人下手芟柞荑稗謂了妄卽真恐天下並無荑稗去就有五穀熟之理○卦必三畫見得戴天履地者人非是以一人爲人必聯合天地而後爲人○迦文丐首也坐談虛空誰爲生養只得乞以乞率人廉恥喪盡是以凡涉足釋途者廉隅都無可觀○不可以知爲識亦不可以徧物之知爲格物○告子曰生之謂性全不消爲故曰以人性爲仁義猶以杞柳爲桮棬此卽禪宗無修證之說不知性固天生亦由人成故曰成之者性又曰成性存存世儒有專談本體而不說工夫者其誤原於告子○萬物皆備我也體物不遺心也離物言我失我遺物認心失心單言致知亦是無頭學問須從格物起手○不見頭腦之人儘饒有定靜工夫如池沼之水澄靜無汨豈不號爲清泉然終不稱活水○朱子於四書集註悔其誤己誤人不小又欲更定本義而未能後人以信守朱說爲崇事朱子此徒以小人之心事朱子耳○孟子說求放心求仁也不仁則心放仁則心存後學

忘源失委以心爲心而不以仁爲心知所以求心而不知所以求仁卽念念操存頃刻不違秖存得一個虛腔子耳豈所以爲心耶○本物於身之謂格性地有覺之謂學○唯聖人然後可以踐形學不在踐履處求悉空談也○如不長以天下國家爲一物卽此混然中處之身皆絕頭截尾之朽株斷枝殘柯之末枿已安得謂之有本而能以自立○寂然之先陰含陽意與知爲一感物之後陽分陰意與知爲二若是眞意運行卽意卽知卽運行卽明照若是妄意錯雜意自意知自知意雖有妄知定不昧意屬陰知屬陽陽主得知陰主得意此欲誠其意所以必先致其知○先須開闢得一個宇宙匡廓然後可望日月代明四時錯行於其中故不格物而求致知意誠者無之○心意纔暴戾便似於乾坤毀傷了一番便似於父母忤逆了一番卽此便是莫大罪惡了○全其生理之謂生戕其生理之謂死人實有生死不得謂之無生死○際天蟠地皆人道也特分幽明而謂之人與鬼神耳○擊而火出見而惻生皆凡庸耳非所以論君子○喜怒哀樂平常只從情上生來底卽未喜未怒未哀未樂全是偏全是倚不得謂之中此處切須體究明白○後生小子但有向上根器直須忘年下交以致誘掖獎與之意若要羅致門下便屬私心不足道

也○四端只是果芽若不充長立地成朽○常人耳目汩於睹聞性體汩於情識如病瘧漢只爲未發是病故發時皆病○凡任情徇情之夫別無所謂未發之中以喜言如喜在功名眠裏夢裏俱功名如喜在富貴眠裏夢裏俱富貴卽寂然泯然之中固不勝其偏於喜倚於喜安有所謂喜之未發乎喜怒哀樂之未發太虛之天體也學者殊未易有之於己○不知性無心可盡不養性無心可存○養得血氣極和極平終血氣也除是重新鑄造一過○把陰陽五行俱抹殺光光要尋得太極出來天下無如此學問徒遏欲非所以存理長存理乃所以遏欲○不從格上起程俱岐路也種樹尋根疏水尋源其格乎○思慮未起鬼神莫窺與天下莫破同意有可破則有可窺而鬼神之所不佑已在此矣○有涵養未發工夫立脚在太極上未發已發雖千路萬路只是一路故曰獨無涵養未發工夫立脚在二五上未發已發俱不是一路了未發陰陽雜揉已發善惡混淆已不得謂之獨矣又安所致其愼乎○十二時中看自家一念從何處起卽檢點不放過便見功力○古人爲宗廟以收魂氣死亡且然矧於生存一無所收則放逸奔潰釋收於空老收於虛與博奕類聖人本天天覆地載天施地生心之所也學以聚之收於學也故曰悠久無疆

○外面只管要粧點得好看便是的然而亡的路頭○仁義禮智德性渾全孤行偏廢皆屬氣質君子有弗性焉○主宰心也道理性也主宰無非道理道理以爲主宰言心更不消言性言性亦不必言心若但能爲主宰而非其道理何可以爲心此聖賢心性雙提言性必根心言心必合性之大旨人知由男女搆精而生不知由天地絪緼而生是以多以人爲心而不克以天地爲心所謂人心道心者人心以人爲心也道心以天地爲心也天人無二不學便都岐而二之○開闢得一個天覆地載規模心量方現充拓得一個天施地生氣象性量方現○程朱一脈相承在居敬窮理居敬本中庸之以戒愼恐懼爲始窮理本大學之以格物致知爲先○識者坤藏之記性坤畫一知者乾君之靈性乾畫一人皆有識有知識以知爲主如坤必以乾爲主識從知坤從乾此卽一之頭面識不從知坤不從乾此卽不一之頭面異教轉識成智說無了坤但有了乾宇宙無此造化人亦自無此心體○就一人言心都喚做人心就一人言性都喚做氣質之性以其只知有一己者爲心爲性而不知有天下之公共者爲心爲性也惟合宇宙言心方是道心合宇宙言性方是天地之性○虛知都無用惟致乃實○怠惰放肆心卽人欲多端多岐戒愼恐懼心

卽天理只一路謂卽慎爲獨可所謂做得工夫是本體合得本體是工夫○朱以功曰事事肯放過他人則德日弘時時不肯放過自己則學日密○盈天地間皆化育流行人試自省化不化育不育但有不化直是頑礫有不育直是僵塊於此不知知於何致○仁義禮智人所固有只不曾根之於心便不生色者心符故曰生色今人乍見惻隱之生但是端不是根譬如五穀豈不是美種謂人無是種不得然同有是種不會種只喚做死粒不喚做生粒株守這幾粒一人生育不來況推之天下國家○後世小人動以黨字傾君子傾人國不過小人成羣而欲君子孤立耳或有名爲君子好孤行其意而以無黨自命者其中小人之毒亦深○仁人心卽本體義人路卽工夫故舍其路而不由便是放其心而不知求章本淸曰世之求心者止欲守其默照之體存其圓虛之神好靜惡動而於日用間親疎厚薄是非可否一切失其宰制化裁之宜縱使恩怨平等而於親親仁民愛物混然無別謂之爲仁可乎謂爲心不放可乎可見由義正以居仁充類至義之盡卽所以爲仁之至也○面孔上常要有血○只看當下一念稍任耳目役聰明不從天命赫赫中流出便不是戒慎不覩恐懼不聞雖如此密修這一念發來稍滓不隱稍粗不微稍二三不

一路亦無獨可愼而萬有之欛柄卒難湊手只要安頓這一個形軀之身在好處早已不是士的路頭了故曰士而懷居不足以爲士○近有石經大學虞山瞿元立考辨至爲精核其爲僞造之書無疑而管登之崛強不服眞所謂師不必賢於弟子○禮生自仁如枝生自根若以禮爲仁如以枝爲根便與復義無交涉○放其心謂失其仁義之良心也是個仁義之心卽常遊於千里之外正謂之存不謂之放不然卽常斂於徑寸之內正謂之放不謂之存○硜硜然小人哉爲庶民百姓等以分位言謂之小人如庶民百姓而信果硜硜然庶民百姓哉亦可以稱士若今之從政者寧不軒然以大人君子自命求小人之信果反無有不可以其分位而算之爲士○乍見怵惕嘑蹴弗屑弗受此人人之眞心非誠而何這點眞心分分明明當怵惕自怵惕當羞惡自羞惡一毫瞞昧他不得互混他不得非明而何自誠明謂之性謂此他無謂也就這分分明明一點眞心擴充以滿其量何人不做至誠至聖自明誠謂之教謂此他無謂也○有性無教有天無人如穀不苗如苗不秀如秀不實不是有一般天道又有一般人道有一般不勉而中不思而得從容中道之聖人又有一般擇善而固執之賢人如無人道之擇執其所中所得不過電光石火之

消息天道且茫如而唯聖罔念亦狂矣○孟子據才以論性人所爲才既兼三才又靈萬物人無有不才才無有不善以體謂之才性以用謂之才情以各盡其才各成其才其全謂之才德才賢才品才能其偏亦謂之才質才氣才智才技才調並無有不可爲善之才告子不知有所謂才故其論性或等之梗直之杞柳或比之無定之湍水或以爲不過食色而夷之物欲之中或并欲掃除仁義而空之天理之外但知生之謂性而不知成之爲性卽同人道於犬牛而有所弗顧孟子辯而闢之與孔子繼善成性之旨一線不移宋儒小異或遂認才稟於氣又另認有一個氣質之性安知不墮必爲堯舜之志此憂世君子不容不辨○周子太極圖說於孔子易有太極之旨微差一線程張氣質之性之說於孟子性善之旨亦差一線韓子謂軻之死不得其傳亦千古眼也○率從誠始修從明始自誠明人人本體之明故曰性自明誠人人工夫之誠故曰教○愚不肖與知能行見在都有下手處及其至而聖人不知不能到底都無歇手處○習性習慣成自然以習爲性原非性也氣質之性一向使氣任質慣了誤認以爲性原非性也○孔子四十而不惑心理一孟子四十不動心心氣一志一則動氣氣壹則動志不特氣壹動志爲動心志壹動氣

亦總是動心清明在躬志氣如神心氣工夫一體成天君泰然百體從令氣動卽心動也○生知之生字人人本體學知之學字人人工夫謂生自足而無待於學古來無如此聖人○鋪天徹地橫來豎去無非天命散見流行卽此是性別無性也孟子莫非命也順受其正譬如親造子命喜怒惟親而喜不忘怒不怨則子之順受其正君造臣命進退惟君而進以禮退以義則臣之順受其正天造人命順逆惟天生死惟天廢興修短惟天而修身以俟則人之順受其正天無妄命卽氣數卽義理無氣數之非義理中庸天命之謂性亦如此○道之廢行皆命譬時之晝夜皆天要有行無廢是有晝而無夜也只晝裏也是這個天而處晝底道理不同於夜夜裏也是這個天而處夜底道理不同於晝晝應有爲宵應有得日出宜作嚮晦宜息今或晝裏要做夜裏事夜裏要做晝裏事小人不知天命者便如此○中庸其爲物不貳哀公問仁人不過乎物孝子不過乎物天地人物總爲一物卽物卽理大學格物如此○只是這個身子頓放得下是謂克己提掇得起又謂由己○太極性也兩儀質也形色天性聖人踐形性質合而爲道也性質略有纖毫罅縫斯謂之離子思發明率性修道兩項工夫一在耳目覩聞上較勘離與不離一在心術隱微上

較勘離與不離到渾融合一而獨體露斯即情即性即吾身即天地萬物即中和即位育○求在我者天不在心外求命不在身外求求在外者求天於心之外求命於身之外○隱微二字朱子訓作幾字本易傳知幾孟子幾希來譬如一粒穀種人人所有只難得萌芽既萌芽又須萬分保護培養到苗而秀秀而實方有收成君子慎獨慎此○性靈明也慎真誠也率以誠落脈修以明入門○禪本殺機故多好爲闢口語儒者每染其毒而不自覺何哉

## 文介孫淇澳先生慎行

孫慎行字聞斯號淇澳常之武進人萬曆乙未進士第三人授翰林院編修四明挾妖書起大獄先生以國體爭之累遷至禮部侍郎癸丑署部事時福王已下明春之國之旨然神宗故難有司莊田給四萬頃先生謂祖宗朝未有過千頃者且潞王爲皇上之弟豈可使子加於其弟皇貴妃又求皇太后止福王行謂明年七十壽誕留此恭祝於是上傳改期路人皆知福王必不肯行但多爲題目以塞言者之口先生謂福清曰此事不了某與公皆當拚一死福清曰何至是先生曰非死何足以塞責乃集九卿具公疏待命闕下者二旬先生聲泪俱迸達於大內福清亦封還內降神宗爲之心動十二月二十

二日從皇貴妃索所藏文書不肯出明日又索至酉刻皇貴妃不得已出之文書者神宗許立貴妃之子劃臂而盟者也至是焚於神前二十八日遂降旨之國代藩廢長立少條奏改定庚戌科場之弊題覆湯賓尹南師仲罰處宋儒羅豫章李延平從祀孔廟釋楚宗高牆二十三人閑宅二十二人皆先生署事所行也甲寅八月回籍小人中以京察天啓初召爲禮部尚書先生入朝首論紅丸事劾奸相方從哲下九卿科道議議上奪從哲官而戍李可灼未幾告歸逆奄起大獄以三案爲刑書梃擊以王侍郎爲首移宮以楊忠烈左忠毅爲首紅丸則以先生爲首兩案皆逮死先生方戍寧夏烈皇立得不行崇禎改元用原官協理詹事府未上後八年有旨擇在籍堪任閣員者先生與劉山陰林鶴胎同召至京而卒年七十一賜謚文介先生之學從宗門入手與天寧僧靜峯參究公案無不了然每從憂苦煩難之境心體忽現然先生不以是爲得謂儒者之道不從悟入君子終日學問思辨行便是終日戒懼慎獨何得更有虛閒求一漠然無心光景故舍學問思辨行而另求一段靜存動察工夫以養中和者未有不流於禪學者也其發先儒所未發者凡有數端世說天命者除理義外別有一種氣運之命雜糅不齊因是則有理義之性氣質

之性又因是則有理義之心形氣之心三者異名而同病先生謂孟子曰天之高也星辰之遠也苟求其故千歲之日至可坐而致也是天之氣運之行無不齊也而獨命人於氣運之際顧有不齊乎哉蓋一氣之流行往來必有過有不及故寒暑不能不錯雜治亂不能不循環以人世畔援歆羨之心當死生得喪之際無可奈何而歸之運命寧有可齊之理然天唯福善禍淫其所以福善禍淫全是一段至善一息如是終古如是不然則生理滅息矣此萬有不齊中一點真主宰先生之所謂齊也先生謂性善氣質亦善以麰麥喻之生意是性生意默默流行便是氣生意顯然成象便是質如何將一粒分作兩項曰性好氣質不好蓋氣稟實有不齊生而愚智清濁較然分途如何說得氣質皆善然極愚極濁之人未嘗不知愛親敬長此繼善之體不以愚濁而不存則氣質之非不善可知先生之所以爲善也先生謂人心道心非有兩項心也人之爲人者心心之爲心者道人心之中只有這一些理義之道心非道心之外別有一種形氣之人心也蓋後人既有氣質之性遂以發於氣質者爲形氣之心以爲心之所具者止此知覺以理義實之而後謂之道心故須窮天地萬物之理不可純是己之心也若然則人生本來祇有知覺更無理義只

有人心更無道心卽不然亦是兩心夾雜而生也此先生之說長也三者之說天下浸淫久矣得先生而雲霧爲之一開眞有功於孟子者也陽明門下自雙江念菴以外總以未發之中認作已發之和謂工夫只在致和上卻以語言道斷心行路絕上一層喚作未發之中此處大段著力不得只教人致和著力後自然黑窣撞著也先生乃謂從喜怒哀樂看方有未發夫人日用閒豈必皆喜怒皆哀樂卽發之時少未發之時多心體截得清楚工夫始有著落自來皆以仁義禮智爲性惻隱羞惡辭讓是非爲情李見羅道性編欲從已發推原未發不可執惻隱羞惡辭讓是非之心而昧性自謂提得頭腦不知有惻隱而始有仁之名有羞惡而始有義之名有辭讓而始有禮之名有是非而始有智之名離卻惻隱羞惡辭讓是非則心行路絕亦無從覓性矣先生乃謂孟子欲人識心故將惻隱之心指爲仁之端非仁在中而惻隱之心反爲端也如此則見羅之說不辨而知其非矣劉夫子曰近看孫淇澳書覺更嚴密謂自幼至老無一事不合於義方養得浩然之氣苟有不慊則餒矣是故東林之學涇陽導其源景逸始入細至先生而另闢一見解矣

困思抄

止卽仁敬孝慈信是至善也豈唯道當止抑亦人不能不止處人不能舍倫之外別爲人亦不能舍倫之外別爲學日用人倫循循用力乃所謂實學故特稱止學者誰不識有人倫但覺人倫外尙復有道盡倫外尙復有學卽不可謂知止卽一出一入精神終不歸歇思致終不精詳擾擾茫茫如何有得止時三代以下道術不明久矣只節義一途尙在人倫內然已多不合道者至說道德卽未免悠悠空曠若功利辭章更夢想不到人倫地位嗚呼何不於知止求之知止

○獨非獨處也對面同堂人見吾言而不見吾所以言人見吾行而不見吾所以行此眞獨也且愼獨亦不以念初發論做盡萬般事業毫無務外爲人夾雜便是獨的境界斂盡一世心思不致東馳西騖走作便是愼獨的精神自慊

○夫以天之浩蕩竟不知何處津涯何從湊泊直揭之斯昭昭而天可括且天道無窮而曰及其無窮豈眞有積累乎無窮皆斯昭昭也所謂爲物不二者也夫吾之心不有昭昭存耶一念如是萬念如是一息如是終古如是蓋不盈寸而握天地之樞焉昭昭

○余嘗驗之若思嗜欲未思而中若燔矣思詞章久之亦有忡忡動者倘思道理便此心肅然不搖亂若思道理到不思而得處轉自水止淵澄神清體泰終日終夜更不疲勞不知何以故且

思到得來又不盡思的時節不必思的境路儘有靜坐之中夢寐之際遊覽之間立談之頃忽然心目開豁覺得率性之道本來原是平直自家苦向煩難搜索是亦不思而得一實證慎思○人徒說戒慎恐懼是工夫不知卽此便是眞性丢却性別尋一性如何有知性時謂所不覩所不聞是天命我要戒慎恐懼他是天命與我身終粘連不上一生操修徒屬人爲又如何有至於命時慎獨○朱子云所以存天理之本然天理天命之性也卽是戒慎恐懼君子戒慎恐懼便爲存非是別有他物而將此存之也同上○告子以生言性執已發而遺未發便是無頭學問且以天命言性正所謂凡聖同然理義悅心而形體不與焉言生則未免涉形體矣烏可爲性夫人之與禽獸異也以形體觀不啻相千萬矣而孟子特謂之幾希可見形體之異聖賢不謂之異也惟是義理之說惟人有之而禽獸不能所謂幾希者也今若以形體言性則犬牛人同有生便同有性正如以色言白之謂白只一白白羽白雪白玉亦同一白而所謂幾希者惡從見之說者謂生非形體特生機夫既有生機非無可指既有可指便非未發正白之謂白之說也然則生終不可言歟曰性未嘗不生也而實不可以生言也如天地之大德曰生德與性固有辨曰大生曰廣生

皆天地之用用卽已發不可偏執爲性也且時行物生天地位萬物育聖賢亦何嘗不言生但從生言性雖性亦生從性言生雖生亦性雖性亦生必至混人性於犬牛雖生亦性方能別幾希於禽獸生說

## 言性圖

孟子性善○可使爲不善●上圈卽性相近下圈乃習相遠

告子無分善○不善●兩者不存弃性亦不立

宋儒○性卽理才稟於氣氣有清濁○清賢●濁愚

如此並衡便把真性來做兩件孟子說性善卽習有不善不害其爲性善後人既宗性善又將理義氣質並衡是明墮有性善有性不善與可以爲善可以爲不善之說矣且告子說無分雖不明指性體而性尚在後人將性參和作兩件卽宗性善而性亡

孟子謂形色天性也而後儒有謂氣質之性君子有弗性者焉夫氣質獨非天賦乎若天賦而可以弗性是天命之性可得而易也孟子謂爲不善非才之罪也而後儒有謂論其才則有下愚之不移夫使才而果有下愚是有性不善與可以爲不善之說是而孟子之言善非也孟子謂故者以利爲本而荀子直謂逆而矯之而後可以爲善此其非人人共知但荀子以爲人盡不善若謂清賢濁愚亦此善彼

不善者也荀子以爲本來固不善若謂形而後有氣質之性亦初善中不善者也夫此既善則彼何以獨不善初既善則中何以忽不善明知善既是性則不善何以復繫之性然則二說又未免出入孟荀閒者也荀子矯性爲善最深最辨唐宋人雖未嘗明述而變化氣質之說頗陰類之氣質辨下三條同◯今若說富歲凶歲子弟降才有殊說肥磽雨露人事不齊而謂麰麥性不同人誰肯信至所謂氣質之性不過就形生後說若稟氣於天成形於地受變於俗正肥磽雨露人事類也此三者皆夫子所謂習耳今不知其爲習而強繫之性又不敢明說性而特創氣質之性之說此吾所不知也如將一粒種看生意是性生意默默流行便是氣生意顯然成像便是質如何將一粒分作兩項曰性好氣質不好故所謂善反者只見吾性之爲善而反之方是知性若欲去氣質之不善而復還夫理義之善則是人有二性也二之果可謂性否◯孟子諄諄性善爲當時三說亂吾性也又諄諄才無不善恐後世氣質之說雜吾性也夫氣質既性生即不可變化與性一亦無待變化若有待變化則必有不善有不善則已自迷於性善其說可無論矣獨無善無不善今人尚宗述之而以出自告子又小變其說以爲必超善不善乃爲善嗚呼此亦非孟子

所謂善也子曰人之生也直夫不待超而無不善此則孟子所謂善也易云繼之者善也成之者性也詩云天生蒸民有物有則民之秉彝好是懿德此則孟子所道性善也○或疑既性善氣質又同是善下愚何以獨不移曰此自賊自暴自棄之過非氣質之過也然則生知學知困知又何不同曰此孔子所謂性相近者也相近便同是善中亦不可一律而齊然則性之反之可謂同乎曰孟子蓋以湯武合堯舜非以堯舜劣湯武也正所謂同是善中不可一律齊者也終不害爲知之一辟如水有萬派流性終同山形萬狀止性終同故人人可爲堯舜同故也或相倍蓰而無算不能盡其才此則異耳聖賢見其異而知其同諸說迷其同而執其異後儒既信其同又疑其異故其言性也多不合○告子言性曰杞柳柳最易長曰湍水水最易動曰生之謂性生其活機曰食色性也食色其實用而合之無善無不善益不可指著使庸常者出之而日見吾心之感應其宜人情者此言使賢智者知之而默見吾性之流行其超人情者亦此言蓋以圓活教人自謂見性極真不知誤天下愈甚流俗既以濟其私迷不知檢防高明益以神其見蕩無所歸著嗚呼舍善無性舍明善無率性宋儒之直提此者吾得立本之說焉明儒之直提此者吾得良知之

說焉告子下條同○告子之兩不得勿求非真任之不得也其宗旨當在不得之先不使至於不得耳只是聖賢之道存心兢業當在預養惟恐一不得也及其不得則皇皇焉困心衡慮而亟爲自反之圖夫其皇皇焉困心而衡慮者正告子之所謂動心而深弗欲者也不知唯動於不得而後不動於其無不得者真○孟子只非義外並不曾說義內何則義原不專內也告子旣墮外一邊我若專墮內一邊二者均屬偏見義外○必有事而正此徒正事耳心慊則行事自能合義若止正事補東缺西得此失彼恐非集義之道且心不先慊縱外事雖正中可勿餒乎恐亦非浩然之路勿正○中和尚可分說致中和之功必無兩用未發一致中和已發一致中和辟如天平有針爲中兩頭輕重鈞爲和當其取鈞非不時有斟酌到得針對來煞一時事且鈞而相對是已發時象如兩頭無物針元無不相對更是未發時象看到此孰致中孰致和何時是致中何時是致和君子只一戒懼不忘便中和默默在我便是致字無兩條心路致中和○凡學問最怕拘板必有一種活動自得處方能上達天地間之理到處流行有可見有不可見有所言有所不能言不是以心時時體會有活動機括焉能日進日新故須時習若止認作服習重習專有人工絕

無天趣卽終身從事轉入拘板 時習

○格字諸家訓釋頗異若以爲格非心則侵誠且不先知如何辨得非心出若以爲格式則侵正修且不先知卻認何者是格式若以爲感格則侵齊治平且不先知豈能念得我所以感格人人所以感格於我的道理故知格物是大學實功窮理是格物定論易曰君子窮理盡性窮理卽窮吾性之理也陽明說致良知纔是真窮理 格物

○利義如何辨曰不爲不欲此義之善也反是卽利不爲不欲又如何辨曰無爲元吾所不爲無欲元吾所不欲此所謂性善也吾人只有這一些可以自靠反求而卽得 義利

○孟子說人皆有不忍人之心欲人識心故將惻隱之心指爲仁之端非仁在中而惻隱之心反爲端也孟子又說仁義禮智根於心若仁在中而惻隱之心反爲端是應言心根於德不應言德根於心也若心根於德則百方求德心恐有不真之時唯德根於心則一味求心德自無不真之處故曰學問之道無他求其放心而已矣孟子一書專爲性善說也然則仁義禮智可謂非性乎曰中庸言性之德也謂之德則可謂之卽性則不可於文生心爲性惟性善故心善心善故隨所發無不善而有四端端者倪也有端倪不可不窮分量故須擴充故曰盡其心者知其性也擴而充之便是盡心知仁義禮

智之根於心便是知性若仁在中而惻隱之心反爲端是應言反求不應言擴充也四端○天理之流行卽氣數元無二也故善降祥不善降殃正莫之爲而爲莫之致而至者也若小人不知天命則妄意爲之而未必爲妄意致之而未必至而不免行險以僥倖知命解○萬有不齊之內終有一定不移之天天無不賞善者也無不罰惡者也人無不好善惡惡者也故曰天命之謂性同上○常人不知禍福只爲見善不明至誠旣明善辟如天下百工技藝茍一造其至卽成敗得失分數便可以逆計無不審至誠盡民物窮古今貫幽明洞天地不過若民情日用之在目前最是了了又何不先知先覺辨○道者至誠知之人人亦可以與知之者也非知人所不能知而以爲異也人不共知便知到極頭終是有隔礙處○與知之知卽聖人之知能行之行卽聖人之行特言愚不肖者見人人皆可以爲聖也大約聖賢所謂知能從本根上論不從枝葉上論若以枝葉論而愚不肖有時窮矣唯以本根論而率性固未嘗不同也與知○昔人言中第以爲空洞無物而已頗涉玄虛但言未發不及喜怒哀樂卽所謂未發者亦屬影響至謂人無未發之時纔思便屬已發以予觀之殊不然夫人日用閒豈必皆喜怒皆哀樂卽發之時少未發之時多若今

人物交私梏卽發之時少未發而若發之時多矣然謂人無未發則終不可今無論日用間卽終日默坐清明無一端之倚著有萬端之籌度亦便不可謂之發也但所謂未發者從喜怒哀樂看方有未發夫天地寥廓萬物衆多所以感通其間而妙鼓舞之神者惟喜怒哀樂如風雨露雷造化所以鼓萬物而成歲慶賞刑威人主所以鼓萬民而成化也造化豈必皆風雨露雷之時人主亦豈必皆慶賞刑威之日故說有未發之中正見性之實存主處今若以爲空洞無物而已是將以何者爲未發又將以何者爲中而天地萬物之感通其真脈不幾杳然無朕耶且所謂致中者又從何著力毋乃兀坐閉目以求元始如世之學習靜者乃可耶夫唯君子知未發之非空虛方見性之實知人生未發之時多而所爲愼獨立本者無時無處不可致力方見盡性之爲實延平每教人靜坐觀中但入門一法非愼獨本旨也愼獨者居處應酬日用間無在非是子曰居處恭執事敬與人忠若靜坐觀中止是居處一義 未發解

○古來未有實言性者中和是實言性處後人求之不得往往虛言性以爲無可名獨禮記云人生而靜天之性也一句儒者多宗之周子作太極圖以爲聖人主靜立人極至豫章延平每教人靜坐觀中看未發氣象予用工久之覺

得求未發之中是至誠立大本真學問要領然將一靜字替中字恐聖學與儒學便未免於此分別宋儒只爲講一靜字恐偏著靜故云靜固靜也動亦靜也苦費分疏幫補聖學說中便無偏靜氣象不必用動字幫補凡學問一有幫補則心思便有一半不滿處費了籌度躬行便有一半不穩處費了調停聖賢只率性而行便爲道故云致中和不於中處調和亦不於和處還中徹始徹終要在慎獨 性說 ○

平旦之氣夜氣二者皆就常人身上說聖賢便善養浩然之氣何止平旦與夜卽日夜之所息亦就常人說君子便自強不息且平旦之氣與夜氣尚有辨平旦是人已覺之時自家做得一半主了至夜氣乃沉沉熟睡之時自家做不得主全是靠天的故有平旦之氣尚是清明一邊人至無平旦之氣方纔說夜氣可見人縱自絕而天尚未嘗深絕之也若夜氣足以存猶不失爲可與爲善的可見氣善是才善處 氣說 ○

所不睹所不聞者終日睹聞未嘗睹聞終身睹聞無可睹聞此是心體未是獨也唯君子戒慎恐懼一於是獨絕無他馳一敬爲主百邪不生一念常操萬用畢集真覺有隱有微時時保聚有莫見有莫顯種種包涵繼善成性之所正富有日新之所乃名爲君子慎獨 不睹不聞 ○

有千萬其心思而不失爲獨有孤寂其念慮而

不名爲獨是在戒慎不戒慎之間不問其應酬與靜居也蓋人一心之隱見微顯便是萬事之隱見微顯並從所不睹所不聞中流注獨也若不識戒慎恐懼真脈者則何知有隱有見有微有顯萬事萬物都無歸著我心亦總無歸著已矣○中和之名可分也中和之實不可分也即致中和之功更無可分也總歸之一戒懼慎獨惟戒懼則不睹不聞之所而天地爲昭萬物同體隱見微顯之獨爲主持者明明矣此中和所爲致也夫君子之喜以天下怒以天下哀以天下樂以天下豈虛爲見而已哉吾中心當其嘿覺其然而覺民之無不共此同然者是之爲大本達道是之謂慎獨 中和 ○仰之彌高蓋言天也鑽之彌堅蓋言地也瞻之在前忽焉在後蓋言四方也求之於天地四方而不得則所爲握天地四方之極者何中也此所謂擇乎中庸不睹不聞之所之爲戒懼也得一善博文約禮也常人多以無形無象索中顏子并以有形有象觀中故於高堅前後中指出文禮 回之爲人 ○失諸正鵠反求諸其身此以道爲懸而身趨之如不及者也的然而日亡此以己爲懸而欲人趨之如不及者也天命之中有常即吾率性之正鵠庸德庸言素位昭然分寸不可踰越君子戒慎恐懼不敢妄發彼行險之小人蓋妄發而自命秋毫之中者也 正鵠

○戒愼恐懼齋也不睹不聞而洞隱見微顯之幾明也齋明者一而無他雜者也齋明○中庸工夫只學問思辨行用力首戒愼恐懼愼獨只要操此一心時時用力時時操心原非空虛無實如世說戒懼是靜而不動愼獨是未動而將動遂若學問思辨行外另有一段靜存動察工夫方養得中和出不知是何時節又不知是何境界只緣看未發與發都在心上以爲有漠然無心時方是未發一覺纖毫有心便是發曾不於喜怒哀樂上指著實不知人生決未有漠然無心之時而卻有未喜怒未哀樂之時如正當學問時可喜怒可哀樂者未交而吾之情未動便可謂之發否是則未發時多發時少君子戒懼愼獨惟恐學問少有差遲便於心體大有缺失決是未發而兢業時多發而兢業於中節不中節時少如此看君子終日學問思辨行便是終日戒懼愼獨何得更有虛閒求一漠然無心光景夫中和爲大本達道並稱天下正欲以天下爲一身不欲外一身於天下也博學○洗心者戒愼恐懼也心本純一愈戒懼則愈無疵者也退藏者所不睹不聞也心本內斂愈戒愼則愈不放者也如神○今人說天命者多以理義氣數並言夫首言天命而繼以率性修道謂理義也俟命受命疑兼氣數乃俟必居易受必大德成德謂理義也維天之

命於穆不已疑理義氣數渾言而曰文王之德之純純亦不已則亦專言理義而未嘗兼氣數也夫所謂不已者何也理義立而古今旦暮相推相盪其閒而莫之壅閼者氣也理義行而高下長短日乘日除其閒而莫之淆混者數也故曰至誠無息謂理義之純而無息而氣數爲之用也君子爲善稟授如是受成亦必如是是謂戒慎恐懼而不然者初以雜揉誣性而理義不能主持繼以參錯誣命而氣數得爲推諉眞所謂不知命無以爲君子也於穆不已

○人何嘗不望新知但不識吾故引水不導其源則必塞植木不沃其根則必蹶培造化生機秖有一温暢人心生理秖有一知温故

○乾動坤靜而易言乾之靜專動直坤之靜翕動闢動靜合言者何說者以爲北辰居所是天之靜予以爲主宰之靜非運行之靜也中庸曰不思而得不勉而中是運行之靜所以合主宰之靜也說者以爲逝者如斯不舍晝夜是地之動予以爲運行之動非主宰之動也中庸曰地道敏樹是運行之動所以合主宰之動也天地之德不分動靜君子戒慎恐懼原未嘗分動靜天地

○不睹不聞隱也隱而有見見而有微微而有顯乃心路中遞相次第萬物未生爲隱初出爲見端倪爲微盛大爲顯實不睹聞爲骨子故總謂之獨君子慎獨如物栽根時生意潛

藏後來包畜無窮景象闇然

文鈔

傳云國將興聽於民國將亡聽於神則是恃鬼神之道反不免廢人之道唯盡人之道便可合鬼神之道人之道廢鬼神未有應者也人之道盡鬼神未有不應者也其有爲處卽鬼神之爲其才能處實鬼神牖之才能在在事事各有檢防各有靈響鬼神論

○易云利貞者性情也又云各正性命夫性其命者所以合天性其情者所以坊人其本則所謂剛健中正純粹精也而世說天命者若除理義外別有一種氣運之命雜糅不齊者然因是則有理義之性氣質之性又因是則有理義之心形氣之心三者異名而同病總之不過爲爲不善者作推解說夫世之爲善者少而不爲善者多則是天之生善人也少而生不善人也多人之得性情之善於天也少而得性情之不善於天也多誣天誣人莫此爲甚以是有變化氣質之說夫氣質善而人順之使善是以人合天何極易簡若氣質本有不善而人欲變化之使善是以人勝天何極艱難且使天而可勝卽荀子矯性爲善其言不謬而世非之何哉孟子曰天之高也星辰之遠也苟求其故千歲之日至可坐而致也是天之氣運之行無不齊也而獨命人於氣

運之際顧有不齊乎哉中庸曰文王之所以爲文也純亦不已夫使天果不齊是純獨文之所有而舉世性情之所無也又非獨舉世性情之所無而亦天命之所本無也將所謂純粹精者何在乎命說○心盡則心正心正則道明若秖論道之明不明不論心之盡不盡而旁皇出入間毋乃反鏡索照論楊墨○學問思辨行時時用力一而有宰密而不疏是所以爲戒懼愼獨所以爲居敬決無拖一空虛無著之心爲常惺惺事仁屬愛愛卽煦煦姑息之見未免乘焉而溺一切妻妾宮室得我之私心爲之惑亂其所以自愛適所以自戕賊何況愛人孟子故將舍生取義決斷關頭而求放心之一脈始清讀語錄○夫吾之喜以天下喜怒以天下怒哀樂以天下哀樂直與天地同流萬物同趣者此眞性也卽未發時常薰然盎然有一段懇至不容已處中也所謂天下之大本也卽肫肫淵淵浩浩在至誠功用之極固然而凡民稟賦之初亦未有不然者也卽今人陷溺之後亦未有不可還其固然者也同上○伊川論性謂惡亦性中所有其害不淺論莊

姚江黃黎洲先生著

豫章後學
夏　鼎　熊育鑫
熊繩祖　熊育鏞
徐兆瀾　周聯慶重刊
熊榮祖　蕭兆柄
劉秉楨　李真實

## 主事顧涇凡先生允成

顧允成字季時別號涇凡兄則涇陽先生也與涇陽同遊薛方山之門萬曆癸未舉禮部丙戌廷對指切時事以寵鄭貴妃任奄寺爲言讀卷官大理何源曰此生作何語真堪鎖榜矣御史房寰劾海忠介先生與諸壽賢彭遵古合疏數寰七罪奉旨削籍久之起南康府教授丁憂服闋再起保定府教授歷國子監博士禮部主事詔皇太子與兩皇子並封爲王先生又與岳元聲張納陛上疏極諫責備婁東已而趙忠毅掌計盡黜政府之私人婁東欲去忠毅授意給事中劉道隆謂拾遺司屬不宜留用因而忠毅革籍太宰求去先生又與于孔兼賈岩薛敷教張納陛抗疏犯政府皆謫外任先生判光州是時政府大意在遏抑建言諸臣尤遏抑非臺省而建言者先生上書座

師許國反覆當世但阿諛熟軟奔競交結之爲務不知名節行檢之可貴聖怒可攖宰執難犯言路之人襲杜欽谷永附外戚而專攻上身之故智以是而禁人之言猶爲言路不塞哉布衣瞿從先爲李見羅誦寃進唐曙臺禮經先生皆代爲疏草惟恐其不成人之美也光州告假歸十有四年所積俸近千金巡撫檄致之先生不受丁未五月卒年五十四平生所深惡者鄉愿道學謂此一種人占盡世間便宜直將弒父與君種子暗佈人心學問須從狂狷起脚然後能從中行歇脚近日之好爲中行而每每墮入鄉愿窠臼者只因起脚時便要做歇脚事也鄒忠介晚年論學喜通融而輕節義先生規之曰夫假節義乃血氣也真節義卽義理也血氣之怒不可有義理之怒不可無義理之節氣不可亢之而使驕亦不可抑之而使餒以義理而誤認爲血氣卽浩然之氣且無事養矣近世鄉愿道學往往借此等議論以銷鑠吾人之真元而遂其同流合汙之志其言最高其害最遠一日喟然而歎涇陽曰何歎也曰吾歎夫今之講學者恁是天崩地陷他也不管只管講學耳涇陽曰然則所講何事曰在縉紳只明哲保身一句在布衣只傳食諸侯一句涇陽爲之憮然涇陽嘗問先生工夫先生曰上不從元妙門討入路下不從方便門討出路涇陽

曰須要認得自家先生曰妄意欲作天下第一等人性頗近狂然自反尙是硜硜窠臼性又近狷竊恐兩頭不著涇陽曰如此不爲中行不可得矣先生曰檢點病痛只是一個粗字所以去中行彌遠涇陽曰此是好消息粗是眞色狂狷原是粗中行中行只是細狂狷練粗入細細亦眞矣先生曰粗之爲害亦正不小猶幸自覺得今但密密磨洗更無他說涇陽曰尙有說在性近狷還是習性情近狂還是習情若論眞性情兩者何有於此參取明白方認得自家既認得自家一切病痛都是村魔野祟不敢現形於白日之下矣先生遲疑者久之而後曰豁然矣譬如欲適京師水則具舟楫陸則備輿馬徑向前去無不到者其閒倘有阻滯則須耐心料理若因此便生懊惱且以爲舟楫輿馬之罪欲思退轉別尋方便豈不太誤涇陽曰如是如是

先生嘗曰吾輩一發念一出言一舉事須要太極上著脚若只跟陰陽五行走便不濟事有疑其拘者語之曰大本大原見得透把得住自然四通八達誰能拘之若於此糊塗便要通融和會幾何不墮坑落塹喪失性命故先生見義必爲皆從性命中流出沈繼山稱爲義理中之鎭惡文章中之辟邪洵不虛也

## 小辨齋劄記

學者須在暗地裏牢守介限不可向的然處鋪張局面○逆詐億不信五字入人膏肓所謂殺機也億逆得中自家的心腸亦與那人一般億逆得不中那人的心腸勝自己多矣○人心惟危王少湖曰危之一字是常明燈一息不危卽墮落矣○朱子嘗曰孟子一生費盡心力只破得枉尺直尋四字今日講學家只成就枉尺直尋四字愚亦曰孟子一生費盡心力只破得無善無惡四字今日講學家只成就無善無惡四字○三代而下只是鄉愿一班人名利兼收便宜受用雖不犯手弑君弑父而自爲忒重實埋下弑君弑父種子○無善無惡本病只是一個空字未病只是一個混字故始也見爲無一之可有究也且無一不可有始也等善於惡究也且混惡於善其至善也乃其所以爲至惡也○離九三曰日昃之離不鼓缶而歌則大耋之嗟凶歌爲樂生者也嗟爲憂生者也言人情憂樂只在軀殼上起念不如此則如彼不知人生世間如日昃之離有幾多時節何爲靠這裏尋個憂樂凶之道也○自三代以後其爲中國財用之蠹者莫甚於佛老莫甚於黃河一則以有用之金塗無用之像一則以有限之財塡無限之壑此所謂殺機也○發與未發就喜怒哀樂說道不可須臾離何言發未發也程子曰寂然不動感而遂通此言人分上

事若論道則萬物皆具更不說感與未感最爲的當○炎祚之促小人促之也善類之殃小人殃之也紹聖之紛更小人紛更之也今不歸罪於小人而反歸罪於君子是君子既不得志於當時之私人而仍不得志於後世之公論爲小人者不惟愚弄其一時仍并後世而愚之也審如其言則將曰比干激而亡商龍逢激而亡夏孔子一矯而春秋遂流爲戰國孟子與蘇秦張儀分爲三黨而戰國遂吞於呂秦其亦何辭矣以下論學書○南皋最不喜人以氣節相目僕問其故似以節義爲血氣也夫假節義乃血氣也眞節義卽理義也血氣之怒不可有理義之怒不可無理義之氣節不可亢之而使驕亦不可抑之而使餒以義理而誤認爲血氣則浩然之氣且無事養矣近世鄉愿道學往往借此等議論以消鑠吾人之眞元而遂其同流合汙之志其言最高其害最遠○心學之弊固莫甚於今日然以大學而論所謂如見肺肝者也何嘗欺得人來卻是小人自欺其心耳此心蠹也非心學也若因此便諱言心學是輕以心學與小人也咸九四不言心而象曰感人心則咸其心之義也艮六四不言心而象曰思不出其位則艮其心之義也其曰貞吉則道心之謂曰憧憧則人心之謂也艮其身亦猶大學之揭修身蓋心在其中矣何諱言心之

有乃曰心意可匿身則難藏其不本正心誠意而本修身殆有精義不免穿鑿附會矣○足下近言調攝血氣喜怒不著自有條理此知足下心得之深直透未發前氣象卽六經且爲註脚矣但恐此意習慣將來任心太過不無走作其害非細足下必曰聖賢之學心學也吾任吾心何走作之有不知道心可任人心不可任也道心難明人心易惑弟近來只信得六經義理親切句句是開發我道心句句是喚醒我人心處學問不從此入斷非真學問經濟不從此出斷非真經濟與彭旦陽○陽明提良知是虛而實見羅提修身是實而虛兩者如水中月鏡中花妙處可悟而不可言所謂會得時活潑潑地會不得只是弄精魂○昔之爲小人者口堯舜而身盜跖今之爲小人者身盜跖而罵堯舜○名根二字真學者痼疾然吾輩見得是處得做且做若每事將此個題目光光抹撥何處開得口轉得身也○根原枝委總是一般大趨既正起處既真信目所視信口所哦頭頭是道不必太生分別○平生左見怕言中字以爲我輩學問須從狂狷起脚然後能從中行歇脚凡近世之好爲中行而每每墮入鄉愿窠臼者只因起脚時便要做歇脚事也

太常史玉池先生孟麟

史孟麟字際明號玉池常州宜興人萬曆癸未進士官至太常寺少卿三王並封旨下先生作問答上奏乙卯張差之變請立皇太孫詔降五級調外任先生師事涇陽因一時之弊故好談工夫夫求識本體卽是工夫無工夫而言本體只是想像卜度而已非眞本體也卽謂先生之言是談本體可也陽明言無善無惡心之體先生作性善說闢之夫無善無惡心之體原與性無善無不善之意不同性以理言理無不善安得云無心以氣言氣之動有善有不善而當其藏體於寂之時獨知湛然而已安得謂之有善有惡乎其時楊晉菴頗得其解移書先生謂錯會陽明之意是也獨怪陽明門下解之者曰無善無惡斯爲至善亦竟以無善無惡屬之於性眞索解人而不得矣

史玉池論學

今時講學主教者率以當下指點學人此是最親切語及叩其所以却說饑來喫飯困來眠都是自自然然的全不費工夫見學者用功夫便說本體原不如此却一味任其自然任情從欲去了是當下反是陷人的深坑不知本體工夫分不開的有本體自有工夫無工夫卽無本體試看樊遲問仁是向夫子求本體夫子却教他做工夫曰居處恭執事敬與人忠凡是人於日用間那個離得居處執事與人

境界故居處時便恭執事時便敬與人時便忠此本體卽功夫學者求仁居處而恭仁就在居處執事而敬仁就在執事與人而忠仁就在與人此工夫卽本體是仁與恭敬忠原是一體如何分得開此方是真當下方是真自然若饑食困眠禽獸都是這等的以此爲當下却便同於禽獸這不是陷人的深坑且當下全要在關頭上得力今人當居常處順時也能恭敬自持也能推誠相與及到利害的關頭榮辱的關頭毀譽的關頭生死的關頭便都差了則平常恭敬忠都不是真工夫不用真工夫却沒有真本體故夫子指點不處不去的仁體却從富貴貧賤關頭孟子指點不受不屑的本心却從得生失死關頭故富貴不淫貧賤不移威武不屈造次顛沛必於是舍生取義殺身成仁都是關頭時的當下此時能不走作纔是真工夫纔是真本體纔是真自然纔是真當下往李卓吾講心學於白門全以當下自然指點後學說個個人都是見見成成的聖人聞有忠節孝義之人却云都是做出來的本體原無此忠節孝義學人喜其便利趨之若狂後至春明門外被人論了纔去拿他便手忙脚亂却一刀自刎此是殺身成仁否此是舍生取義否自家且如此何況學人故當下本是學人下手工夫差認了却是陷人深坑不可不猛省也○言

心學者率以何思何慮爲悟境蓋以孩提知能不學不慮聖人中得不思不勉一落思慮便非本體豈不是徹上語不知人心有見成的良知天下無見成的聖人聖人中得原是孩提愛敬孩提知能到不得聖人中得故孩提知能譬如礦金聖人中得譬如精金這精金何嘗有分毫加於礦金之初那礦金要到那精金須用許多淘洗鍛鍊工夫不然脫不得泥沙土石故不思不勉只說個見成聖人非所以爲聖人也○問告子之勿求亦有根歟曰有外義故也夫義與氣一流而出求氣卽集義也告子外視乎義夫且以義爲障矣何求焉○理氣合而爲心孟子以義爲心集義而氣自充氣充而心自慊則心以自慊而不動告子第以氣爲心而離義以守氣則定氣所以定心心亦以能定而不動○夫天地之塞吾其體天地之帥吾其性天下有性外之氣乎故浩然之氣卽吾心之道義不可得而二之也吾身體充之氣卽塞天地之氣亦不可得而二之也故行有不得之心告子不能異孟子焉天命之性也孟子直以養之則不愧不怍之真卽高明博厚之體而體充之氣浩然塞天地之氣矣告子逆而制之固不以蹶趨之氣動心亦不以道義之氣慊心則氣非塞天地之氣而體充之氣矣故告子守在氣者也孟子守在義者也孟子之於義根

心而生是以心爲主者也告子之於義緣物而見是以物爲主者也義無内外緣物以爲義則内外分爲兩截義自義心自心始猶覺其遺用而得體究則併其體而忘之矣譬之水然孟子之心若清水之常流而告子之心則止水之能清耳始而澄之止水之清易而流水之清難至於後而流水之清者常清止水之清者臭敗矣○釋氏不思善不思惡是汝本來面目則告子性無善外義之根宗也其曰心生心死心死心生死心之法則告子之勿求也其曰一超直入如來地超入之頓則告子之助長也○問格物曰各人真實用功便見○宋之道學在節義之中今之道學在節義之外○天下有君子有小人君子在位其不能容小人宜也至於弁常人而亦不能容焉彼且退而附於小人而君子窮矣小人在位其不能容君子宜也至於弁常人而亦不能容焉彼且退而附於君子而小人窮矣○古人以心爲嚴師又以師心自用爲大戒於此參得分明當有會處

職方劉靜之先生永澄

劉永澄字靜之揚州寶應人八歲讀正氣歌衣帶贊卽立文公位朝夕拜之年十九舉於鄉飲酒有妓不往登萬曆辛丑進士第授順天學教授北方稱爲淮南夫子遷國子學正雷震郊壇先生上疏災異

求直言自漢唐宋及祖宗未有改也往萬安劉吉惡人言災異鄒汝愚一疏炳烈千古今者一切報罷塞諤諤之門務容容之福傳之史冊尚謂朝廷有人乎滿考將遷先生喟然歎曰陽城爲國子師斥諸生三年不省親者況身爲國子師乎遂歸杜門讀書壬子起職方主事未上而卒年三十七先生與東林諸君子爲性命之交高忠憲曰靜之官不過七品其志以爲天下事莫非吾事若何而聖賢吾君若何而聖賢吾相若何而聖賢吾百司庶職年不及強仕而其志以爲千古事莫非吾事生前吾者若何揚揭之生當吾者若何左右之生後吾者若何矜式之先師劉忠端曰靜之尙論千古得失嘗曰古人往矣豈知千載而下被靜之檢點破綻出來安知千載後又無檢點靜之者其刻厲自任如此大概先生天性過於學問故其疾惡之嚴真如以利刃齒腐朽也

## 劉靜之緒言

今有人焉矜矜於簞食豆羹之義木頭竹屑之能至於攖小人之忌觸當世之網而上關國是下關淸議者則唯恐犯手撩鬚百不一發雖事任在躬亦不過調停兩家以爲持平之體此其意何爲哉得失之念重耳○巧宦之法大率趨承當路不可稍失其意雖己之吏胥

亦不肯稍失其意蓋知吏胥亦能操吾之長短也清夜自思此一種是何等心事豈可使人知○物來順應順者順乎天理也非順乎人情也○三代而上黑白自分是非自明故曰王道蕩蕩王道平平後世以是爲非指醉爲醒倒置已極君子欲救其弊不得不矯枉蓋以不平求平正深於平者也○有一等自是的人動曰吾求信心不知所信者果本心乎抑習心乎○假善之人事事可飾聖賢之迹只逢著忤時抗俗的事便不肯做不是畏禍便怕損名其心總是一團私意故耳○謙謙自牧由由與偕在醜不爭臨財無苟此居鄉之利也耳習瑣尾之談目習徵逐之行以不分黑白爲渾融以不悖時情爲忠厚此居鄉之害也夫惡人不可爲矣庸人又豈可爲乎惡人不當交矣庸人又豈足交乎○尋常之人慣苛責君子而寬貸小人非君子仇而小人暱也君子所圖者大則所遺者細世人只檢點細處故多疵耳小人所逆者理則所便者情世人只知較量情分故多恕耳○愛人則加諸膝惡人則隕諸淵此譏刺語其實愛惡之道無如此大學如好好色如惡惡臭好好色之心何啻加膝乎惡惡臭之心何啻隕淵乎聖賢只在好惡前討分曉不在好惡時持兩端如慮好惡未必的當好不敢到十分好惡不敢到十分惡則子莫之中鄉愿之

善耳○與君子交者君子也小人交者小人也君子可交小人亦可交者鄉人也鄉人之好君子也不甚其惡小人也亦不甚其用情在好惡之間故其立身也亦在君子小人之間天下君子少小人亦少而鄉人最多小人害在一身鄉人害在風俗○李卓吾曰有利於己而欲時時囑托公事則稱引萬物一體之說有害於己而欲遠怨避嫌則稱引明哲保身之說使君相燭其奸不許囑託不許遠嫌避害又不許稱引則道學之情窮矣○如愛己之心愛人先儒必歸之窮理正心如治己之心而治人先儒必以強於自治爲本蓋未能窮理正心則吾之愛惡取舍未必得正而推己及物亦必不得其當然未能強於自治則是以不正之身爲標的將使天下之人皆如吾之不正而淪胥以陷○說心說性說元說妙總是口頭禪只把孟子集義二字較勘身心一日之內一事之間有多少不合義處有多少不慊於心處事事檢點不義之端漸漸難入而天理之本體漸漸歸復浩然之氣不充於天地之間者鮮矣

## 學正薛元臺先生敷教

薛敷教字以身號元臺常之武進人方山薛應旂之孫也年十五爲諸生海忠介以忠義許之登萬曆己丑進士第南道御史王藩臣劾

巡撫周繼不自掌憲耿廷向吳時來相繼論列先生言是欲爲執政籍天下也言官風聞言事從古皆然若必關白長官設使彈劾長官更須關白乎二三輔臣故峻諸司共繩庶采憲臣輒爲逢迎自喪生平竊所不取疏奏當路大恚主考許國以貢舉非人自劾奉旨回籍省過壬辰起鳳翔教授尋遷國子助教有詔並封三王上疏力爭又寓書責備婁江事遂得寢未幾趙忠毅佐孫清簡京察盡黜當路之私人內閣張洪陽王元馭憤甚給事中劉道隆承風旨以爭拾遺鐫忠毅三秩先生復與于孔兼陳泰來賈巖顧允成張納陛合疏言考功無罪內閣益憤盡奪六君子官而先生得光州學正丁母憂遂不復出甲辰顧涇陽修復東林書院聚徒講學先生實左右之作真正銘以勉同志曰學尚乎真真則可久學尚乎正正則可守真而不正所見皆苟正而不真終非己有君親忠孝兄弟恭友褆身以廉處衆以厚良朋切劘要於白首鄉里謗怨莫之出口毋謂冥冥內省滋疚毋謂瑣瑣細行匪偶讀書學道係所稟受精神有餘窮元極趣智識寡昧秉哲省咎殊途同歸勞逸難狃世我用兮不薄五斗世不我用徜徉五柳無貴無賤無榮無朽殞節逢時今生諒否必真必正夙所自剖寄語同心各慎厥後年五十九而卒先生持身孤峻筮仕以來

未嘗受人一餽垢衣糲食處之泰然舍車而徒隨行一蒼頭而已執喪不飲酒食肉服闋遂不食肉故其言曰脚根站定眼界放開靜躁濃淡閒正人鬼分胎處又曰道德功名文章氣節自介然無欲始又曰學苟不窺性靈任是皎皎不汙終歸一節但世風衰微不憂著節太奇而憂混同一色托天道無名以濟其私則中庸之說誣之也嘗有詩曰百年吾取與留作後人箴其自待不薄如此賦性慈祥蠕動不忍傷害俗客傖父亦無厭色然疾惡甚嚴有毀其知交葉園適者先生從稠人中奮臂而起自後其人所在先生必避去終身不與一見也

## 侍郎葉園適先生茂才

葉茂才字參之號園適無錫人也萬曆己丑進士授刑部主事以便養改南京工部榷稅無關除雙港之禁商人德之歷吏禮二部郎尚寶司丞少卿南大理寺丞臥病居半壬子陞南太僕寺少卿黨論方興抗疏以劾四明崐宜小人遂集矢於先生先生言臣戇直無黨何分彼此孤立寡援何心求勝內省不疚何慮夾攻雞肋一官何難勇退遂歸天啓初起用遷太僕寺卿甲子擢南京工部右侍郎履任三月先幾引去故免遺削奪崇禎辛未卒年七十二先生在東林會中

于喁無間而晰理論事不厭相持終不肯作一違心語忠憲敘先生狀之其學之深微使讀者悅然有入頭處又喜爲詩以寓時事云還宣侍講王昭素執易蟠頭取象拈傷經筵之不舉也云三黨存亡宗社計片言曲直咎休占刺門戶也云乾坤不毀只吾心哀毀書院也老屋布衣僩若寒畯於忠憲何愧焉

孝廉許靜餘先生世卿

許世卿字伯勳號靜餘常州人萬曆乙酉舉於鄉放榜日與同志清談竟夕未嘗見其有喜色也揭安貧五戒曰詭收田糧干謁官府借女結婚多納僮僕向人乞覓省事五戒曰無故拜客輕赴酒席妄薦館賓替人稱貸濫與義會有強之者輒指其壁曰此吾之息壤也一日親串急贖金求援於先生先生鬻婢應之終不破干謁戒也守令罕見其面歐陽東鳳請修郡志先生曰歐公端人也爲之一出東林之會高忠憲以前輩事之飲酒吟詩終日不倦門屏落然不容一俗客嘗曰和風未學油油惠清節寧希望望夷勑其子曰人何可不學但口不說欺心話身不做欺心事出無慚朋友入無慚妻子方可名學人耳疾革謂某逋未償某施未報某券未還言畢而逝

耿庭懷先生橘

耿橘字庭懷北直河間人不詳其所至官知常熟時值東林講席方盛復虞山書院請涇陽主教太守李右諫御史左宗郢先後聚講於書院太守言大德小德俱在主宰處看天地間只有一個主宰元神渾淪大德也五官百骸無一不在渾淪之內無一不有條理之殊小德也小德卽渾淪之條理大德卽條理之渾淪不可分析御史言從來爲學無一定的方子但要各人自用得著的便是學問只在人自肯尋求求來求去必有入處須是自求得的方謂之自得自得的方受用得當時皆以爲名言涇陽既去先生身自主之先生之學頗近近溪與東林微有不同其送方鳴秋謁周海門詩云孔宗曾派亦難窮未悟如何轄得同愼獨其嚴四個字長途萬里視君蹤人傳有道在東揭我意云何喜欲狂一葉扁舟二千里幾聲嚶鳥在垂楊亦一證也

## 耿庭懷論學

賢友不求所以生死之道而徒辨所以生死之由不於見在當生求了畢欲於死後再生尋究竟千言萬語只是落在一箇輪迴深坑裏不見有超出底意思千古只在今時迷了第決當下若云姑待是誣豪傑賢友謂人生穎異必其前生參悟之力結爲慧根又輕看了那

生萬物的他既會生萬物便不會生一箇穎異的人有一箇穎異的人便是前生參悟來者則自古及今只生了些愚癡鈍根而已是誣天地若謂自古及今只是這些愚智在天地旋轉則初生愚智時是誰來者況旋轉來智者必益智愚者亦漸智何乃今人不及古人遠甚是誣聖賢賢友又問死後光景作何狀死者必有一著落處爲家余却問賢友見今光景作何狀目前著落豈無家如徒以耳目手足飲食男女喚作生時光景宜乎其復求死後之光景也況以生爲客爲寄而以死爲歸爲家則生不如死矣是誣生死蓋佛氏輪迴之教原爲超出生死而設再生之說乃其徒敗壞家風的說話何故信之深勿論儒道禪已荒矣答邵濂輪迴生死問下二條同

○夫所謂漫天漫地亙古亙今者是何物天地古今尚在此內而此必欲附麗一物乎所謂神理綿綿與天地同久者亦必有神理之真體而曰附麗則獨往獨來者果安在也不隨生存果附麗於生乎不隨死亡猶有所附麗乎生而附麗於生是待生而存也死而必再生以求所附麗是隨死而亡也待生而存生已死矣隨死而亡焉能再生且謂今之頭腹手足耳目鼻口塊然而具者是生耶生者活也喜笑瑝然啼哭愴然周旋運轉惺然而有覺者乃謂之生一旦喜泯啼銷運止覺滅

雖頭腹手足耳目鼻口之仍在則謂之死故生死形也形生形死總謂之形而形豈道乎哉道也者形而上之物也形而上也者超乎生死之外之謂也生死是形不是道道非形卽非生死既已非生死矣果且有生死乎哉既已無生死矣果且有附麗乎哉既已無附麗矣果不可朝聞而夕死乎哉生死了不相干朝夕於我何與味賢友所謂附麗云者似指今之頭腹手足耳目鼻口塊然之物所謂漫天漫地亙古亙今神理綿綿不隨生存死亡云者似指今之⿰王老然愴然惺然之物徇生而爲生執有而爲知何謂知生生之不知何謂知死生死之不知何謂知道正恐賢友所以發願再生者亦不在了此公案而在貪此形生也欲不貪生非知生不可欲知生非知道不可知道則知吾與賢友今日雖生而實有一箇未嘗生者在這裏這裏方喚做漫天漫地亙古亙今神理綿綿不隨生存死亡的眞體也○自其未發者而觀之行於喜怒哀樂之中而超於喜怒哀樂之外獨往獨來不可名狀強名曰中明道曰且喚做中是也自其發而中節也觀之混乎可喜可怒可哀可樂之場而合乎共喜共怒共哀共樂之心應用無滯如水通流故謂之和也中庸大段只是費隱顯微有無六字六字根柢只一性字費可見而隱不可見顯可見而微不可見有

可見而無不可見隱微無未發也費顯有發而中節也隱卽之費中而在微卽之顯時而在無卽之有者而在未發卽之發而中節者而在體用一原也非隱孰爲費非微孰爲顯非無孰爲有非未發而孰爲發而中節一以貫之也費卽是隱顯卽是微有卽是無發而中節卽是未發下學上達也學者徒於喜怒哀樂上求和而不於喜怒哀樂上求中徇迹遺心矣不於有喜有怒有哀有樂時認未發之眞體欲於無喜無怒無哀無樂時觀未發之氣象離形求神矣吾故曰喜怒哀樂情也中和性也費隱顯微有無一性也 答中和問 ○獨無色故覩不得無聲故聞不得睹不得聞不得却有一箇獨體在非謂不睹不聞之時是獨也獨體本自惺惺本自寂寂而却有不惺惺不寂寂之物欲獨體本自無起本自無滅而却有常起常滅之人心這裏所以用著戒愼恐懼四個字能於惺惺寂寂中持此四箇字而後不惺惺不寂寂之物欲可滅能於無起無滅中持此四箇字而後常起常滅之人心可除此是有著落的工夫所謂本體上作工夫者是也 答湯衡問 ○荀子曰養心莫善於誠周子曰荀子元不識誠旣誠矣心安用養耶到得心不用養處方是誠 答歸紹隆問 ○下學上達原是一理天地間無不下卽無不上若以親親長長爲下人人親其親

長其長而天下平爲上則不可天下平亦是下親親長長亦是上只在悟不悟之間下學可以言傳上達必由心悟二條同上〇這箇德性卻莫於杳冥怳忽裏覓就是這箇禮而已中庸一書全於費處見隱〇求心所在不若求心所不在大學心不在焉此四字是點化學人的靈丹身有所忿懥四句是鍛鍊學人的鼎鑊蓋四者實生於身而役乎心心何以有不在在乎四者之中爲形骸所役而不自知爾如今目口受味目受色耳受聲鼻受臭四肢受安逸欣羨求取能盡無乎但有一絲心便不在不在者非不在腔子裏之謂也倒是這腔子裏成了一塊味色聲臭安逸美衣廣屋肥田佳園貴顯世路名高的鬧場此心受役於鬧場之內而不自知故曰不在也答童子徐嶙問心在何處〇自性是頭腦自性上起念是真念念上改過是真改過但要賢友認得自性而已一切言行無差無錯處皆性之用也而必有其體假若散而無體則亦蕩而無用矣認得此體自然認得此用念亦用也而於體爲近從本體上發念從念上省改少有差錯即便轉來總是本體上工夫從本體發念即是本體從念上轉來即轉即是本體一念離了本體一念即成差錯一轉不到本體即千轉初無實益文過怙終遂成大錯皆起於轉之過也此無他離了本體便

屬形體一著形體便落惡道毫釐千里端在於此答葉文奎問○秋問喜怒哀樂未發氣象何如師反詰之對曰衆人之情憧憧擾擾安得未發意者養成之後乎師曰中即性也必待養成而後爲中然則衆人無中遂無性乎秋以至善爲對師曰喜怒哀樂終日離他不得豈爾終日間通無此中不自反求牽合附會益見支離秋被逼迫通身流汗忽聞蟬聲因省曰此聲之入吾何以受之而知爲蟬也聲寂矣知何以不隨之而去也乃對曰意者吾身中目能視耳能聽鼻能嗅口能言其中有主之而不著於此者是謂中乎師首肯曰近之矣從此體驗亦得秋又曰意者君子而時中無時不有無方可執無處不滿見得此中則天地位萬物育天下歸仁直在眼前乎師舉手曰可矣可矣由此以進聖人不難學矣曰然則可以把持乎師曰爾不把持彼從何處去秋曰然則何以用功師曰離天地萬物不得日從此處用功而位育自在其中最要緊處在內省不疚無惡於志秋於是怡然順適判然冰解方鳴秋問答

○立教須名至善修學本自無爲要知真性是我明明天命爲誰不離喜怒哀樂超然獨抱圓規有耳誰能聽得有眼窅焉難窺本來巍巍堂堂古今一毫無虧動中漠然不動生生化化無遺謾道一切中節一切本無追隨但要自明自

覺三德五道不回三德五道由一從君開眼伸眉但能此中不痰天地萬物皆歸易方鳴秋

光祿劉本儒先生元珍

劉元珍字伯先別號本孺武進人萬曆乙未進士歷官禮部兵部郎乙巳大計四明庇其私人盡復臺省之黜者察疏留中人心憤甚不敢發先生抗疏刺其奸削籍歸而四明亦罷庚申起光祿寺少卿時遼瀋初破贊畫劉國縉擁衆欲從登萊南濟先生謂國縉爲寧遠義兒扶同賣國今又竄處內地意欲何爲國縉遂以不振未幾卒官年五十一先生家居講學錢啓新爲同善會表章節義優恤鰥寡以先生爲主有言非林下人所宜者先生痌瘝一體如救頭目惡問其宜不宜也先生每以子路自任不使惡言入於東林講論稍涉附會輒正色斥之曰毋亂我宗旨聞謗講學者曰彼訾吾黨好名以爲口實其實彼之不好名乃專爲決裂名教地也疾小人不欲見苟其在側喉間輒如物梗必吐之而後已當東林爲天下彈射先生謂高忠憲曰此吾輩入火時也無令其成色有減斯可矣

明儒學案卷六十

姚江黃梨洲先生著

豫章後學 夏鼎 熊纒祖 徐兆瀾 熊榮祖 劉秉楨 熊育鑫 熊育鏞 周聯慶 蕭兆柄 李真實 重刊

## 忠端黃白安先生尊素

黃諱尊素字真長號白安越之餘姚人萬曆丙辰進士授寧國府推官強宗斂手避其風裁時岷宣之𧽊足以奔走天下先生未嘗稍假借也入爲山東道御史神宗以來朝中分爲兩黨君子小人遞爲勝負無已時天啓初政小人之勢稍絀會奄人魏忠賢保姆客氏相結以制沖主盡收宮中之權思得外庭以助己小人亦欲乘此以一網天下之君子勢相求而未合也先生惕然謂同志曰兄弟鬩於牆外禦其侮吾儕其毋鬩牆以召外侮乎無何阮大鋮長吏垣與桐城嘉善不睦借一去以發難先生挽大鋮使毋去大鋮意亦稍轉而無奈桐城之疎彼也趙太宰不由咨訪改鄒新昌於銓部同鄉臺省起爭事權先生爲之調人江右遂謂新昌之見知於太宰由先生二憾交

作而給事中傅櫆故與逆奄養子傅應星稱兄弟私懼爲清議所不容挺險者乃道之以首功借中書汪文言以劾桐城嘉善逆奄主之以興大獄先生授謀於鎮撫劉僑獄得解於是而有楊副院二十四大罪之疏疏之將上副院謂同志曰魏忠賢者小人之城社也塞穴薰鼠固不如墮城變社耳先生曰不然除君側者必有內援公有之乎一擊不中凶愎參會矣疏入副院既受詰責而且杖萬郎中杖林御史震恐廷臣先生謂副院曰公一日在朝則忠賢一日不安國事愈決裂矣不如去以少衰其禍副院以爲然而遷延不能決也南樂由逆奄入相然惟恐人知使燕趙士大夫以魏氏爲愧嘉善因其大享不至將糾之先生曰不可今大勢已去君子小人之名無徒過爲分別則小人尚有牽顧猶有一二分之救也嘉善銳意欲以擊外魏與楊副院擊內魏爲對股文字不深惟先生之言南樂喟然歎曰諸公薄人於險吾能操刀而不割哉遂甲乙其姓名於宦籍之上甚其宗人魏忠賢曰此東林黨人皆與公爲難者也逆奄奉爲聖書終熹宗之世其竄殺不出於此晉人爭巡撫先生語太宰曰秦晉豫章同舟之人也用考功而豫章之人心變參卹典而關中之人心變再使晉人心變是一鬨而散之局也陳御史果劾嘉善以會推徇其座主

中旨一出在朝無留賢矣凡先生憂深慮遠彌縫於機失謀乖之際皆先事之左券也先生三疏劾奄第一疏在副院之先第二疏繼副院而上第三疏萬郎中杖後清言勁論奄人髮指則曰此諫官職分事不以爲名高也乙丑出都門曹欽程論之削籍其冬訛言繁興謂三吳諸君子謀翻局先生用李實爲張永授以秘計逆奄聞之大懼刺事至江南四輩漫無影響沈司寇欲自以爲功奏記逆奄曰事有跡矣逆奄使人日譙訶李實取其本去而七君子被逮蓋汪文言初番之獄羣邪定計卽欲牽連左魏二公相隨入獄不意先生能使出之故於諸君子中意忌惟先生以爲必爲吾儕患訛言之興亦以是也丙寅閏六月朔賦詩而卒年四十三先生未嘗臨講席首善之會謂南皋曰賢奸雜沓未必有益於治道其風期相許者則蕺山忠憲忠節萬里投獄蕺山慟哭而送之先生猶以不能濟時爲恨先生以開物成務爲學視天下之安危爲安危茍其人志不在宏濟艱難沾沾自顧揀擇題目以賣聲名則直鄙之爲硜硜之小人耳其時朝士空疎以通記爲粉本不復留心於經學章奏中有引繞朝之策者一名公指以爲問先生曰此晉歸隨會事也凡五經中隨舉一言先生卽口誦傳疏瀾倒水決類如此

格物是格出至善所在若作名物象數則是借外以廓內矣知原是性中一點睿體但因格物而開拓融化無纖毫遮塞處便是○天豈有命生而炯炯不昧者是合下生來箇箇是聖賢再沒有命之以凡庸者從此率之不加不損只依他出來蓋天命之體貞而靜率者不起知故不生紛擾這便是貞靜之妙戒懼慎獨便著主靜率性之工夫也修者就自家做出來的將來做法程非另有修也○未發之中渾淪無際停毓無窮此卽水涸木落無聲無臭之地神明變化都不外此槖籥已發者天下同此一性天下同此一率夫婦猶是聖人猶是更無假詭變幻於其間豈不謂達道中者未發之性和者已發之性性無動靜中和之名因動靜而分若言未發爲性已發爲情分明性有動靜矣○世風日下如江河競注而自古至今此理猶在人心維天之命於穆不已蓋謂此也○問天地位萬物育曰天地無日不位萬物無日不育只爲人心失却中和之體天地雖大若容不得我萬物雖衆只覺多我一人知此則知位育○不是欺人方是僞凡所行而胸中不能妥貼人不見其破綻處豈不是僞○一貫不必說得玄遠淺言之如世之機械變詐亦有時節通行得去便有時節不可

通行得去如何貫得是故一貫者其唯誠乎〇觀過知仁故知其不善所以明善〇孟子知言全將自己心源印證羣迷吾心止有一常人自去分門立戶分蹊別徑都從常心中變出許多鬼魅魍魎相知言者但把常心照證變態無不剖露知得人心亦止知得自己心知得羣心之變亦止養得吾心之常〇心不受變而術則變如學術流爲申韓此心不得不歸於慘酷治術流爲雜伯此心不得不向於殺伐戰國時人學皆刑名治皆誅殺都被術所弄壞乃轉而歸咎仁之不若人故孟子特地拈出本來此心人人圓滿但是一日之造端便判終身之趨向卽夫子習相遠之說也〇說個信果定是未言未行之先先著一番心了大人未言那見有當信之理未行那見有當果之事任他危言遜言旁行正行再沒有不中於則者義有進而心無著也〇感遇聚散佛氏視之皆太虛中游氣紛擾與性體一毫不相妨礙儒者則皆是我本根發出枝葉無一件是假〇心體無盡凡天地間所有之事古今來所有之功聖賢接續盡之豈能盡得〇陽明先生答陸元靜無妄無照之論蓋本之佛書佛書言妄心卽真心影像妄本無妄以有感故感亦無感以能照故若是則照妄之心卽是無妄之心云何復得有妄心心本無妄以無照故謂之妄今指爲真

心之影像畢竟影是形生像隨鏡見推不得是鏡以外事今欲却妄而完真安得逃影而滅像乎○佛氏言心無常爲無所住而生其心念念生滅不停也此儒者之所謂妄心也而佛氏正以顯此心之性空妙理卽謂之真如不動此蓋有見於流行無見於主宰以其常動而謂之不動非真不動也中庸曰苟不至德至道不凝焉佛氏所缺者至德也公都子所言性無善無不善性可以爲善可以爲不善有性善有性不善三說總是一說不觀之佛書云性無善惡能生善惡又云善惡同以心性爲主若斷性惡則斷心性性不可斷故性善性惡皆不可斷既不可斷則是性有善惡也若云性本無性性亦非性畢竟有箇生善生惡者在則是可以爲善可以爲不善也○佛法先要人信心蓋佛法示人本是種種可疑於此教人盡行奪下整身跳入其中豈不立地成佛何須更假修爲若吾儒亦是穿衣喫飯夏葛冬裘見成道理伸手便見率之卽是體之卽存故不必言信無疑非信不必言悟無修非悟○釋氏言宗心言妄心謂常住不動之真心爲宗緣起者爲妄其實所謂常住不動者空而已矣緣起而流行者天地萬物皆野馬塵埃也但不足以礙我空體與空體截然不相粘合吾儒則就此野馬塵埃之中流行而不失其則者乃見常住不動

之眞心故其名則同而所指實異也

宗伯吳霞舟先生鍾巒

吳鍾巒字巒稺號霞舟武進人也崇禎甲戌進士先生弱冠爲諸生出入文社講會者四十餘年海內推爲名宿以貢教諭光州學從河南鄉舉登第時年已五十八矣授長興知縣閹人崔璘權鹺以屬禮待郡縣先生不往降紹興照磨量移桂林推官南渡陞禮部主事未上而國亡閩中以原官召之上書言國事時宰不悅先生曰今日何等時如某者更說一句不得耶出爲廣東副使未行而國又亡遁跡海濱是時自浙至中左建國以一旅奉之二三人望皆觀望不出先生曰吾等之出未必有濟然因吾等之不出而人心解體何以見魯衞之士亦惟以死繼之而已起爲通政使駕返浙海先生以禮部尚書扈蹕所至錄其士之秀者爲弟子員率之見於行朝僕僕拜起人笑其迂先生曰此與陸君實舟中講大學正心章一例耳駕在滃洲先生退處補陀及事亟先生曰昔者吾友李仲達死奄禍吾尚爲諸生不得請死吾友馬君常死國難吾爲遠臣不得從死閩事之壞吾已辭行在不得驟死吾老矣不及此時此地死得明白乾淨卽一旦疾病死何以謝吾友見先帝於地下哉復渡海入滃洲辛卯八月末

於聖廟右廡設高座積薪其下城破捧夫子神位登座危坐舉火而卒年七十五先生受業於涇陽而於景逸玄臺季思皆爲深交所奉以爲守身法者則淇澳困思抄也在長興五載以爲差足自喜者三事一爲劉夫子弔丁長孺至邑得侍杖履一爲九日登烏膽山一爲分房得錢希聲所謂道德文章山水兼而有之矣先生嘗選時文名士品擇一時之有品行者不滿二十人而羲與焉其後同處圍城執手慟哭羲別先生行三十里先生復掉三板追送其語絕痛薛諧孟傳先生所謂嗚咽而赴四明山中之招者此也嗚呼先生之知羲如此今抄先生學案去之三十年嚴毅之氣尚浮動目中也

## 霞舟隨筆

人生只君親兩大本凡日用應酬宗族眷屬無不本於親本此之謂仁凡踐土食毛事上臨下無不本於君本此之謂義〇人只除了利根便爲聖賢故喻利喻義分別君子小人小人所以喻利只爲遂耳目口體之欲孟子所以說養其小體爲小人試想此天之所以與我者八字直將此身立在千仞岡上下視養口體物交物一班人渺乎小哉真蠛蠓一世矣〇有伊尹之志則可仕不則貪位慕祿之鄙夫而已矣不可與事君也有顏子之樂則可處不則飽食閒居之小人

而已矣未足與議道也○士大夫爲盜賊關說者是卽盜賊爲倡優關說者卽是倡優○或問當此之時何以自處答云見危臨難大節所在惟有一死其他隨緣俟命不榮通不醜窮常養喜神獨尋樂處天下自亂吾身自治履之九二履道坦坦幽人貞吉象曰幽人貞吉中不自亂也玩之可得守身法○當此之時惟見危授命是天下第一等事不死以圖恢復成敗尙聽諸天非立命之學也○當此之時避世深山亦天下第一等事徼幸以就功名禍福全聽諸人非保身之道也○錢啓新先生云後生小子但有向上根器須忘年以交接引入道不必羅致門下○張二無至京師宜興餽以人參不受宜興不悅二無告以籌邊禦寇宜興諾之曰但主心一轉天下自治他可置勿道也二無遂力求去○顏壯其爲孝廉時里人有跪訴者旣去移晷追還爲下一跪里人駭問何故曰頃汝下跪我立而扶之思此終覺不安故跪還汝耳○友云求長生當除妄想曰求長生獨非妄想耶○君子小人之辨在人臣當泯其圭角在人主當見得分明○天地之間只有陰陽二氣動靜兩端循環不已更無餘事此之謂易天地間一切目可得見耳可得聞言可得傳躬可得行者皆道之用也皆象也數也故聖人立象以盡意極其數遂定天下之象然則聖

人之意其不可見乎不可得而見者道之體也立象而意盡於其中故曰君子之道費而隱費者用也隱者體也聖人惟恐人索之於隱只言用不言體易之六爻皆用也故曰用九曰用六用九而六其體故曰見羣龍無首天德不可爲首用六而九其體故曰利永貞以大終○天地只有一乾伏羲原初只有一畫坤之偶卽一畫而分之非另有第二畫也○坤之中斷處正是坤之虛處所以順承天也乾貫乎中矣敬以直內義以方外一直撐天拄地一方周遍四隅中字從直從方口可兼內外二義○他卦之上爲極爲變惟鼎與井終爲成功井以養民鼎以養賢井以水鼎以火水火飲食之道也○欲觀喜怒哀樂未發時氣象須將喜怒哀樂發而不中節處克盡纔觀得○子貢聞道顏子以下一人只文章性道二語括盡中庸費隱之旨○問朝聞道所聞何道答云須看下句○入道者當於天親一脈不可僞爲處竭情此文介真實見道語人情之同處卽本心人謂隨處體認天理愚謂隨處體貼人情靜虛二字上不容加一道字一念不起時一物不著處參得消息當是朝聞○人身常定常靜常安氣息自調每有意調息反覺氣息轉麄可見正助之害○見危受命不要害怕見利思義却要害羞○事父母能竭其力一生之力無一毫不爲

父母用者而今而後吾知免夫此力纔竭○君子一生汲汲皇皇只這一件事故曰好學○北辰是天之樞紐中間些子不動處仍不是不動只動處還在原處○今日會講各人須細細密察爲文學而來乎爲理學而來乎爲道學而來乎爲文學來不過學業止討些悟頭這不中用爲理學來研窮意義亦是訓詁學究伎倆也不中用爲道學來實踐躬行纔有中用這便是所安又爲先生而來乎爲聖賢而來乎爲自己而來乎爲先生而來先生有出山時節這靠不得爲聖賢而來聖像有不懸時節聖人之書有不對面時節亦靠不得爲自己而來立志在身心性命這纔靠得這便是所安此是君子小人親筆供狀○言顧行行顧言今人之言大抵勦襲之言今人之行大抵趨逐之行自己一毫不與其間此之謂不相顧○知只在心地上明白不在義理見聞上誇張○張二無云無諂無驕未免在境上打點自己未有實受用在一經夫子指點便覺本地風光時時現前非心地上打掃十分潔淨何以有此切要工夫正是樂與好禮得力處子貢見得到此直能因苗辨種飲水知源三百篇皆無字之經矣故夫子許以言詩告往知來正與大易數往知來不隔一線○二無云詩之爲用自閨房靜好以至郊廟登歌其人自耕夫游女以至藎臣哲

后其事自隱括蟲魚草木以至感格天地神明真是無隱不披無遠不屆却只人人一點不容已之思耳思起處原無邪緣染而後有邪只用此無緣染之思抽引不盡何止充天塞地○心本是仁非是二物私欲引去心便違仁私欲既無心原是仁

郎中華鳳超先生允誠

華允誠字汝立別號鳳超無錫人天啓壬戌進士授工部主事告歸崇禎己巳補任轉員外郎調兵部上疏言國家罷設丞相用人之職吏部掌之閣臣不得侵焉今次輔溫體仁冢臣閔洪學同邑朋比駈除異己閣臣操吏部之權吏部阿閣臣之意庇同鄉則保舉逆案排正類則逼逐講官奉旨回話因極言其罪狀又言王化貞宜正法余大成在可矜上多用其言體仁洪學雖疏辨無以難也尋以終養歸南渡起補吏部署選司事隨謝去在朝不滿一月改革後杜門讀易戊子四月有告其不剃髮者執至金陵不屈而死先生師事高忠憲忠憲殉節示先生以末後語云心如太虛本無生死故其師弟子之死止見一義不見有生死所以云本無生死若佛氏離義而言無生死則生也爲罔生死也爲徒死縱能坐脫立亡亦是弄精魂而已先生居恆未嘗作詩蒙難之春爲二律云緬思古則企賢豪海外孤臣

嚥雪毛眼底兵戈方載路靜中消息不容毫黙無一事陰逾惜思有千端枕自高生色千秋青史在自餘誰數却勞勞振衣千仞碧雲端壽殀由來不二看日月光華宵又旦春秋遷革歲方寒每爭毛髮留詩禮肯逐波流倒履冠應盡只今祈便盡不堪回首問長安是亦知死之一證也

中書陳幾亭先生龍正

陳龍正字惕龍號幾亭浙之嘉善人崇禎甲戌進士授中書舍人戊寅熒惑守心先生一言民間死罪細求疑情一言輔臣不專票擬居恆則位置六卿有事則謀定大將己卯十月彗星見先生進言曰事天以實不以文臣更進之曰事天以恆不以暫何爲實今日求言恤刑之實是也何言恆自今以後弗忘此求言恤刑之心也其年十一月上將郊天先生請正郊期古帝王郊天不用至日家語孔子對定公曰周之始郊其月以日至其日以上辛郊特牲曰郊之用辛也周之始郊日以至王肅曰周之郊祭於建子之月也用辛日者以冬至陽氣新用事也臣謹按上辛謂日至之月第一辛日如冬至在十一月下旬則用仲辛冬至在十一月初旬本月無辛則用十月下旬如崇禎十二年十一月二十八日辛巳冬至宜十八日辛未郊也上命

諸臣議先生又上郊祀攷辨上從之以辛巳南郊明年乞休不允壬午上言勦寇不在兵多期於簡練殲渠非專恃勇藉於善謀所云招撫之道則更有說曰解散曰安插解散之法仍屬艮將安插之法專委有司賊初淫殺小民苦賊而望兵兵既無律民反畏兵而從賊至於民之望賊而中原不可收拾矣及墾荒之議起先生曰金非財唯五穀爲財興屯不足以生穀唯墾荒可以生穀起科不可以墾荒唯不起科可以墾荒五穀生則加派可罷加派罷然後民生可安上以先生疏付金之俊議之甲申正月左遷南京國子監丞國變後杜門著書未幾卒先生師事吳子往志遠高忠憲留心當世之務故以萬物一體爲宗其後始湛心於性命然師門之旨又一轉矣

## 學言

最初最簡最盡一畫於太極再畫於陰陽三以下不能無遺矣羲畫最盡發揮其最初也後聖有言皆發揮於圖畫之後者也故曰言不盡意聖人欲使反其初觀其畫者又曰予欲無言人心惟寂然不動斯太極矣乎寂無不藏感無不通彼空虛者其以爲有不能生陰陽萬物之太極也質無常存氣無常分開非始有混非終無有無從不相離故不言二之是以言之有無二視天下之物無不二人我二矣

心迹二矣體用二矣切而生死亦二浮而得喪毀譽亦二二之所從來遠矣○日無定中月無定滿人無定強方至即行長極即消斯須不得留留則有息矣人形氣不得不衰也心不得不自強也形氣似月心似日○天地自不滿生天地之中者疇能滿諸山川無全吉人形無全美世福無全享極之唐虞不能使朝無孔壬野無矜人古今亦無全治惟堯孔心德居其全爾不可全者物而衆求之可全者德而莫之求惑矣夫○天授人性其有形以後天人疎而親陽而通之際乎天主上也人臣庶也性職事也奉職循理謂之忠良曠厥職而朝夕致禮焉明主闇之以爲忠乎媚乎○止者心之常艮背亦止行庭亦止靜者太極之常生陰亦靜生陽亦靜主靜者艮止之義乎心合於艮之謂太極矣○心載性而宰身然性視心則心奇矣惟性最庸故學不從心而從性身視心則心微矣惟身斯顯故學不本正而本修其從性也照異端之病也其本修也坊百世之逃也○返百慮於何慮學問之道不知其道反益其慮化有事爲無事經濟之道不知其道反生其事○闇道以無妄念爲候妄念因於嗜慾嗜慾因於有身嗜慾無味無足想矣物物自然無容想矣忽若有見而念起不禁者悟與思誠者自反之謂也主於自得不期誠而誠主於得名不

期僞而僞○不信天則學無柄小毀小譽小得小失目前相遇莫不徬徨焉學至於惟有天知則陟降於帝庭與太極存矣功至於惟有天知則朝市屢變傳家之事不變矣一得焉恐人不知微勞焉恐人不感是誠何心哉○凡人者自爲一人而已矣仁人者天下之心心覺一身之疴癢仁人覺天下之疴癢覺之故安之未能安天下且安目前無安之之權且使有權者動念於求安安之心不可不自我存安之續不必自我成○法令傳後其與人爲善之心乎天下法之天下皆善人矣後世傳之後世皆善人矣舜之所樂其在茲乎我可法我可傳則品尊而名貴是雖有懿行猶己私也去鄉人幾何憂不如舜憂不能使天下後世同歸於善也詎憂無舜之令名○司馬徽有言識時務者在乎俊傑天下先務時時各異孰爲大本孰爲大端遡觀往事人所既爲我則瞭焉方當吾世從何入手而茫然不識者皆是也○取四三十年來之治機治今之天下未必合者而況遠昔哉○成心之去難矣哉成心之害深矣哉一懷成心所觀得失皆不復中非必愛之憎之也力除愛憎設爲虛衷而成心隱隱據其中而主之我自以不關成心也其實推之不能去也○立言有六禁不本至誠勿言無益於世勿言損益相兼勿言後有流弊勿言往哲已言勿襲

言非力所及勿輕言○我與天下後世之感通猶兩人相覿爾我愛彼彼亦愛我否卽覿面交疏我惟見有身天下亦烏知有我鄉人之所以草木同腐也我孜孜爲後世計後世孰能忘之聖賢之所以長生於人心也○有明之盛道至醇深者薛高二子而已薛子危而免高子遂及不以時耶不以爵耶宋六子其一不受爵其五不居高爵○國朝人才自王文成而下無若楊忠愍養其身以有爲六律可明可制○問三楊曰文貞德業最盛孳孳爲民無赫赫功是足貴也弘治三臣曰弇州記允矣周忠介曰介矣哉手綰銓衡居不蔽風雨田數十畝其死也則幾傷勇乎其有恥不與黨之心乎規免而忠介不免命也夫問楊忠烈曰烈矣哉然激寺禍者夫夫也自昔狐鼠以格主去以慧術去有一疏顯攻之而去者乎不去禍斯烈矣○上士貞其身移風易俗中士自固焉爾矣下士每遇風俗則身爲之移○堯舜以求只說教字從不曾說著學至傅說乃極說箇學之說出來尼思以前只說性字從不曾說着理至孔子方言窮理孟子又云心所同然者理說箇理字出來此二字便爲千萬世宗主○言生生可以該沖漠無朕言沖漠無朕或反以晦生生儘有澹靜之士談及民生利病輒悄然不顧非惟不顧且將阻人蓋其澹靜中與世間痛癢全

相隔斷豈知所謂沖漠無朕正欲於一相不立之處體認出萬物一體端倪耶若人我隔絶則其養高習靜反隱隱養成一段殺機古來那有此胡越學問今日言學只提箇生字○學者須得爲萬世開太平意思方是一體方是隱居工夫不然一生巖居川觀豈便無事可做但云獨善其身亦覺與世隔絶須識獨善中原有兼善事業但目前不甚著明只觀百世而下所法所傳總是堯舜仲尼意思大行窮居當時事業略有分別久久決無分別有分別之日短無分別之運長念頭從萬物一體處起工夫只在修身○天地之大德曰生人皆有不忍人之心此二語是孔孟提出道學大原恐人不知如何用力所以又說明明德許多條目然只看欲明明德於天下一句已將念頭工夫合總說完後世學問不本諸好生之心許多清高靜寂長厚儉樸一切盛德芳名都只從一身上起縱做得完完全全無些子破綻終非知道無他念頭起於自身工夫反在外面總只顛倒了○一部論語皆說學問事惟是知也直指出心體來皆說做工夫事惟天何言哉直指出道體來皆說生前事惟朝聞夕死直指出到頭結果處來說心體明是不倚見聞矣終不教人廢學問說道體明是節節現成矣終不教人不做工夫說到頭結果明是心同太虛事業皆浮

雲矣終不教人虛想像死後光景步步踏實乃得絕塵而奔斯人爲徒乃得侔天而遊味此三則任是特地靈慧無礙辯才劈空提醒未有出於其外者也異端拈出神奇妙理在聖人止是平常異端喝出驚怖大事在聖人止是作息故使驚者不解解者不驚○在人身如何是天載曰不思而得不勉而中此人身中無聲無臭處也但於義理熟之莫從天載上虛想要犯好知不好學之蔽○所性分定人人盡然仁義禮智根於心唯君子能之栽植非一日矣若以不加損獨歸君子便不識所性○曾子傳一貫不言一貫而言絜矩其義一也在道則言一貫在天下則言絜矩此矩卽從心所欲之矩聖人不必言絜絜之則是忠恕其於學者最有把捉湯武反之亦是絜矩○道一而已矣中一而已矣中不可見見之於和自昔聖人之作用舉八元屏四凶皆和也何事是中惟和則發揮出中字來中無可言言之以庸自昔聖人之日用勉不足愼有餘皆庸也何物是中惟庸則形狀出中字來博厚高明結以天之所以爲天不及地也溥博淵泉結以配天不及地也知化育結以浩浩其天不及地也無他天一而已矣地止是天中之凝聚處在彼則觀和與庸而中見在此則言天而地見指點之法相反而通○大舜所至成都孔孟育英才太丘幼安

之徒鄉里薰其德士善其身未有以獨善終者也對天下而云耳德不孤人必有以應我善無獨我必有以成人○朱子知行並進何嘗不重覺悟只似多却推駁象山一番然非自爲爲後世也象山立身實無可議陽明大類之無忝躬行君子只多却推駁朱子一番顏曾木卜同在聖門親領德旨其用功得力處何嘗不小異使當時必欲相同亦成聚訟矣大抵學問只怕差不怕異入門不妨異朝聞夕可歸宿必同用力不妨異設誠致行起念必同○問聖賢效法天地亦有時拗過天地否曰夷齊不食周粟當時天運悉已歸周兩人欲以隻身撐住乾坤元時上天命之入主天下而金華四子沒身泉壤一則拗之於天運之初遷一則拗之於天運之久定此太極之不隨陰陽者故人心爲太極○孔子憂學之不講不知是如何講法孟子直發揮出來有箇詳說有箇反說詳卽如今辯論反則是體認天理躬行亦反說也默識亦反說也古人辯論惟恐體認或誤故須辯之今人雖反說到至精至微處只是說話然則且莫講學先體貼孔孟講說二字○理欲並竅於人心饑食渴飲非其一端乎知味得正斯理矣甘而失正或醉飽溢量斯私欲矣一事一念莫不有利善介於其間危如之何凡言危者得失存亡之關也若以私欲爲人心則已失

已亡豈直危而已哉道心卽人心之得其正者與不正止爭些子非必如一黑一白相反而易辨也故曰惟微

明儒學案卷六十一

姚江黃梨洲先生著

豫章後學　夏鼎　熊育鑫　熊紹祖　熊育鏞　徐兆瀾　周聯慶　熊榮祖　蕭兆柄　劉秉楨　李真賓　重刊

## 蕺山學案

今日知學者大槩以高劉二先生並稱為大儒可以無疑矣然當高子遺書初出之時羲侍先師於舟中自禾水至省下盡日翻閱先師時摘其闌入釋氏者以示羲後讀先師論學書有答韓位者云古之有朱子今之有忠憲先生皆半雜禪門又讀忠憲三時記謂釋典與聖人所爭毫髮其精微處吾儒俱有之總不出無極二字弊病處先儒具言之總不出無理二字其意似主於無此釋氏之所以為釋氏也即如忠憲正命之語本無生死亦是佛語故先師救正之曰先生心與道一盡其道而生盡其道而死是謂無生死非佛氏所謂無生死也忠憲固非佛學然不能不出入其間所謂大醇而小疵者若吾先師則醇乎其醇矣後世必有能辨之者戊申歲羲與惲日初同在

越城半年日初先師高第弟子其時爲劉子節要臨別拜於河滸曰
初執手謂羲曰知先師之學者今無人矣吾二人宗旨不可不同但
於先師言意所在當稍渾融耳羲蓋未之答也及節要刻成緘書寄
羲曰子知先師之學者不可不序嗟乎羲豈能知先師之學者然觀
日初高劉兩先生正學說云忠憲得之悟其畢生黽勉祗重修持是
以乾知統攝坤能先師得之修其末後歸趣亟稱解悟是以坤能證
入乾知夫天氣之謂乾地質之謂坤氣不得不凝爲質質不得不散
爲氣兩者同一物也乾知而無坤能則爲狂慧坤能而無乾知則爲
盲修豈有先後彼徒見忠憲旅店之悟以爲得之悟此是禪門路徑
與聖學無當也先師之慎獨非性體分明慎是慎個何物以此觀之
日初亦便未知先師之學也使其知之則於先師言意所在迎刃而
解矣此羲不序節要之意也惜當時不及細論負此良友今所錄一
依原書次第先師著述雖多其大槩具是學者可以無未見之恨矣

# 明儒學案卷六十二 蕺山

姚江黄梨洲先生著

豫章後學 夏鼎 熊育鑫 熊繩祖 熊育鏞 徐兆瀾 周聯慶 熊榮祖 蕭兆柄 劉秉楨 李真實 重刊

## 忠端劉念臺先生宗周

劉諱宗周字起東號念臺越之山陰人萬曆辛丑進士授行人上疏言國本言東林多君子不宜彈射請告歸起禮部主事劾奄人魏忠賢保姆客氏轉光祿寺丞尋陞尚寶少卿太僕少卿疏辭不允告病回籍起右通政又固辭內批爲矯情厭世革職爲民崇禎己巳起順天府尹上方綜核名實羣臣救過不遑先生以爲此刑名之術也不可以治天下而以仁義之說進上迂闊之京師戒嚴上疑廷臣謀國不忠稍稍親向奄人先生謂今日第一宜開示誠心爲濟難之本皇上以親內臣之心親外臣以重武臣之心重文臣則太平之業一舉而定也當是時小人乘時欲翻逆案遂以失事者牽連入之東林先生曰自東林之以忠義著是非定矣奈何復起波瀾用賢之路從此

而窮解嚴後上祈天永命疏上天重民命則刑罰宜省請除詔獄上天厚民生則賦斂宜緩請除新餉相臣勿與大獄勿贊富強與有祈天永命之責焉上詰以軍需所出先生對曰有原設之兵原設之餉在上終以爲迂闊也請告歸上復思之因推閣員降詔召先生入對文華殿上問人才糧餉流寇三事對曰天下原未嘗乏才止因皇上求治太急進退天下士太輕所以有人而無人之用加派重而參罰嚴吏治日壞民生不得其所胥化爲盜賊餉無從出矣流寇本朝廷赤子撫之有方盜賊還爲吾民也上又問兵事對曰臣聞禦外亦以治內爲本此干羽所以格有苗也皇上亦法堯舜而已矣上顧溫體仁曰迂哉劉某之言也用爲工部左侍郎乃以近日弊政反覆言之謂皇上但下尺一之詔痛言前日所以致賊之由與今日不忍輕棄斯民之意遣廷臣賫內帑巡行郡國爲招撫使以招其無罪而流亡者陳師險隘聽其窮而自解歸來誅渠之外猶可不殺一人而畢此役也上見之大怒久之而意解諭以大臣論事須體國度時不當效小臣圖占地步盡咎朝廷耳先生復言皇上已具堯舜之心惟是人心道心不能無倚伏之機出於人心而有過不及者授之政事之地即求治而過不免害治者有之惟皇上深致意焉三疏請告上允之

行至德州上疏曰今日之禍己巳以來釀成之也後日之禍今日又釀之矣己巳之變受事者爲執政之異己不難爲法受惡果實之重典丙子之變受事者爲執政之私人不難上下蒙蔽使處分之頓異自古小人與中官氣誼一類故天下有比中官之小人必無合於君子之小人有用小人之君子終無黨比中官之君子八年之間誰秉國成臣不能爲首輔溫體仁解矣有旨革職爲民然上終不忘先生臨朝而嘆謂大臣如劉宗周清執敢言廷臣莫及也壬午起吏部左侍郎先生以爲天下治亂決不能舍道而別有手援之法一涉功利皆爲苟且途中上書以明聖學未至陞左都御史召對上問職掌安在對曰都察院之職在於正己以正百官必其存諸中者上可以對君父下可質天下士大夫而後百僚則而象之至於責成巡方其首務也巡方得人則吏治清吏治清則民生安矣已又戒嚴先生言皇上以一心爲天地神人之主鎮靜以立本安詳以應變此第一義也其施行次第旌盧象昇戮楊嗣昌上曰責重朕心是也請卹追戮何與兵機事召對中左門御史楊若僑言火器先生劾之曰御史之言非也邇來邊臣於安攘禦侮之策戰守屯戍之法槩置不講以火器爲司命不恃人而恃器國威所以愈頓也上議督撫去留先生對請

自督師范志完始至完身任三協平時無備任其出入今又借援南下爲脫卸計從此關門無阻決裂至此上曰入援乃奉旨而行何云脫卸先生對十五年來皇上處分未當致有今日敗局乃不追原禍始更絃易轍欲以一切苟且之政牽補罅漏非長治之道也上變色曰從前已不可追今日事後之圖安在先生對今日第一義在皇上開誠布公先豁疑關公天下以爲好惡則思過半矣上曰國家敗壞已極如何整頓先生對近來持論者但論才望不論操守不知天下眞才望出於天下眞操守自古未有操守不謹而遇事敢前者亦未有操守不謹而軍士畏威者上曰濟變之日先才而後守先生對以濟變言愈宜先守卽如范志完操守不謹用賄補官所以三軍解體莫肯用命由此觀之豈不信以操守爲主乎上始色解先生更端曰皇上方下詔求言而給事中姜埰行人司副熊開元以言得罪下之詔獄皇上度量卓越如臣某累多狂妄幸寬斧鑕又如詞臣黃道周亦以戇直獲宥二臣何獨不蒙一體之仁乎上曰道周有學有守豈二臣可比先生對曰二臣誠不及道周然朝廷待言官有體卽有應得之罪亦當敕下法司定之遽寘詔獄終於國體有傷上怒曰朕處二言官如何遂傷國體假有貪贓壞法欺君罔上俱可不問乎先

生對卽皇上欲問貪贓壞法欺君罔上者亦不可不付之法司也上大怒曰如此偏黨豈堪憲職候旨處分先生謝罪文武班行各申救遂革職歸南渡起原官先生上言今日宗社大計舍討賊復讐無以表陛下渡江之心非陛下決策親征亦何以作天下忠臣義士之氣江左非偏安之業請進圖江北鳳陽號稱中都東扼徐淮北控豫州西顧荊襄而南去金陵不遠親征之師駐蹕於此規模先立而後可言政事一時亂政先生無不危言閣臣則劾馬士英勳臣則劾劉孔昭四鎭則劾劉澤清高傑先生本無意於出謂中朝之黨論方興何暇圖河洛之賊立國之本計已疎何以言匡扶之略當是時姦人雖不利先生然恥不能致先生反急先生之一出馬士英言先生負海內重名自稱草莽孤臣不書新命明示以不臣也朱統鑕言先生請移蹕鳳陽鳳陽高牆之所蓋欲以罪宗處皇上四鎭皆言先生欲行定策之誅意在廢立先生在丹陽僧舍高傑劉澤清遣刺客數輩迹之先生危坐終日無惰容客亦心折而去詔書敦迫再三先生始受命尋以阮大鋮爲兵部侍郎先生曰大鋮之進退江左之興衰繫焉內批是否確論先生再疏請告予馳驛歸先生出國門黃童白叟聚觀嘆息知南都之不能久立也浙省降先生慟哭曰此余正命時也

門人以文山疊山袁閬故事言者先生曰北都之變可以死可以無死以身在削籍也南都之變主上自棄其社稷僕在懸車尚曰可以死可以無死今吳越又降區區老臣尚何之乎若曰身不在位不當與城爲存亡獨不當與土爲存亡乎故相江萬里所以死也世無逃死之宰相亦豈有逃死之御史大夫乎君臣之義本以情決舍情而言義非義也父子之親固不可解於心君臣之義亦不可解於心今謂可以不死而死可以有待而死死爲近名則隨地出脫終成一貪生畏死之徒而已矣絕食二十日而卒乙酉閏六月八日戊子也年六十八先生起自孤童始從外祖章頴學長師許敬菴而砥礪性命之友則劉靜之丁長孺周寧宇應中先忠端公高忠憲晚雖與陶石梁同講席爲證人之會而學不同石梁之門人皆學佛後且流於因果分會於白馬山羲嘗聽講石梁言一名臣轉身爲馬引其族姑證之羲甚不然其言退而與王業洵王毓蓍推擇一輩時名之士四十餘人執贄先生門下此四十餘人者皆喜闢佛然而無有根柢於學問之事亦浮慕而已反資學佛者之口實先生有憂之兩者交譏故傳先生之學者未易一二也先生之學以愼獨爲宗儒者人人言愼獨唯先生始得其真盈天地間皆氣也其在人心一氣之流行誠通

誠復自然分爲喜怒哀樂仁義禮智之名因此而起者也不待安排品節自能不過其則卽中和也此生而有之人人如是所以謂之性善卽不無過不及之差而性體原自周流不害其爲中和之德學者但證得性體分明而以時保之卽是愼矣愼之工夫只在主宰上覺有主是曰意離意根一步便是妄便非獨矣故愈收斂是愈推致然主宰亦非有一處停頓卽在此流行之中故曰逝者如斯夫不舍晝夜蓋離氣無所爲理離心無所爲性佛者之言曰有物先天地無形本寂寥能爲萬象主不逐四時凋此是他眞贓實犯奈何儒者亦曰理生氣所謂毫釐之辨竟亦安在而徒以自私自利不可以治天下國家棄而君臣父子強生分别其不爲佛者之所笑乎先生大指如是此指出眞是南轅北轍界限清楚有宋以來所未有也識者謂五星聚奎濂洛關閩出焉五星聚室陽明子之說昌五星聚張子劉子之道通豈非天哉豈非天哉

語錄

湛然寂靜中當見諸緣就攝諸事就理雖簿書鞅掌金革倥傯一齊俱了此靜中眞消息若一事不理可知一心忙亂在用一心錯一心理一事壞一事卽豎得許多功能亦是沙水不成團如喫飯穿衣有

甚奇事纔忙亂已從脊梁過學無本領漫言主靜總無益也以下庚申前錄○知行自有次第但知先而行即從之無間可截故云一後儒喜以覺言性謂一覺無餘事即知即行其要歸於無知知既不立一亦難言噫是率天下而禪也○有不善未嘗不知是謂良知知之未嘗復行也是謂致知○盈天地間皆道也學者須是擇乎中庸事之過不及處即爲惡事則念之有倚著處即爲惡念擇善非擇在事上直證本心始得識仁一篇總是狀仁體合下如此當下認取活潑地不須著纖毫氣力所謂我固有之也然誠敬爲力乃是無著力處蓋把持之存終屬人僞誠敬之存乃爲天理只是存得好便是誠敬存正是防檢克己是也存正是窮索擇善是也若泥不須防檢窮索則誠敬之存當在何處未免滋高明之惑○凡人一言過則終日言皆婉轉而文此一言之過一行過則終日行皆婉轉而文此一行之過蓋人情文過之態如此幾何而不墮禽獸也以下癸亥○日用之間漫無事事或出入闈房或應接賓客或散步迴廊或靜窺書冊或談說無根或思想過去未來或料理藥餌或揀擇衣飲或詰童僕或量米鹽恁地捱排莫可適莫自謂頗無大過杜門守拙禍亦無生及夫時移境改一朝患作追尋來歷多坐前日無事甲裏如前日妄起

珍倣宋版印

一念此一念便下種子前日誤讀一冊此一冊便成附會推此以往不可勝數故君子不以閒居而肆惡不以造次而違仁○此心放逸已久纔向內則苦而不甘忽復去之總之未得天理之所安耳心無內外其渾然不見內外處卽天理也先正云心有所向便是欲向內向外皆欲也以下乙丑丙寅○釋氏之學本心吾儒之學亦本心但吾儒自心而推之意與知其工夫實地却在格物所以心與天通釋氏言心便言覺合下遺却意無意則無知無知則無物其所謂覺亦只是虛空圓寂之覺與吾儒體物之知不同其所謂心亦只是虛空圓寂之心與吾儒盡物之心不同象山言心本未嘗差到慈湖言無意分明是禪家機軸一盤托出○道本無一物可言若有一物可言便是礙膺之物學本無一事可著纔有一事可著便是賊心之事如學仁便非仁學義便非義學中便非中學靜便非靜止有誠敬一門頗無破綻然認定誠敬執著不化則其爲不誠不敬也亦已多矣夫道卽其人而已矣學如其心而已矣○此心絕無湊泊處從前是過去向後是未來逐外是人分搜裏是鬼窟四路把絕就其中間不容髮處恰是此心眞湊泊處此處理會得分明則大本達道皆從此出○心無物累便是道莫於此外更求道此外求道妄也見爲妄見思

爲妄思有見與思卽與消融去卽此是善學○延平教人看喜怒哀樂未發時作何氣象此學問第一義工夫未發時有何氣象可觀只是查檢自己病痛到極微密處方知時雖未發而倚著之私隱隱已伏纔有倚著便易橫決若於此處查考分明如貫虱車輪更無躱閃則中體恍然在此而已發之後不待言矣此之謂善觀氣象者以下戊辰○問未發氣象從何處看入曰從發處看入如何用工夫曰其要只在愼獨問兼動靜否曰工夫只在靜故云主靜立人極非偏言之也然則何以從發處看入曰動中求靜是眞靜之體靜中求動是眞動之用體用一原動靜無端心體本是如此○動中有靜靜中有動者天理之所以妙合而無閒也靜以宰動動復歸靜者人心之所以有主而常一也故天理無動無靜而人心惟以靜爲主以靜爲主則時靜而靜時動而動卽靜卽動無靜無動君子盡性至命之極則也以下甲戌○游思妄想不必苦事禁遏大抵人心不能無所用但用之於學者旣專則一起一倒都在這裏何暇及一切游思妄想卽這裏處不無閒斷忽然走作吾立刻與之追究去亦不至大爲擾擾矣此主客之勢也○正諦當時切忌又起爐竈以下丙子京邸錄○無事時得一偷字有事時得一亂字○程子曰無妄之謂誠無妄亦

無誠○心以物爲體離物無知今欲離物以求知是張子所謂反鏡索照也然則物有時而離心乎曰無時非物心在外乎曰惟心無外○獨字是虛位從性體看來則曰莫見莫顯是思慮未起鬼神莫知也從心體看來則曰十目十手是思慮既起吾心獨知時也然性體卽在心體中看出○心之官則思思曰睿睿作聖性之德曰誠誠者不勉而中不思而得從容中道聖人也此心性之辨也故學始於思達於不思而得又曰誠者天之道也思誠者人之道也○致知在格物中庸明有疏義曰明善是也然中庸言五者之目而大學止言格致不言所以格且致者何也曰此五者之目已括大學二字內此直言其所謂道耳故曰如切如磋者道學也此格物之功也○人心惟危道心惟微道心卽在人心中看出始見得心性一而二二而一然學者工夫不得不向危處做起是就至粗處求精至紛處求一至偏倚處求中也擇善固執正是從氣質上揀擇德性來所以至精○纔認己無不是處愈流愈下終成凡夫纔認己有不是處愈達愈上便是聖人○獨體只是個微字愼獨之功亦只在於微處下一著子故曰道心惟微心一也合性而言則曰仁離性而言則曰覺覺則仁之親切痛癢處然不可以覺爲仁正謂不可以心爲性也又統而言之

則曰心析而言之則曰天下國家身心意知物惟心精之合意知物粗之合天下國家與身而後成其爲覺若單言心則心亦一物而已凡賢聖言心皆合八條目而言者也或止合意知物言惟大學列在八目之中而血脈仍是一貫正是此心之全譜又特表之曰明德○大學之言心也曰忿懥恐懼好樂憂患而已此四者心之體也其言意也則曰好好色惡惡臭好惡者此心最初之機卽四者之所自來故意蘊於心非心之所發也又就意中指出最初之機則僅有知善知惡之知而已此卽意之不可欺者也故知藏於意非意之所起也又就知中指出最初之機則僅有體物不遺之物而已此所謂獨也故物卽是知非知之所照也大學之教一層切一層真是水窮山盡學問原不以誠意爲主以致良知爲用神者○有善有惡者心之動好善惡惡者意之靜知善知惡者是良知有善無惡者是物則○一性也自理而言則曰仁義禮智自氣而言則曰喜怒哀樂一理也自性而言則曰仁義禮智自心而言則曰喜怒哀樂○或曰君子既常戒懼於睹聞矣又必及其所不睹聞方是須臾不離道否曰如此則是判成兩片矣且人自朝至夕終無睹聞不著時卽後世學者有一種瞑目杜聽工夫亦是禪門流弊聖學原無此教法○無極而太極

獨之體也動而生陽卽喜怒哀樂未發謂之中靜而生陰卽發而皆中節謂之和纔動於中卽發於外發於外則無事矣是謂動極復靜纔發於外卽止於中止於中則有本矣是謂靜極復動一動一靜互爲其根分陰分陽兩儀立焉若謂有時而動因感乃生有時而靜與感俱滅則性有時而生滅矣蓋時位不能無動靜而性體不與時位爲推遷故君子戒懼於不睹不聞何時位動靜之有○問人心旣無喜怒哀樂時而藏發總一機矣若夫氣機之屈伸畢竟有寂感之時寂然之時四者終當冥於無端感通之時四者終當造於有象則又安得以未發爲動而已發反爲靜乎曰性無動靜者也而心有寂感當其寂然不動之時喜怒哀樂未始淪於無及其感而遂通之際喜怒哀樂未始滯於有以其未始淪於無故當其未發謂之陽之動動而無動故也以其未始滯於有故及其已發謂之陰之靜靜而無靜故也動而無動靜而無靜神也性之所以爲性也動中有動靜中有靜物也心之所以爲心也

體認親切法

身在天地萬物之中非有我之得私

心在天地萬物之外非一膜之能囿

通天地萬物爲一心更無中外可言
體天地萬物爲一本更無本心可覓
先生有詩云只圈圓相形容似纔點些兒面目肥即此可以辨儒釋

或曰愼獨是第二義學者須先識天命之性否曰不愼獨又如何識得天命之性 以下丙子獨證編 ○只此喜怒哀樂而達乎天地即天地之寒暑災祥達乎萬物即萬物之疾痛疴癢○伊洛拈出敬字本中庸戒愼恐懼來然敬字只是死工力不若中庸說得有著落以戒愼屬不睹以恐懼屬不聞總只爲這些子討消息胸中實無個敬字也故主靜立極之說最爲無弊○小人只是無忌憚便結果一生至大學止言閒居爲不善耳閒居時有何不善可爲只是一種懶散精神漫無著落處便是萬惡淵藪正是小人無忌憚處可畏哉○陽明先生言良知即物以言知也若早知有格物義在即止言致知亦得朱子言獨知對睹聞以言獨也若早知有不睹不聞義在即止言愼獨亦得○離獨一步便是人僞○主靜之說大要主於循理然昔賢云道德言動皆翕聚爲主發散是不得已事天地萬物皆然則亦意有專屬正黃欒止兒啼是方便法也○喜怒哀樂雖錯綜其文實以

氣序而言至殽而爲七情曰喜怒哀懼愛惡欲是則性情之變離乎天而出乎人者故紛然錯出而不齊所爲感於物而動性之欲也七者合而言之皆欲也君子存理遏欲之功正用之於此若喜怒哀樂四者其發與未發更無人力可施也後人解中和誤認是七情故經旨晦至今○古人恐懼二字常用在平康無事時及至利害當前無可迴避只得赤體承當世人只是倒做了○九容分明畫出有道形容氣象然學者一味學不得吾病其徇外而爲人也○本體只是這些子工夫只是這些子幷這些子仍不得分此爲本體彼爲工夫既無本體工夫可分則亦幷無這些子可指故曰上天之載無聲無臭至矣○盈天地間一氣而已矣有氣斯有數有數斯有象有象斯有名有名斯有物有物斯有性有性斯有道故道其後起也而求道者輒求之未始有氣之先以爲道生氣則道亦何物也而遂能生氣乎以下丁丑○或曰虛生氣夫虛卽氣也何生之有吾遡之未始有氣之先亦無往而非氣也當其屈也自無而之有有而未始有及其伸也自有而之無無而未始無也非有非無之間而卽有卽無是謂太虛是謂太極○天者萬物之總名非與物爲君也道者萬器之總名非與器爲體也性者萬形之總名非與形爲偶也○一心也而在天

謂之誠人之本也在人謂之明天之本也故人本天天亦本人離器而道不可見故道器可以上下言不可以先後言有物先天地異端千差萬錯從此句來一氣之變雜然流行類萬物而觀人亦物也而靈者不得不靈靈無以異於蠢也故靈含蠢蠢亦含靈類萬體而觀心亦體也而大者不得不大大無以分於小也故大統小小亦統大○人心徑寸耳而空中四達有太虛之象虛故生靈靈生覺覺有主是曰意此天命之體而性道教所從出也覺有主是先生創見○天樞轉於於穆地軸亘於中央人心藏於獨覺○理卽是氣之理斷然不在氣先不在氣外知此則知道心卽人心之本心義理之性卽氣質之本性千古支離之說可以盡掃而學者從事於入道之路高之不墮於虛無卑之不淪於象數道術始歸於一乎○天命流行物與无妄言實有此流行之命而物物付畀之非流行之外另有個无妄之理○乾坤合德而無爲故曰一陰一陽之謂道非迭運之謂也至化育之功實始乎繼體之長子而長女配之成乎少男而少女配之故曰繼之者善也成之者性也今曰繼靜而動亦非也以斯知人心之獨體不可以動靜言而動靜者其所乘之位也分明是造化之理○心無善惡而一點獨知知善知惡知善知惡之知卽是好善惡惡

之意好善惡惡之意卽是無善無惡之體此之謂無極而太極意者心之所存非所發也或曰好善惡惡非所發乎曰意之好惡與起念之好惡不同意之好惡一機而互見起念之好惡兩在而異情以念爲意何啻千里○自濂溪有主靜立極之說傳之豫章延平遂以看喜怒哀樂未發以前氣象爲單提口訣夫所謂未發以前氣象卽是獨中眞消息但說不得前後際耳蓋獨不離中和延平姑卽中以求獨體而和在其中此愼獨眞方便門也後儒不察謂未發以前專是靜寂一機直欲求之思慮未起之先而曰旣思卽是已發果然心行路絕語言道斷矣故朱子終不取延平之說遂專守程門主敬之法以教學者特其以獨爲動念邊事不爲無弊至湖南中和問答轉折發明內有以心爲主則性情各有統理而敬之一字又所以流貫乎動靜之間庶幾不謬於愼獨之說最後更以察識端倪爲第一義爲誤而仍歸之涵養一路可爲善學延平者然終未得中庸本旨○陽明子言良知每謂個個人心有仲尼至於中和二字則反不能信謂必愼獨之後方有此氣象豈知中和若不是生而有之又如何養成得中只是四時之中氣和只是中氣流露處天若無中氣如何能以四時之氣相禪不窮人若無中氣如何能以四端之情相生不已故

曰哀樂相生循環無端正目而視之不可得而見傾耳而聽之不可得而聞戒懼於所不睹聞其旨一也○性情之德有卽心而見者有離心而見者卽心而言則寂然不動感而遂通當喜而喜當怒而怒哀樂亦然由中道和有前後際而實非判然分爲二時離心而言則維天於穆一氣流行自喜而樂自樂而怒自怒而哀自哀而復喜由中道和有顯微際而亦非截然分爲兩在然卽心離心總見此心之妙而心之與性不可以分合言也故寂然不動之中四氣實相爲循環而感而遂通之際四氣又迭以時出卽喜怒哀樂之中各有喜怒哀樂焉如初喜屬喜喜之暢屬樂喜之斂屬怒喜之藏屬哀餘倣此是也又有逐感而見者如喜也而溢爲好樂也而溢爲樂怒也而積爲忿懥一哀也而分爲恐爲懼爲憂爲患非樂而淫卽哀而傷且陽德衰而陰慘用事喜與樂之分數減而忿懥恐懼憂患之分數居其偏勝則去天愈遠心非其心矣○陽明子曰語言正到快意時便翕然能止截得意氣正到發揚時便肅然能收斂得嗜欲正到沸騰時便廓然能消化得此非天下之大勇不能然見得良知親切工夫亦自不難愚謂語言既到快意時自能繼以止截意氣既到發揚時自能繼以收斂嗜欲既到沸騰時自能繼以消化此正一氣之自通自

復分明喜怒哀樂相爲循環之妙有不待品節限制而然即其間非無過不及之差而性體原自周流不害其爲中和之德學者但證得性體分明而以時保之則雖日用動靜之間莫非天理流行之妙而於所謂良知之見亦莫親切於此矣若必借良知爲監察官欲就其一往不返之勢皆一一逆收之以還之天理之正則心之與性先自相讐而杞柳桮棬之說有時而伸也必矣○中庸言喜怒哀樂專指四德而言非以七情言也喜仁之德也怒義之德也樂禮之德也哀智之德也而其所謂中即信之德也故自四者之存諸中言謂之中不必其未發之前別有氣象也即天道之元亨利貞運於於穆者是也此四者之發於外言謂之和不必其已發之時又有氣象也即天道之元亨利貞呈於化育者是也惟存發總是一機故中和渾是一性如內有陽舒之心爲喜爲樂外即有陽舒之色動作態度無不陽舒者內有陰慘之心爲怒爲哀外即有陰慘之色動作態度無不陰慘者推之一動一靜一語一默莫不皆然此獨體之妙所以即微即顯即隱即見即慎獨之學即中和即位育此千聖學脈也○心意知物是一路不知此外何以又容一念字今心爲念蓋心之餘氣也餘氣也者動氣也動而遠乎天故念起念滅爲厥心病還爲意病爲知

病爲物病故念有善惡而物卽與之爲善惡物本無善惡也念有昏明而知卽與之爲昏明知本無昏明也念有眞妄而意卽與之爲眞妄意本無眞妄也念有起滅而心卽與之爲起滅心本無起滅也故聖人化念還心要於主靜○心之官則思一息不思則官失其職故人心無思而無乎不思絶無所爲思慮未起之時惟物感相乘而心爲之動則思爲物化一點精明之氣不能自主遂爲憧憧往來之思矣如官犯贓乃溺職也○思卽是良知之柄○知無不良只是獨知一點○朱子以未發言性仍是逃空墮幻之見性者生而有之之理無處無之如心能思心之性也耳能聽耳之性也目能視目之性也未發謂之中未發之性也已發謂之和已發之性也搏而躍之可使過顙激而行之可使在山勢之性也○程子曰惡亦不可不謂之性如麟鳳梟獍其性之仁暴皆生而有之假令梟獍而仁易麟鳳而暴則非其性矣水淸則明淸之性也水濁則暗濁之性也千古性學不明則是將做一好題目看故或拘於一處或限於一時而不能相通以類萬物之情使性善之旨反晦○性卽理也理無定理理亦無理○張子曰論性不論氣不備論氣不論性不明是性與氣分明兩事矣卽程子之見亦近儱侗凡言性者皆指氣質而言也或曰有氣

質之性有義理之性亦非也盈天地間止有氣質之性更無義理之性如曰氣質之理卽是豈可曰義理之理乎○周天三百六十五度四分度之一日一歲一周天而天以一氣進退平分四時溫涼寒燠不爽其則一歲如此萬古如此卽其間亦有愆陽伏陰釀爲災祥之數而終不易造化之大常此所謂大哉乾乎剛健中正純粹精也○鐘虛則鳴叩之以大則大鳴叩之以小則小鳴以爲別有一物主所以鳴者非也盈天地間道理不過如此正爲虛而能應之理物物皆然非鐘所得而私也此可以明性體矣○古今性學不明只是將此理另作一物看大抵臧三耳之說佛氏曰性空也空與色對空一物也老氏曰性玄也玄與白對玄一物也吾儒曰性理也理與氣對理一物也佛老叛理而吾儒障於理幾何而勝之○朱子於獨字下補一知字可謂擴前聖所未發然專以屬之動念邊事何耶豈靜中無知乎使知有間於動靜則不得謂之知矣○心無存亡但離獨位便是亡○滿腔子皆惻隱之心以人身八萬四千毫竅在在靈通知痛癢也只此知痛癢心便是惻隱之心凡乍見孺子感動之心皆從知痛癢心一體分出來朱子云知痛是人心惻隱是道心太分析惻隱是知痛表德○慈湖宗無意亦以念爲意也只是死念法若意則何

可無者無意則無心矣龍溪有無心之心則體寂無意之意則應元此的傳慈湖衣鉢也文成云慈湖不免著在無意上則龍溪之說非師門定本可知若夫子之毋意正可與誠意之說相發明誠意乃所以毋意也毋意者毋自欺也○子絕四毋意聖人心同太虛一些不存了無端倪可窺即就其存主處亦化而不有大抵歸之神明不測而已自意而積成為我纔說得是私意若竟以意為私是認念為意也日用之間動靜云為莫不各有自然之理苟能順以應之如饑食渴飲夏葛冬裘不起一見則亦無往而非道矣纔起一見便屬我見強我合道動成兩件以下戊寅○格物是格其有善無惡之物○存其心養其性存得恰好處便是養本是一個工夫卻須兩句說正如宋儒言涵養須用敬進學則在致知己卯○人心如穀種滿腔都是生意欲錮之而滯矣然而生意未嘗不在也疏之而已耳又如明鏡全體渾是光明習染薰之而暗矣然而明體未嘗不存也拂拭而已耳惟有內起之賊從意根受者不易除更加氣與之拘物與之蔽則表裏夾攻更無生意可留明體可覿矣是為喪心之人君子惓惓於謹獨以此以下庚辰○省察二字正存養中喫緊工夫如一念於欲便就此念體察體得委是欲立與消融而後已○聖人之所謂道者

率性而已矣盈天地間皆性也性一命也命一天也天卽心卽理卽事卽物而渾然一致無有乎上下精粗之岐所以謂中庸之道也後之言道者妄意所謂形而上者而求之虛無旣遁有而入無又遁無而入有有無兩遣善惡不立其究也歸之斷滅性種而猶謂之見性何哉○身無妄動可乎曰無妄動易無妄念難無妄念可乎曰無妄念易無妄心難以下壬午淮上○心是鑒察官謂之良知最有權觸著便碎人但隨俗習非因而行有不慊此時鑒察仍是井井卻已做主不得鑒察無主則血氣用事何所不至一事不做主事事不做主隱隱一竅托在恍惚間擁虛器而已○語次多詭隨亦見主心之不一○小人閒居爲不善只爲惹卻些子聖人勘之曰無所不至○主靜敬也若言主敬便贅此主字○如在性情上理會但有過更無不及可商如出手太粗應手太急便是過不必到分數上爭饒減也然間有太軟太弱時總向廓然處討消息○人心一氣而已矣而樞紐至微纔入粗一二則樞紐之地霍然散矣散則浮有浮氣因以有浮質有浮質因以有浮性有浮性因以有浮想爲此四浮合成妄根爲此一妄種成萬惡嗟乎其所由來者漸矣○本心湛然無思無爲爲天下主過此一步便爲安排心有安排因以有倚著有倚著因以有

方所有方所因以有去住有去住因以有轉換則機械變詐無所不至矣○莫非命也順而受之正也莫之爲而爲莫之致而致如斯而已矣受制焉僥倖苟免焉一爲桎梏一爲巖牆矣莫非性也率而由之真也無爲其所不爲無欲其所不欲如斯而已矣安排焉知過造作焉一爲湍水一爲杞柳矣以下壬午京邸○人有恆言曰性命由一念之起滅一息之呼吸一日之晝夜推之以至百年之生死時然而然不期然而然莫非性也則莫非命也今人專以生死言性命蓋指其盡處言也而漸易以七尺之成毀則性命之說有時而晦矣○心放自多言始多言自言人短長始○後之學者每於道理三分之推一分於在天以爲天命之性推一分於萬物以爲在物之理又推一分於古今典籍以爲耳目之用神反而求之吾心如赤貧之子一無所有乃日夕乞哀於三者而幾幾乎其來舍焉客子之過逆旅止堪一宿所謂疎者續之不堅也當是時主人貧甚尚有一點靈明可恃爲續命之膏又被佛氏先得之則益望望然恐曰我儒也何以佛爲幷其靈明而棄之於是天地萬物古今典籍皆闕亡而返求其一宿而不可得終望門持鉢以死寧爲牛後無爲雞口悲夫○或問孰有以一念爲萬年者乎曰無以爲也往者過來者續今日之日豈非

昨日之日乎學貴日新日日取生手一日剝換一日方不犯人間烟火氣○大學首言明德又繼之曰止於至善蓋就明德中指出主宰有所謂至善者而求以止之止之所以明之也然則學問工夫固不止就一靈明處結果可知以下癸未名存疑雜著○陽明先生曰無善無惡者理之靜有善有惡者氣之動理無動靜氣有寂感離氣無理動靜有無通一無二以理爲靜以氣爲動言有言無則善惡之辨轉展悠謬矣○心目是無善無惡其如動而爲好惡好必善惡必惡如火之熱水之寒斷斷不爽乃見其所爲善者孟子性善之說本此故曰平旦之氣其好惡與人相近者幾希此性善第一義也大學之好惡正指平旦之好惡而言故欺曰自欺慊曰自慊自之爲言由也自之爲言獨也○朱子曰人心之靈莫不有知卽所謂良知也但朱子則欲自此而一一致之於外陽明則欲自此而一一致之於中不是知處異乃是致處異○大學言明德則不必更言良知知無不良卽就明德中看出陽明特指點出來蓋就工夫參本體非全以本體言也又曰良知卽天理卽未發之中則全以本體言矣將置明德於何地至後人益張大之搬弄此二字愈晦原初立言之旨○佛氏之學只主靈明而抹去善惡二義故曰不思善不思惡時見本來面目

本來面目仍只是一點靈明而已後之言大學者本之豈大學之義乎○胡敬齋曰心有耑主之謂意朱子釋訓蒙詩曰意是情專所主時近之大學章句以心之所發言恐未然愚謂敬齋亦近之而未盡也心有專主蓋言有所專主也有所專主仍是逐物心卽朱子情專所主之說然讀大學本傳如惡惡臭如好好色方見得他專主精神只是善也意本如是非誠之而後如是意還其意之謂誠乃知意者心之主宰非徒以專主言也○天一也自其主宰而言謂之帝心一也自其主宰而言謂之意天有五帝而分之爲八節十二辰故曰帝出乎震齊乎巽相見乎離致役乎坤說言乎兌戰乎乾勞乎坎成言乎艮卽主宰卽流行也此正是體用一原顯微無間處今言意爲心之所發亦無不可言所發而所存在其中終不可以心爲所存意爲所發意者心之所發發則有善有惡陽明之說有自來矣抑善惡者意乎好善惡惡者意乎若果以好善惡惡者爲意則意之有善而無惡也明矣然則誠意一關其止至善之極則乎○如惡惡臭如好好色蓋言獨體之好惡也元來只是自好自惡故欺曰自欺慊曰自慊既是自好自惡則好在善卽是惡在不善惡在不善卽是好在善故好惡雖兩意而一幾若以所感時言則感之以可好而好感之以可

惡而惡方有分用之機然所好在此所惡在彼心體仍只是一個一者誠也意本一故以誠還之非意本有兩而吾以誠之者一之也○古本聖經而後首傳誠意前不及先致知後不及欲正心直是單提直指以一義總攝諸義至末又云故君子必誠其意何等鄭重故陽明古本序曰大學之道誠意而已矣豈非言誠意而格致包舉其中言誠意而正心以下更無餘事乎乃陽明宛轉歸到致良知爲大學宗旨大抵以誠意爲主意以致良知爲工夫之則蓋曰誠意無工夫工夫只在致知以合於明善是誠身工夫博文是約禮工夫惟精是惟一工夫豈不直截簡要乃質之誠意本傳終不打合及考之修身章好而知其惡惡而知其美只此便是良知然則致知工夫不是另一項仍只就誠意中看出如離却意根一步亦更無致知可言余嘗謂好善惡惡是良知舍好善惡惡無所謂知善知惡者好卽是知好惡卽是知惡非謂既知了善方去好善既知了惡方去惡惡審如此亦安見所謂良者乃知知之與意只是一合相分不得精粗動靜且陽明既以誠意配誠身約禮惟一則莫一於意莫約於誠意一關今云有善有惡意之動善惡雜糅向何處討歸宿抑豈大學知本之謂乎知謂誠意卽誠其有善有惡之意誠其有善固可斷然爲君子誠

其有惡豈有不斷然爲小人吾不意當良知既致之後只落得做半個小人若云致知之始有善有惡致知之終無善無惡則云大學之道正心而已矣始得前之既欲提宗於致知後之又欲收功於正心視誠意之關直是過路斷橋使人放步不得主意在何處○濂溪曰幾善惡卽繼之曰德愛曰仁宜曰義通曰禮知曰智守曰信此所謂德幾也道心惟微也幾本善而善中有惡言仁義非出於中正卽是幾之惡不謂忍與仁對乖與義分也先儒解幾善惡多誤○有善有惡意之動知善知惡知之良二語決不能相入則知與意分明是兩事矣將意先動而知隨之耶抑知先主而意繼之耶如意先動而知隨之則知落後著不得謂良如知先主而意繼之則離照之下安得更留鬼魅若或驅意於心之外獨以知與心則法惟有除意不當誠意矣且自來經傳無有以意爲心外者求其說而不得無乃卽知卽意乎果卽知卽意則知良意亦良更不待言○幾者動之微不是前此有個靜地後此又有動之著在而幾則界乎動靜之間者審如此三截看則一心之中隨處是絕流斷港安得打合一貫余嘗謂周子誠神幾非三事總是指點語大學止辨公私義利而不分理欲天人中庸只指隱微顯見而不分前後動靜此是儒門極大公案後人慣

憒千載於今○如惡惡臭如好好色全是指點微體過此一關微而著矣好而流爲好樂惡而流爲忿懥又再流而爲親愛之辟爲賤惡之辟又再流而爲民好之辟民惡之辟濫觴之弊一至於此總爲不誠意故然則以正心章視誠意微著之辨彰彰而世儒反以意爲粗根以心爲妙體○後儒格物之說當以淮南爲正曰格知身之爲本而家國天下之爲末予請申之曰格知誠意之爲本而正修齊治平之爲末陽明云意在於事親則致吾良知於事親之物只意在於事親便犯個私意了當晨昏則定省當冬夏則溫凊何處容得意在於事親耶○朱子表章大學於格致之說最爲喫緊而於誠意反草草平日不知作何解至易簀乃定爲今章句曰實其心之所發不過是就事盟心伎倆於法已疎矣至慎獨二字明是盡性喫緊工夫與中庸無異旨而亦以心之所發言不更疎乎朱子一生學問半得力於主敬今不從慎獨二字認取而欲掇敬於格物之前真所謂握燈而索照也○予嘗謂學術不明只是大學之教不明大學之教不明不爭格致之辨而實在誠正之辨蓋良知與聞見之知總是一知良知何嘗離得聞見聞見何嘗遺得心靈水窮山盡都到這裏誠正之辨所關甚大辨意不清則以起滅爲情緣辨心不清則以虛無落幻相

兩者相爲表裏言有言無不可方物卽區區一點良知亦終日受其顛倒播弄而不自知適以爲濟惡之具而已視闢見支離之病何啻霄壤一誠貫所性之全而工夫則自明而入故中庸曰誠身曰明善大學曰誠意曰致知其旨一也要之明善之善不外一誠明之所以誠之也致知之知不離此意致之所以誠之也本體工夫委是打合○意根最微誠體本天本天者至善者也以其至善還之至微乃見其真止定靜安慮次第俱到以歸之得得無所得乃爲真得禪家所謂向一毛孔立脚是也此處圓滿無處不圓滿此處虧欠無處不虧欠故君子起戒於微以克完其天心焉欺之爲言欠也所自者欠也自處一動便有夾雜因無夾雜故無虧欠而端倪在好惡之地性光呈露善必好惡必惡破此兩關乃呈至善故謂之如好好色如惡惡臭此時渾然天體用事不着人力絲毫於此尋個下手工夫惟有慎之一法乃得還他本位曰獨仍不許亂動手脚一毫所謂誠之者也此是堯舜以來相傳心法學者勿得草草放過○心體本無動靜性體亦無動靜以未發爲性已發爲情尤屬後人附會喜怒哀樂人心之全體自其所存者謂之未發自其形之外者謂之已發寂然之時亦有未發已發感通之時亦有未發已發中外一機中和一理也若

徒以七情言如笑啼怒罵之類畢竟有喜時有不喜時有怒時有不怒時以是分配性情勢不得不以斷滅者爲性種而以紛然雜出者爲情緣分明有動有靜矣○周子主靜之靜與動靜之靜迥然不同蓋動靜生陰陽兩者缺一不得若於其中偏處一焉則將何以爲生生化化之本乎然則周子何以又下個靜字曰只爲主宰處著不得註脚只得就流行處討消息亦以見動靜只是一理而陰陽太極只是一事也○先儒之解大學者以意爲心之所發而以所發先所存故於中庸亦有致和以致中等語近時鄒吉水有曰舍已發之和而欲求未發之中雖孔子不能總爲不能出脫一意字故其說種種悠謬信如此只合和爲天下之大本矣○問雖不見聞亦不敢忽如何曰此除是閉耳合眼也心不在焉始有視而不見聽而不聞時若靜中工夫愈得力則耳目聰明亦愈加分曉可見人生幷無不睹不聞時也若謂戒懼工夫不向睹聞處著力則可○知在善不善之先故能使善端充長而惡自不起若知在善不善之後無論知不善無救於短長勢必至遂非文過即知善反多此一知雖善亦惡今人非全不知只是稍後耳視聖人胥壞知只是良知而先後之間所爭致與不致也○起一善念吾從而知之知之之後如何頓放此念若頓放

不妥吾慮其剜肉成瘡起一惡念吾從而知之知之之後如何消化此念若消化不去吾恐其養虎遺患總爲多此一起纔有起處雖善亦惡轉爲多此一念纔屬念緣無滅非起今人言致良知者如是○國家將興必有禎祥國家將亡必有妖孽此興亡之先兆也蓋人心亦有兆焉方一念未起之先而時操之以戒懼卽與之一立立定不至有岐路相疑之地則此心有善而無惡卽有介不善於善中而吾且擇之精而守之一若明鏡當空不能眩我以姸媸此所謂善必先知之不善必先知之吾之言致知之學者如是○就性情上理會則曰涵養就念慮上提撕則曰省察就氣質上消鎔則曰克治省克得輕安卽是涵養涵養得分明卽是省克其實一也皆不是落後着事○知無先後但自誠而明便占先手故曰至誠之道可以前知若自明而誠尚得急着離誠言明終落後着卽明盡天下之理都收拾不到這裏來總屬狂慧○天命之性不可得而見卽就喜怒哀樂求之猶以爲粗幾不足據也故又就喜怒哀樂一氣流行之間而誠通誠復有所謂鬼神之德者言之德卽人心之德卽天命之性故不睹不聞之中而莫見莫顯者存焉是以君子之戒愼恐懼眞若或使之如所謂小心翼翼昭事上帝上帝臨汝無貳爾心者故特以祭法推明

之一切工夫總是一誠乃信陽明先生戒愼恐懼是本體之說非虛語也本體此誠工夫亦此誠相逼成象洋洋復洋洋凡以見鬼神之爲德如此○本心之學聖學也而佛氏張大之諱虛而言空空故無所不攝攝一切有無而皆空一切有無不受也又離一切有無而不空其所空自在也看來只是弄精魄語下而遺上者歟○誠者不思而得良知不慮而知良知一誠也致知誠之者也此文成祕旨○太極本無極是直截語如後人參解乃曰太極本於無極耳信如此豈不加一重障礙宜象山之听听而訟也○孟子曰乃若其情則可以爲善矣何故避性字不言只爲性不可指言也蓋曰吾就性中之情蘊而言分明見得是善今卽如此解尙失孟子本色況可云以情驗性乎何言乎情之善也孟子言這惻隱心就是仁何善如之仁義禮智皆生而有之所謂性也乃所以爲善也指情言性非因情見性也卽心言性非離心言善也後之解者曰因所發之情而見所存之性因所情之善而見所性之善豈不毫釐而千里乎○凡所云性只是心之性決不得心與性對所云情可云性之情決不得性與情對○惻隱之心仁也又曰惻隱之心仁之端也說者以爲端緒見外耳此中仍自不出來與仁也語意稍傷不知人皆有不忍人之心只說得

仁的一端因就仁推義禮智去故曰四端如四體判下一般說得最分明後人錯看了又以誣仁也因以孟子誣中庸未發爲性已發爲情雖喙長三尺向誰說○口之於味一章最費解說今略爲拈出蓋曰耳目口鼻之欲雖生而有之之性乎然獨無所以宰制之乎是卽所謂命也故君子言命不言性以致遏欲存理之功綱常倫物之則有至有不至雖生而若限之命乎然孰非心之所固有乎是則所謂性也故君子言性不言命以致盡人達天之學蓋性命本無定名合而言之皆心也自其權籍而言則曰命故嘗能爲耳目口鼻君自其體蘊而言則曰性故可合天人齊聖凡而歸於一總許人在心上用功就氣中參出理來故兩下分疏如此若謂命有不齊惟聖人全處其豐豈耳目口鼻之欲聖人亦處其豐乎性有不一惟聖人全出乎理豈耳目口鼻之性獨非天道之流行乎審若此既有二性又有二命矣惟提起心字則性命各有條理令人一一推諉不得此孟子道性善本旨也後之言性者離心而言之離之弗能離則曰一而二二而一愈玄愈遠離性言命亦然

羲以爲性命之辨莫明於此耳目口鼻是氣之流行者離氣無所爲理故曰性也然卽謂是爲性則理氣渾矣乃就氣中指出其主宰之命這方是性故於耳目口鼻之流行

者不竟謂之爲性也綱常倫物之則世人以此爲天地萬物公共之理用之範圍世教故曰命也所以後之儒者窮理之學必從公共處窮之而我之所有者唯知覺耳孟子言此理自人所固有指出性眞不向天地萬物上求故不謂之命也宋儒以上段是氣質之性下段是義理之性豈不誤哉

勿忘勿助閒適合其宜卽義非以勿忘勿助去集那義也如此正是義襲了○知言之學只是從未發之中看得透故早破了偏見此處差之毫釐氣便於此而受過過則暴也此孟子得統於子思處○主一之謂敬心本有主主還其主便是主一今日乃打破敬字濂溪以中言性而本之剛柔善惡剛柔二字卽喜怒哀樂之別名剛善則怒中有喜惡則只是偏於剛一味肅殺之氣矣柔善則喜中有怒惡則只是偏於柔一味優柔之氣矣中便是善言於剛柔之閒認個中非是於善惡之閒認個中又非是於剛善柔善之外另認個中也此中字分明是喜怒哀樂未發之謂中故卽承之曰中也者和也中節也天下之達道也聖人之立極是也圖說言仁義中正仁義卽剛柔之別名中正卽中和之別解皆爲中庸註疏後人不解中庸幷不解圖說通書矣○周子思之功全向幾處用幾者動之微吉之先見者也

知幾故通微通微故無不通故可以盡神可以體誠故曰思者聖功之本而吉凶之幾也吉凶之幾言善惡由此而出非幾中本有善惡也幾動誠動言幾中之善惡方動於彼而爲善去惡之實功已先動於思所以謂之見幾而作不俟終日所以謂之知幾其神機非幾也言發動所由也○善不善之幾中於感應者止有過不及之差而乘於念慮者則謂之惡然過而不已念慮乘之亦鮮不爲大惡矣君子知幾端在感應上控持得力若念慮之惡君子早已絶之矣○程子以水喻性其初皆清也而其後漸流而至於濁則受水之地異也如此分義理與氣質似甚明但易稱各正性命乃利貞又稱成之者性也亦以誠復言則古人言性皆主後天而至於人生而靜以上所謂不容說者也即繼之者善已落一班畢竟離氣質無所謂性者生而濁則濁生而清則清非水本清而受制於質故濁也如此則水與受水者終是兩事性與心可分兩事乎余謂水心也而清者其性也有時而濁未離乎清也相近者也其終錮於濁則習之罪也○性本虛位心有定理○敬齋云敬無間斷便是誠予謂心有間斷只爲不敬故若敬則自無間斷敬則所以誠之也此所謂自明而誠也非敬即是誠敬齋尚未及和靖敬齋只持守可觀而和靖於涵養分上大是

得力

會語

問未發之中難以摸索曰中體瑩然何勞摸索纔摸索便不是中○為學莫先於辨誠僞苟不於誠上立脚千修萬修只做得禽獸路上人○祁世培問人於生死關頭不破恐於義利尚有未淨處曰若從生死破生死如何破得只從義利辨得清認得真有何生死可言義當生自生義當死自死眼前止見一義不見有生死在○問生死陶石梁以臘月三十日言之先生曰臘月三十日謂一年之事以此日終而一年之事不自此日始須從正月初一日做起也○問格物當主何說有言聖賢道理圓通門門可入不必限定一路先生曰畢竟只有愼獨二字足以蔽之別無門路多端可放步也○問三教同源否曰莫懸虛勘三教異同且當下辨人禽兩路○古人成說如琴譜要合拍須自家彈○靜坐是養氣工夫可以變化氣質○陶石梁每提識認二字果未經識如何討下手乃門下便欲識認個甚麼轉落影響邊事愈求愈遠墮入坑塹中庸言道不遠人其要歸之子臣弟友學者乃欲遠人以為道乎○世人無日不在禽獸中生活彼不自覺不堪當道眼觀并不堪當冷眼觀今以市井人觀市井人彼此不

覺耳○問先生教某靜坐坐時愈覺妄念紛擾奈何曰待他供狀自招也好不然且無從見矣此有根株在如何一一去得不靜坐他何嘗無只是不覺耳○吾輩心不能靜只爲有根在假如科舉的人只着在科舉上仕途的人只着在仕途上卽不專爲此總是此傍枝生來所以濂溪教人只把無欲兩字作丹頭○先生嘆曰人謂爲人不如爲己故不忠看來忠於己謀者亦少如機變如蠢愚如欺世盜名日日戕賊此身誤認是佔便宜事有友問三代之下惟恐不好名名字恐未可抹壞王金如云這是先儒有激之言若論一名字貽禍不是小小友謂卽如今日之會與來聽者亦爲有好名之心耳卽此一念便亦足取先生曰此語尤有病這會若爲名而起是率天下而爲亂臣賊子皆吾輩倡之也諸友裹足而不可入斯門矣友又謂大抵聖賢學問從自己起見豪傑建立事業則從勳名起見無名心恐事業亦不成先生曰不要錯看了豪傑古人一言一動凡可信之當時傳之後世者莫不有一段真至精神在內此一段精神所謂誠也惟誠故能建立故足不朽稍涉名心便是虛假便是不誠不誠則無物何從生出事業來○問無欲而後可言良知否曰只一致知便了若言致知又言無欲則致知之上又須添一頭腦所謂無欲只是此心

之明所言有欲只是此心之昧有欲無欲止爭明昧相去不遠但能常明不必更言無欲○習染日降而人心萬古如一日○敬則心中無一事○舉飯疏章先生曰浮雲不礙太虛聖人之心亦然直是空洞無一物今且問如何是太虛之體或曰一念不起時先生曰心無時而不起試看天行健何嘗一息之停所謂不起念只是不起妄念耳○性無性道無道理無理何也蓋有心而後有性有氣而後有道有事而後有理故性者心之性道者氣之道理者事之理也○無形之名從有形而起如曰性曰仁義禮智信皆無形之名也然必有心而後有性之名有父子而後有仁之名有君臣而後有義之名推之禮智信皆然故曰形色天性也惟聖人然後可以踐形○先生儆諸生曰吾輩習俗既深平日所爲皆惡也非過也學者只有去惡可言改過工夫且用不着又曰爲不善却自恕爲無害不知宇宙儘寬萬物可容容我一人不得○吾輩偶呈一過人以爲無傷不知從此過而勘之先尚有幾十層從此過而究之後尚有幾十層故過而不已必惡謂其出有源其流無窮也○苟志於仁矣無惡也然後有改過工夫可言○寧學聖人而未至無以一善成名者士君子立志之說也寧以一善成名無學聖人而未至者士君子返躬之義也如爲子

死孝爲臣死忠古今之常理乃舍見在之當爲而曰吾不欲以一善成名是又與於不仁之甚者也○學者或云於靜中見得道理如此而動時又復忙亂或云於動時頗近於道而靜中又復紛擾症雖二見其實一病也動靜二字不能打合如何言學陽明在軍中一面講學一面應酬軍務纖毫不亂此時動靜是一是二○有讀人譜疑無善二字者先生曰人心止有好惡一機好便好善惡便惡不善正見人性之善若說心有個善吾從而好之有個不善吾從而惡之則千頭萬緒其爲矯揉也多矣且謂好惡者心乎善惡者心乎識者當辨之人譜謂無善而至善心之體也與陽明先生無善無惡者心之體不同陽明但言寂然不動之時故下即言有善有惡意之動矣先生此語即周子無極而太極也以至善換太極二字更覺親切人本無善正言至善之不落迹象無聲無臭也先生從至善看到無善善爲主也周海門言無善無惡斯爲至善從無強名之善無爲主也儒釋分途於此

大學所謂格物孟子所謂集義一事也不放過一時也不放鬆無事時惺惺不寐有事時一真自如不動些子○無事時只居處恭便了○天理一點微妙處提醒工夫在有意無意之間○省察是存養之

精明處○靜中養出端倪端倪卽意卽獨卽天○佛氏心無其心不得不以天地萬物爲心物無其物不得不以心爲天地萬物正如鏡中花用無其用體非其體○性卽理也理無往而不在則性亦無往而不在○心中無一事浩然與天地同流○觀春夏秋冬而知天之一元生意周流而無間觀喜怒哀樂而知人之一元生意周流而無間爲學亦養此一元生生之氣而已或曰未免間斷耳先生曰有三說足以盡之一本來原無間斷二知間斷卽禪續三此間斷又從何來學者但從第三句做工夫方有進步○學不外日用動靜之間但辨眞與妄耳或問如何爲眞先生曰對妻子如此說對外人却不如此說對同輩如此說對僕隸却不如此說卽所謂不誠無物不可以言學○世之遠人以爲道者以道爲一物必用吾力以求之故愈求愈遠其實揖讓進退之間作止語默之際無非道體之流行反之卽是又多乎哉○問所存自謂不差而發之不能無過何也曰仍是靜存之中差耳此中先有罅隙而後發之日用之間始有過不及之事事豈離心而造者故學者不必求之行事之著而止求之念慮之微一言以蔽之曰誠而已矣○心只有人心而道心者人之所以爲心也性只有氣質之性而義理之性者氣質之所以爲性也○問萬物

皆備之義曰纔見得有個萬物便不親切須知盈天地間無所謂萬物者萬物皆因我而名如父便是我之父君便是我之君類之五倫以往莫不皆然然必實有孝父之心而後成其爲我之父實有忠君之心而後成其爲我之君此所謂反身而誠至此纔見得萬物非萬物我非我渾然一體此身在天地間無少欠缺何樂如之○羲問孔明敬輿希文君實其立心制行儒者未必能過之今一切溝而出之於外無乃隘乎先生曰千聖相傳止此一綫學者視此一綫爲離合所謂道心惟微也如諸公豈非千古豪傑但於此一綫不能無出入於此而放一頭地則雜矣與其雜也寧隘○先生題魏忠節公主羲侍先生於舟中陳幾亭以與紹守書呈先生先生覽畢付羲其大意謂天下之治亂在六部六部之胥吏盡紹興胥吏在京師其父兄子弟盡在紹興爲太守者苟能化其父兄子弟則胥吏亦從之而化矣故紹興者天下治亂之根本也羲一笑而置之曰迂腐先生久之曰天下誰肯爲迂腐者羲惕然無以自容○心須樂而行惟苦學問中人無不從苦處打出○道非有一物可名只在行處圓滿○張二無從事主靜之學請正先生曰心無分於動靜故學亦無分於動靜若耑求靜便坐喜靜惡動之病非體用一原之學也二無曰讀先生人

譜而知損益二卦學者終身用之不盡先生曰不然要識乾元不識乾元則心無主宰即懲窒遷改未免以後起爲功豈能直達本原乎二無竦然曰此元公以後久默之旨○祝淵苦遊思雜念先生曰學者養心之法必先養氣養氣之功莫如集義自今以往只事事求慊於心凡閒勾當閒話說概與截斷歸併一路游思雜念何處可容○今人讀書只爲句句明白所以無法可處若有不明白處便好商量也然徐而叩之其實字字不明白○世言上等資質人宜從陸子之學下等資質人宜從朱子之學吾謂不然惟上等資質然後可學朱子以其胸中已有個本領去做零碎工夫條分縷析亦自無礙若下等資質必須識得道在吾心不假外求有了本領方去爲學不然只是向外馳求誤却一生矣○祝淵言立志之難先生曰人之於道猶魚之於水魚終日在水忽然念曰吾當入水躍起就水勢必反在水外今人何嘗不在道中更要立志往那處求道若便如此知得連立志二字也是贅○先生語葉敦艮曰學者立身不可自放一毫出路○問改過先改心過否曰心安得有過心有過便是惡也○吾人只率初念去便是孟子所以言本心也初念如此當轉念時復轉一念仍與初念合是非之心仍在也若轉轉不已必至遂其私而後已便

不可救藥○知行兩字總是此心中做主名目學以求此心更無知行可說○先生謂祝淵曰人生未後一著極是要緊儘有平日高談性命臨岐往往失之其受病有二一是僞學飾名欺世原無必爲聖賢之志利害當前全體盡露又有一種是禪學禪家以無善無惡爲宗旨凡綱常名教忠孝節義都屬善一邊指爲事障理障一切掃除而歸之空故惑世害道莫甚於禪昔人云能盡飲食之道卽能盡生死之道驗之日用之間順逆之來夢寐之際是心屹然不動自然不爲利害所奪矣惟其平日無終日之間違仁故能造次必於是顚沛必於是工夫全在平日不可不兢兢也

易簀語

爲學之要一誠盡之矣而主敬其功也敬則誠誠則天若良知之說鮮有不流於禪者○常將此心放在寬蕩蕩地則天理自存人欲自去矣○曰來靜坐小菴胸中渾無一事浩然與天地同流不覺精神困憊蓋本來原無一事凡有事皆人欲也若能行所無事則人而天矣○王毓芝侍先生曰吾今日自處無錯誤否對曰雖聖賢處此不過如是先生曰吾豈敢望聖賢哉求不爲亂臣賊子而已矣

來學問答

王嗣奭問晦菴亦從禪學勘過來其精處未嘗不採取而不講故妙所謂知者不言也象山陽明不出其範圍晚年定論可見曰宋儒自程門而後游楊之徒浸深禪趣朱子豈能不惑其說故其言曰佛法煞有高處而第謂可以治心不可以治天下國家遂辭而闢之將吾道中靜定虛無之說一併歸之禪門惟恐一托足焉因讀大學而有得謂必於天下事物之理件件格過以幾一旦豁然貫通之地而求之誠正故一面有存心之說一面有致知之說又曰非存心無以致知而存心者不可以不致知兩事遞相君臣迄無一手握定把柄之勢既以失之支離矣至於存心之中分爲兩條曰靜而存養動而省察致知之中又復岐爲兩途曰生而知之者義理耳若夫禮樂名物亦必待學而後有以驗其是非之實安往而不支離也蓋亦禪學有以誤之也象山直信本心謂一心可以了當天下國家庶幾提綱挈領之見而猶未知心之所以爲心也故其於窮理一路姑置第二義雖嘗議朱子之支離而亦不非朱子之格致格致自格致耳惟其學不本於窮理而驟言本心是以知有本心不知有習心卽古人正心洗心皆信不過窺其意言屢犯朱子心行路絕語言道斷之譏文成篤信象山又於本心中指出良知二字謂爲千聖滴骨血亦旣知心

之所以爲心矣天下無心外之理故無心外之知而其教人惓惓於去人欲存天理以爲致良知之實功凡以發明象山未盡之意特其說得良知高妙有妄心亦照無照無妄等語頗近於不思善不思惡之語畢竟以自私自利爲彼家斷案可爲卓見矣合而觀之朱子惑於禪而闢禪故其失也支陸子出入於禪而避禪故其失也粗文成似禪而非禪故不妨用禪其失也玄○問下學而上達自在聖人不言是待人自悟否曰形而上者謂之道形而下者謂之器上下原不相離故學卽是學其所達達卽是達其所學若不學其所達幾一朝之達其道無由譬之適京長安道不必到長安方是長安不然南轅而北轍矣悟此之謂自悟言此之謂不言之言答王嗣奭字右仲鄞縣人○葉廷秀問董子曰道之大原出於天乃天命謂性說者以孔孟之後道不明只是性不明愚意性本從心學者不先治心是起念已差路頭纔欲治心又墮於虛寂無用之歸今欲講心學其何道之從曰學莫先於知性只爲天命之謂性一句早已看錯了天人杳不相屬性命仍是二理今曰天命謂性而不曰天命之以性斷然是一不是二然則天豈外人乎而命豈外於吾心乎故曰盡其心者知其性也知其性則知天矣中庸無聲無臭正不諱言空

寂也而學者以爲佛氏也者而去之曰吾欲舍是而求心焉何異舍京師別求長安斷無適從之路矣○問某嘗謂明體適用如車二輪鳥二翼必不可離者也然於道理重一分定於功名輕一分何况世路齟齬一甘遁世大川曷濟其何道之從曰大學言明德親民其要歸於止至善善卽天命之性是也陽明先生曰明德以親民而親民以明其明德原來體用只是一個一者何也卽至善之所在也學不見性徒求之一體一用之間曰車兩輪鳥雙翼不問所以轉是輪鼓是翼者將身世內外判然兩途既宜此又欲宜彼不亦顧此而失彼乎所以然者止因見得學問一事是義理路頭用世一事是功名路頭觭輕觭重世無此等性命僕請更其辭曰於明德明一分自於親民親一分所謂至善之止亦不外此而得之矣○問竊以讀書窮理乃俗學對證之藥而辨義利尤爲藥中鍼石不從此處理會恐脚跟不定未有不東西易向者曰學者須從闇然處做工夫起從此浸假而上倫類聲塵俱無托足方與天體相當此之謂無欲故靜靜中自有一團生意不容已處卽仁體也窮此之謂窮理而書非理也集此之謂集義而義非外也今但以辨晰義理爲燕越分途而又必假讀書以致其知安知不墮於義外乎答葉廷秀○戰國諸子紛紛言性

人置一喙而孟子一言斷之曰性善豈徒曰可以爲善而已乎又曰天下之言性也則故而已矣故者以利爲本可見此性見見成成停停當當不煩一毫安排造作這便是天命流行物與无妄之本體亦卽此是無聲無臭渾然至善之別名非無善無惡也告子專在無處立脚與天命之性尚隔幾重公案孟子姑不與之深言而急急以惻隱羞惡辭讓是非指出個善字猶然落在第二義耳性既落於四端則義理之外便有氣質紛紜雜糅時與物構而善不善之差數覯故宋儒氣質之說亦義理之說有以啓之也要而論之氣質之性卽義理之性義理之性卽天命之性善則俱善子思曰喜怒哀樂之未發謂之中非氣質之粹然者乎其有不善者不過只是樂而淫哀而傷其間差之毫釐與差之尋丈同是一個過不及則皆自善而流者也惟是既有過不及之分數則積此以往容有十百千萬倍蓰而無算者此則習之爲害而非其性之罪也故曰性相近習相遠故性無不善而心則可以爲善可以爲不善卽心亦本無不善而習則有善有不善種種對待之相總從後天而起諸子不察而槪坐之以性不已寃乎爲善爲不善只爲處便非性有善有不善只有處便非性合虛與氣有性之名氣本是虛其初誰爲合他來五行不到處父母未生

前彼家亦恐人逐在二五形氣上討頭面故發此論後人死在言下又舍已生後分外求個未生前不免當面蹉過總之太極陰陽只是一個但不指點頭腦則來路不清故中庸亦每言前定前知前處正是無聲無臭一路消息學者從此做工夫方是眞正爲善去惡希聖達天庶幾在此○盈天地間只是此理無我無物此理只是一個我立而物備物立而我備恁天地間一物爲主我與天地萬物皆備其中故言萬物則天地在其中天亦一物也西銘之意就本身推到父母又就父母以推到兄弟方見得同體氣象早已是肝膽楚越矣陶先生謂我所自有不受於天只恐靈明者亦是一物而更有不物於物者以爲之主物無不壞而不物於物者終不壞鄙意與陶先生不無異同耳禪家以了生死爲第一義故自私自利留住靈明不還造化看來只是弄精魂伎倆吾儒既云萬物皆備於我如何自私自利得生既私不得死如何私得夕死可矣分明放下了也答王嗣奭○昨言學當求之於靜其說終謬道無分於動靜心無分於動靜則學亦無分於動靜可知所云造化人事皆以收斂爲主發散是不得已事正指獨體邊事天向一中分造化人從心上起經綸是也非以收斂爲靜發散爲動也一斂一發自是造化流行不息之氣機而必有

所以樞紐乎是運旋乎是則所謂天樞也即所謂獨體也今若以獨爲至靜之體又將以何者爲動用乎藏而後發白沙有是言其始學亦誤也其後自知其非又隨動靜以施其功亦誤也總在二五邊生活故耳故曰君子之學慎獨而已矣◯無事此愼獨即是存養之要有事此愼獨即是省察之功獨外無理窮此之謂窮理而讀書以體驗之獨外無身修此之謂修身而言行以踐履之其實一事而已知乎此者謂復性之學答門人

◯獨體即天體 ◯常人之心其動也衆欲交馳其止也物而不化合之曰昏昧放逸

周天三百六十五度四分度之一而其中爲天樞天無一息之不運至其樞紐處實萬古常止却無一隙縫子是其止處其下一圈便是小人閒居之象

◎靜存動察之象 ◯靜存動察之訛 ◯看未發氣象之說

仁者以天地萬物爲一體此一語須看得破乃是人以天地萬物爲一體非仁者以天地萬物爲一體也若人與天地萬物本是二體却借個仁者意思打合著天地萬物與之爲一體早已成隔膜之見矣人合天地萬物以爲人猶之心合耳目口鼻四肢以爲心今人以七

只言人而遺其天地萬物皆備之人者卽不知人者也今人以一膜言心而遺其耳目口鼻四肢皆備之心者不知心者也證人之意其在斯乎學者若於此信得及見得破天地萬物本無間隔卽欲容其自私自利之見以自絕於天而不可得也不須推致不須比擬自然親親而仁民仁民而愛物義禮智信一齊俱到此所以爲性學也然識破此理亦不容易誠敬存之一語直是徹首徹尾工夫若不用誠敬存之之功又如何能識破至此以爲旣識破後又須誠敬工夫作兩截見者亦非也大要只是愼獨愼獨卽是致中和致中和卽是位育此是仁者一體實落處不是懸空識想也○所列廣利濟一格此意甚害道百善五十善書之無消煞處紀過則無善可稱無過卽是善若雙行便有不通處愚意但欲以改過爲善而置之焚香靜坐下頗爲有見今善惡並出但準多少以爲銷折則過終無改時而善之所列亦與過同歸而已有過非過也過而不改是謂過矣有善非善也有意爲善亦過也此處頭路不清未有不入於邪者至於過之分數亦屬穿鑿理無大小多寡故也今但除入刑者不載則過端皆可漸除但有過而不改轉入於文直須紀千萬過耳諸君平日所講專要無善至此又設爲善册以勸人落在公利一路若爲下下人說法

尤不宜知此僕以爲論本體決其有善無惡論工夫則先事後得無善有惡可也答秦宏祐○學者只有工夫可說其本體處直是著不得一語纔著一語便是工夫邊事然言工夫而本體在其中矣大抵學者肯用工夫處卽是本體流露處其善用工夫處卽是本體正當處非工夫之外別有本體可以兩相湊泊也若謂兩相湊泊則亦外物而非道矣董黃庭言爲善去惡未嘗不是工夫陶先生切切以本體救之謂黃庭身上本是聖人何善可爲何惡可去然終不能無疑於此也既無善可爲則亦無所事於爲善矣無惡可去則亦無所事於去惡矣既無本體并無工夫將率天下爲猖狂自恣流於佛老矣故某於此只揭知善知惡是良知一語就良知言本體則本體絕非虛無就良知言工夫則工夫絕非枝葉庶幾去短取長之意昔者季路一日有事鬼神之問不得於鬼神又有知死之問總向無處立脚若於此進一解便是無善無惡一路夫子一則曰未能事人焉能事鬼一則曰未知生焉知死一一從有處轉之乃知孔門授受只在彝倫日用討歸宿絕不於此外空談本體滋高明之惑只此是性學所云知生便是知性處所云事人便是盡性處孟子言良知只從知愛知敬處指點亦是此意知愛知敬正是本體流露正當處從此爲善

方是真爲善從此去惡方是真去惡則無善無惡之體不必言矣今人喜言性學只說得無善無惡心之體不免犯却季路兩問之意浸淫不已遂有四無之說於良知字全沒交涉其爲壞師門教法當何如者同上○聖誠而已學以至乎聖人之道者思誠而已矣思之思之鬼神通之所以精義也思慮未起鬼神莫知不由乎我更由乎誰所以立命也心之官思也而曰未起無起而無不起也隨用而見非待用而起也有用有不用有起有不起者非思也念也以念爲思是認賊做子也人以無念爲思是認子作賊也蓋念之有起有滅者動靜所乘之幾而心官之無起無不起者太極本然之妙也此可以觀思誠之說矣謂思卽誠可謂誠卽思亦可故曰誠之又曰何思至哉元公之學乎答文德翼○學問者致知之路也心外無知故曰良知知外無學故曰致知又曰思則得之卽致知之別名元來卽本體卽工夫也又曰愼思懼其放也又曰近思懼其放而外也古人立言字字鞭入底裏其要歸於知止耳知逐於事物落於想像則不止不止卽放所謂思則得之也性者心之理也心以氣言而性其條理也離心無性離氣無理雖謂氣卽性性卽氣猶二之也惻隱羞惡辭讓是非皆指一氣流行之機呈於有知有覺之頃其理有如此而非於所

知覺之外另有四端名色也卽謂知此理覺此理猶二知也良知無知而無乎不知致知無思而無乎不思不可以內外言不可以寂感界收動歸靜取物證我猶二之也告子不得於心不致知故也故孟子反之以知言不求於氣不識性故也故孟子反之以養氣養氣卽養其性之別名總之一心耳心一知耳許多名色皆隨指而異只一言以蔽之曰求其放心而已矣答沈中柱

○陽明先生於知止一關全未勘入只教人在念起念滅時用個爲善去惡之力終非究竟一著所謂只於根本求生死莫向支流辨濁清不免自相矛盾故其答門人有卽用求體之說又有致和乃以致中之說何其與龜山門下一派相背馳乎然則陽明之學謂其失之粗淺不見道則有之未可病其爲禪也陽明而禪何以處豫章延平乎只爲後人將無善無惡四字播弄得天花亂墜一頓擠入禪乘於平日所謂良知卽天理良知卽至善等處全然抹殺安得不起後世之惑乎陽明不幸而有龍溪猶之象山不幸而有慈湖皆斯文之阨也大抵讀古人書全在以意逆志披牝牡驪黃而直窺其神駿則其分合異同之際無不足以備尚論之資而一脈大中至正純粹不雜之聖真必有恍然自得於深造之餘者若或界限太嚴拘泥太甚至於因噎而廢食則斯道終

無可明之日矣僕願參夫且擴開心胸高擡眼鏡上下今古一齊貫穿直勘到此心此理吾性吾命纔無躲閃處必有進步也總之禪之一字中人日久以故逃之者既明以佛氏之說納之吾儒之中而攻之者轉又明以聖人之精微處推而讓之佛氏之地亦安見其有以相勝古之有朱子今之有忠憲先生皆半雜禪門故其說往往支離或深奧又向何處開攻禪之口乎嗚呼吾道日晦矣答韓位

○盈天地間凡道理皆從形器而立絕不是理生氣也於人身何獨不然大易形上形下之說截得理氣最分明而解者往往失之後儒專喜言形而上者作推高一層之見而於其所謂形而下者忽即忽離兩無依據轉爲釋氏所藉口真開門而揖盜也答劉鱗長

○葉廷秀問體用一原曰體用一原之說乃先儒卓見道體而後有是言只今以讀書爲一項事做官爲一項事豈得成體用更復何一何原須知此理流行心目之前無用非體無體非用蓋自其可見者而言則謂之用自其不可見者而言則謂之體非截然有兩事也日用之間持而循之便是下學反身之地嘿而成之即是悟機此所謂即學即達非別有一不可思議之境界也故知道者疏水曲肱與金革百萬用則同是用體則同是體也善乎如此之說其入道之門乎艮其止止其所

也止其所者心脅之間天理正當之位也此位運量無方一掬不謂小上天下地往古來今不爲大又何有於外境乎知乎此者謂之知微惟其無微非顯是以無體非用惟其顯微無間是以體用一原然則吾儕學道只從微字討消息可乎○問意者心之所發註蓋因誠意傳中有好惡字面當屬動一邊若以謂心之所存豈即未發之中乎格物所以致知此本末一貫學問先生以爲向末一邊而必歸之所存博約互用歟此不得不再請益也曰意爲心之所存正從中庸以未發爲天下之大本不聞以發爲本也大學之教只是知本身既本於心心安得不本於意乃先儒既以意爲心之所發矣而陽明又有正心之說曰知此則知未發之中觀此則欲正其未發之心在先誠其已發之意矣通乎不通乎然則好惡者正指心之所存言也此心之存主原有善而無惡何以見其心有善而無惡也以好必於善惡必於惡好必於善如好好色斷斷乎必於此惡必於惡如惡惡臭斷斷乎必不於彼必如此而必不於彼正見其存主之誠處故好惡相反而相成雖兩用而止一幾所謂幾者動之微吉之先見者蓋此之好惡原不到作用上看雖能好能惡民好民惡總向此中流出而但就意言則只指其必於此必不於彼者七情之好惡也意字看得

清則幾字纔分曉幾字看得清則獨字纔分曉孟子曰其好惡與人相近也者幾希正此之謂也雖道平旦之時未與物接便是好人惡人民好民惡之謂乎大學以好惡解誠意分明是微幾以忿懥憂患恐懼好樂解正心分明是發幾故也卽以誠正二字言之誠之理微無思爲是也正之理著有倫有脊之謂也此可以得誠意正心先後本末之辨也陽明先生惟於此錯解所以只得提出良知二字爲主柄以壓倒前人至解中庸亦有致和以致中等語兩相遷就以晦經旨而聖學不明於天下矣數年來每於朋友聚訟不已僕反復之而終不能強從相沿之說門下姑留此一段話柄徐而思之他日有以解我之固見乎至於本末一貫之說先儒謂本末只是一物蓋言物則無所不該盈天地間惟萬物而必有一者以爲之主故格物之始在萬上用功而格物之極在一上得力所謂卽博卽約者也博而反約則知本矣本者止之地知本則知至而知止故授之以意誠意誠則心之主宰處止於至善而不遷矣故意以所存言非以所發言也止善之量雖通乎心身家國天下而根柢處只主在意上知此則動而省察之說可廢矣非敢謂學問眞可廢省察正爲省察只是存養中最得力處不省不察安得所爲常惺惺者存又存個恁養又養個

恁今專以存養屬之靜一邊安得不流而爲禪又以省察屬之動一邊安得不流而爲僞又於二者之間方動未動之際求其所爲幾者而謹之安得不流而爲雜二之已不是況又分爲三乎率天下之人而禍仁義者必此其歸也然則學問之要只是靜而存養乎曰道著靜便不是曰不睹不聞非乎曰先儒以不睹不聞爲己所不睹不聞果如此除是死時方有此耳然則幾者動之微何以有動有動則必有靜矣曰此之謂動非以動靜之動言也復其見天地之心是也心只是一個心常惺而常覺不可以動靜言動靜者時位也以時位爲本體傳註之訛也惟易有寂然不動之說然却以感而遂通作一句看非截然兩事也雖然陰陽動靜無處無之時位有動靜則心體與之俱動靜矣但事心之功動也是常惺惺此時不增一些子增一些子則物於動矣靜也是常惺惺此時不減一些子減一些子則物於靜矣此心極之妙所以無方無體而慎獨之功必於斯而爲至也答葉廷秀

◯董標問有意之意與無意之意同否曰人心之有意也即虞庭所謂道心惟微也惟微云者有而未始滯於有無而未始淪於無蓋妙於有無之間而不可以有無言者也以爲無則墮於空寂以爲有則流於智故又何以語心體之本然乎則是同是別之疑可釋

也已○問有意之時與無意之時礙否曰意既不可以有無言則併不可以有無之時言矣有時而有則有時而無有無既判爲兩意有無又分爲兩時甚矣其支也時乎時乎造物所謂逝者如斯乎而何獨疑於人心乎○問心有無意時否曰意者心之所以爲心也止言心則心只是徑寸虛體耳著個意字方見下了定盤針有子午可指然定盤針與盤子終是兩物意之於心只是虛體中一點精神仍只是一個心本非滯於有也安得云無○問意與心分本體流行否曰來教似疑心爲體意爲流行愚則以爲意是心之體而流行其用也但不可以意爲體心爲用耳程子曰凡言心者皆指已發而言既而自謂不然愚謂此說雖非通論實亦有見蓋心雖不可以已發言而大學之言心也則多從已發不觀正心章專以忿懥好樂恐懼憂患言乎分明從發見處指點耳且正之爲義如云方方正正有倫有脊之謂易所謂效法之謂坤也與誠意字不同誠以體言正以用言故正心先誠意由末以之本也中庸言中和中卽誠和卽正中爲天下之大本誠爲正本也凡書之言心也皆合意知而言者也獨大學分意知而言之一節推進一節故卽謂心爲用意爲體亦得○問意屬已發心屬未發否曰人心之體存發一機也心無存發意無存發也

蓋此心中一點虛靈不昧之主宰常常存亦常常發○問一念不起時意在何處曰一念不起時意恰在正當處也念有起滅意無起滅也今人鮮不以念爲意者道之所以常不明也○問事過應寂後意歸何處曰意淵然在中動而未嘗動所以靜而未嘗靜也本無來處亦無歸處○問百姓日用不知之意與聖人不思勉之意有分別否曰百姓日用而不知惟其定盤針時時做得主所以日用得著不知之知恍然誠體流露聖人知之而與百姓同日用則意於是乎誠矣誠無爲纔著思勉則不誠不誠便非意之本體矣觀誠之爲義益知意爲心之主宰不屬動念矣○問學問思辨工夫與從容中道之天道是一是二曰學問思辨而不本之從容中道則事事入於人僞學不是學問不是問思不是思辨不是辨行不是行故曰思誠者人之道也誠意云者卽思誠一點歸宿精神所謂知至而後意誠也○問從心不踰此時屬心用事還屬意用事曰此個機緣正是意中眞消息如定盤針在盤子中隨盤子東西南北此針子只是向南也聖人學問到得此淨淨地幷將盤子打碎針子拋棄所以平日用毋意工夫方是至誠如神也無聲無臭至矣哉○此個主宰要他有又要他無惟聖人爲能有亦惟聖人爲能無惟從有處無所以無處有有而

無無而有方見人心至妙至妙處答董標心意十問○史孝復疑大學於誠意後復推先致知一着而實其功於格物者誠恐拋却良知單提誠意必有誠非所誠者涑水元城只作得九分人物以此曰格致是誠意工夫明善是誠身工夫其旨一也蓋以誠意爲主意格致爲工夫工夫結在主意中幷無先後可言若不提起主意而漫言工夫將必有知非所知之病矣○疑妙於有無之閒而不可以有無言者心也是道心惟微也而以意當之不啻霄壤矣曰心則是個渾然之體就中指出端倪來曰意卽惟微之體也人心惟危心也而道心者心之所以爲心也非以人欲爲人心天理爲道心也正心之心人心也而意者心之所以爲心也非以所存爲心所發謂意也微之爲言幾也幾卽意也○疑怵惕惻隱之心未起是無意之時旣起是有意之時納交要譽惡聲之心亦然曰怵惕惻隱之心隨感而見非因感始有當其未感之先一團生意原是活潑地至三者之心初來原不曾有亦可見意之有善而無惡矣不幸而夾帶三者之心正因此心無主不免轉念相生全坐不誠之病耳今以時起者爲意又以轉念而起者爲意豈意有時而怵惕惻隱有時而納交要譽惡聲善惡無常是不特無納交要譽惡聲之心幷無怵惕惻隱之心宛轉歸到

無善無惡心之體耶○疑復之所謂意者蓋言知也心體渾然說個知字方見有定盤針若以意充之則適莫信果無所不至曰心體只是一個光明藏謂之明德就光明藏中討出個子午見此一點光明原不是蕩而無歸者愚獨以意字當之子午是活適莫適莫是死子午其實活者是意死者非意總之一心也賢以爲知者卽是意中之知而僕之以爲意者卽是知中之意也○疑說文意志也增韻心所向也說文於志字下志意也又曰心之所之也未有以意爲心者曰心所向曰意正是盤針之必向南也只向南非起身至南也凡言向者皆指定向而言離定字便無向字可下可知意爲心之主宰矣心所之曰志如云志道志學皆言必爲聖賢的心仍以主宰言也心所之與心所往異若以往而行路時訓之字則抛却脚跟立定一步矣然說文之說尚有可商者按五臟心藏神脾藏意腎藏志肝藏魂肺藏魄合之皆心之神也而惟脾腎一直上中下通心爲一體故意志字皆不離心字意者心之中氣志者心之根氣故宅中而有主曰意靜深而有本曰志今曰意志也志意也豈誠意之說卽是立志持志之說乎夫志與意且不可相混况心與意又相混乎心自心意自意原不可以意爲心但不可離意求心耳○疑朱子以未發屬性已發

屬情亦無甚謬曰古人言情者曰利貞者性情也卽性言情也六爻發揮旁通情也乃若其情無情者不得盡其辭如得其情皆指情蘊情實而言卽情卽性也並未嘗以已發爲情與性字對也乃若其情者惻隱羞惡辭讓是非之心是也孟子言這惻隱心就是仁非因惻隱之發而見所存之仁也○疑念無主意有主心有主而無主固不可以念爲意尤不可以意爲心曰心旣有主而無主正是主宰之妙處決不是離却意之有主又有個心之有主而無主果有二主是有二心也○疑大學誠意後尚有正心工夫曰誠意一關是學問立命靈符雖其間工夫有生熟然到頭只了得誠意本分故誠意之後更無正心工夫○疑毋意解恐當從朱子說曰聖人毋意所謂有主而無主也朱子曰私意也必下個私字語意方完畢竟意中本非有私也有意而無意有主而無主也○疑竊觀前後宗旨總不出以意爲心之主宰然必舍良知而言意者緣陽明以後諸儒談良知之妙而考其至處全不相掩因疑良知終無憑據不如意字確有可依耳曰鄙意則謂良知原有依據依據處卽是意故提起誠意而用致知工夫庶幾所知不至蕩而無歸也已上俱答史孝復○古人學問全副向靜存處用更無一點在所發處用幷無一點在將發處用蓋用在

將發處便落後著也且將發又如何用功則必爲將爲迎爲憧憧而後可耳若云愼於所發依舊是存處工夫答史孝咸

## 三原

盈天地間皆萬物也人其生而最靈者也生氣宅於虛故靈而心其統也生生之主也其常醒而不昧者思也心之官也致思而得者慮也慮之盡覺也思而有見焉識也注識而流想也因感而動念也動之微而有主者意也心官之眞宅也主而不遷志也生機之自然而不容已者欲也欲而縱過也甚焉惡也而其無過不及者理也其理則謂之性謂之命謂之天也其著於欲者謂之情變而不可窮也其負情而出充周而不窮者才也或相十百氣與質也而其爲虛而靈者萬古一日也效靈於氣者神也效靈於質者鬼也又合言之來而伸者神也往而屈者鬼也心主神其爲是乎子曰鬼神之爲德其盛矣乎此夫子統言心也而言豈一端已乎約言之則曰心之官則思也故善求心者莫先於識官官在則理明氣治而神乃尊自心學不明學者往往以想爲思因以念爲意及其變也以欲拒理以情偶性以性偶心以氣質之性分義理之性而方寸爲之四裂審如是則心亦出入諸緣之幻物而已烏乎神物以相物烏乎人烏乎人原心

告子曰性無善無不善也此言似之而非也夫性無性也況可以善惡言自學術不明戰國諸人始紛紛言性立一說復矯一說宜有當時三者之論故孟子不得已而標一善字以明宗後之人猶或不能無疑焉於是又導而爲荀楊韓下至宋儒之說益支然則性果無性乎夫性因心而名者也盈天地間一性也而在人則專以心言性者心之性也心之所同然者理也生而有此理之謂性非性爲心之理也如謂心但一物而已得性之理以儲之而後靈則心之與性斷然不能爲一物矣盈天地間一氣而已矣氣聚而有形形載而有質質具而有體體列而有官官呈而性著焉於是有仁義禮智之名仁非他也卽惻隱之心是義非他也卽羞惡之心是禮非他也卽辭讓之心是智非他也卽是非之心是也是孟子明以心言性也而後之人必曰心自心性自性一之不可二之不得又展轉和會之不得無乃遁已乎至中庸則直以喜怒哀樂逗出中和之名言天命之性卽此而在也此非有異指也惻隱之心喜之變也羞惡之心怒之變也辭讓之心樂之變也是非之心哀之變也是子思子又明以心之氣言性也子曰性相近也此其所本也而後之人必曰理自理氣自氣一之不可二之不得又展轉和會之不得無乃遁已乎嗚呼此性學之

所以晦也然則尊心而賤性可乎夫心囿於形者也形而上者謂之道形而下者謂之器也上與下一體兩分而性若踞於形骸之表則已分有常尊矣故將自其分者而觀之燦然四端物物一太極又將自其合者而觀之渾然一理統體一太極此性之所以爲上而心其形之者與卽形而觀無不上也離心而觀上在何處懸想而已我故曰告子不知性以其外心也先儒之言曰孟子以後道不明只是性不明又曰明此性行此性夫性何物也而可以明之只恐明得盡時却已不是性矣爲此說者皆外心言性者也外心言性非徒病在性幷病在心心與性兩病而吾道始爲天下裂子貢曰夫子之言性與天道不可得而聞也則謂之性本無性焉亦可雖然吾固將以存性也原性

〇極天下之尊而無以尙享天下之潔淨精微純粹至善而一物莫之或攖者其惟人心乎向也委其道而去之歸之曰性人乃眩騖於性之說而倀倀以從事焉至畢世而不可遇終坐此不解之惑以死可不謂之大哀乎自良知之說倡而人皆知此心此理之可貴約言之曰天下無心外之理舉數千年以來晦昧之本心一朝而恢復之可謂取日虞淵洗光咸池然於性猶未辨也予請一言以進之曰天下無心外之性惟天下無心外之性所以天下無心外之理

也惟天下無心外之理所以天下無心外之學也而千古傳心之統可歸於一於是天下有還心之人矣向之妄意以爲性者元來卽此心是而其認定以爲心者非心也氣血之屬也向也以氣血爲心幾至仇視其心而不可邇今也以性爲心又以非心者分之爲氣血之屬而心之體乃見其至尊而無以尙且如是之潔淨精微純粹至善而一物莫之或攖也惟其至尊而無以尙故天高地下萬物散殊惟心之所位置而已矣惟其潔淨精微純粹至善而一物莫之或攖故大人與天地合德日月合明四時合序鬼神合吉凶惟心之所統體而已矣此良知之蘊也然而不能不囿於氣血之中而其爲幾希之呈露有時而虧欠焉或相十百或相千萬或相倍蓰而無算不能致其知者也是以君子貴學也學維何亦曰與心以權而反之知則氣血不足治也於是順致之以治情而其爲感應酬酢之交可得而順也於是逆致之以治欲而其爲天人貞勝之幾可得而決也於是精致之以治識而其爲耳目見聞之地可得而清也於是雜致之以治形治器而其爲吉凶修悖之途可得而準也凡此皆氣血之屬而吾既事事有以治之則氣血皆化爲性矣性化而知之良乃致心愈尊此學之所以爲至也與孟子曰人之所不學而能者其良能也所不

慮而知者其良知也古人全舉之而陽明子專舉之也原學

## 證學雜解

天命流行物與无妄此所謂人生而靜以上不容說也此處幷難著誠字或妄焉亦不容說妄者真之似者也古人惡似而非似者非之微者也道心惟微妄即依焉依真而立即托真而行官骸性命之地猶是人也而生意有弗貫焉者是人非人之間不可方物強名之曰妄有妄心斯有妄形因有妄解識妄名理妄言說妄事功以此造成妄世界一切妄也則亦謂之妄人已矣妄者亡也故曰罔之生也幸而免一生一死真妄乃見是故君子欲辨之早也一念未起之先生死關頭最爲喫緊於此合下清楚則一真既立羣妄皆消即妄求真无妄非真以心還心以聰明還耳目以恭重還四體以道德性命還其固然以上天下地往古來今還宇宙而吾乃儼然人還其人自此一了百當日用間更有何事通身仍得個靜氣而已○人心自妄根受病以來自微而著益增洩漏遂受之以欺欺與慊對言虧欠也大學首嚴自欺自欺猶云虧心心體本是圓滿忽有物以攖之便覺有虧欠處自欺之病如寸隙當堤江河可決故君子慎獨之功只向本心呈露時隨處體認去便得全體熒然與天地合德何慊如之慊則

誠閑居之小人揜不善而著善亦儘見苦心雖敗缺盡彰自供已確誠則從此便誠僞則從此滋僞凜乎凜乎復云不遠何祇於悔○自欺受病已是出人入獸關頭更不加愼獨之功轉入人僞自此即見君子亦不復有厭然情狀一味挾智任術色取仁而行違心體至此百碎進之則爲鄉原似忠信似廉潔欺天罔人無所不至猶宴然自以爲是全不識人間有廉恥事充其類爲王莽之謙恭馮道之廉謹弑父與君皆繇此出故欺與僞雖相去不遠而界狀有淺深不可一律論近世士大夫受病皆坐一僞字後人呼之曰假道學求其止犯欺者已是好根器不可多得劉器之學立誠自不妄語始至七年乃成然則從前語亦妄不語亦妄即七年以後猶有不可問者不觀程伯子喜獵之說乎自非妄根一路火盡烟消安能幷却喉子默默地不動一塵至於不得已而有言如洪鐘大扣大鳴是爲適還本分此中仍是不出來也如同是一語多溢一字輕一字都是妄故云戲言出於思七年之功談何容易不妄語方不妄動凡口中道不出者足下自移不去故君子之學置力全是躬行而操心則在謹言上戒欺求慊之功於斯爲要易曰君子居其室出其言善則千里之外應之況其邇者乎居其室出其言不善則千里之外違之況其邇者乎嗚

呼善不善之辨微矣哉○心者凡聖之合也而終不能無真妄之殊則或存或亡之辨耳存則聖亡則狂故曰克念作聖妄念作狂後儒喜言心學每深求一步遂有識心之說又曰人須自識其真心或駁之曰心能自識誰爲識之者余謂心自能識而真處不易識真妄雜揉處尤不易識正須操而存之耳所云存久自明是也若存外求識當其識時而心已亡矣故識不待求反之卽是孟子曰雖存乎人者豈無仁義之心哉人自放之耳乃夫子則曰操則存舍則亡出入無時莫知其鄉須知此心原自存操則存又何曾加存得些子存無可存故曰出入無時莫知其鄉至此方見此心之不易存所以孟子又言養心知存養之說者可與識心矣○良心之放也亦既知所以放之矣初求之事物之交而得營搆心其爲營與搆曰不知凡幾繼求之應感之際而得緣著心其爲緣與著曰不知凡幾又求之念慮之隱而得起滅心其爲起與滅曰不知凡幾又進求之靈覺之地而得通塞心其通與塞曰不知凡幾又求之虛空之玄漠而得欣厭心欣與厭又曰不知凡幾以是五者徵心了不可得吾將縱求之天地萬物而得心體焉其惟天理二字乎天理何理歸之日用日用何用歸之自然吾安得操功自然者而與之語心學也哉○甚矣事心之難

也閒嘗求之一覺之頃而得湛然之道心焉然未可爲據也俄而恍忽焉俄而紛紜焉俄而雜揉焉向之湛然覺者有時而迷矣請以覺覺之於是有喚醒法朱子所謂略綽提撕是也然已不勝其勞矣必也求之本覺乎本覺之覺無所緣而覺無所起而自覺要之不離獨位者近是故曰闇然而日章闇則通微通微則達性性則誠誠則真真則常故君子慎獨繇知覺有心之名心本不諱言覺但一忌莽蕩一忌儱侗儱侗則無體莽蕩則無用斯二者皆求覺於覺而未嘗好學以誠之容有或失之似者仍歸之不覺而已學以明理而去其蔽則體物不遺物各付物物物得所有何二者之病故曰好智不好學其蔽也賊○古人只言個學字又與思互言又與問並言又兼辨與行則曰五者廢其一非學也學者如此下工夫儘見精實徹內徹外無一毫滲漏陽明子云學便是行未有學而不行者如學書必須把筆伸紙學射必須操弓挾矢篤行之只是行之不已耳且知五者總是一個工夫然所謂學書學射亦不是恁地便了書云學於古訓乃有獲又曰學古入官故學必以古爲程以前言往行爲則而後求之在我則信諸心者斯篤乃臻覺地焉世未有懸空求覺之學凡言覺者皆是覺斯理學焉而不覺則問問焉而不覺則思思焉而不覺則

辨辨焉而不覺則行凡以求覺斯理也○形而下者謂之氣形而上者謂之性故曰性卽氣氣卽性人性上不可添一物學者姑就形下處討個主宰則形上之理卽此而在孟夫子特鄭重言之曰善養浩然之氣是也然其工夫實從知言來知言知之至者也知至則心有所主而志常足以帥氣故道義配焉今之爲暴氣者種種蹶趨之狀還中於心爲妄念爲朋思爲任情爲多慾總緣神明無主如御馬者失其啣轡馳驟四出非馬之罪也御馬者之罪也天道卽積氣耳而樞紐之地乃在北辰故其運爲一元之妙五行順布無愆陽伏陰以干之向微天樞不動者以爲之主則滿虛空只是一團游氣頃刻而散豈不人消物盡今學者動爲暴氣所中苦無法以治之幾欲仇視其心一切歸之斷滅殊不知暴氣亦浩然之氣所化只爭有主無主間今若提起主人翁一一還他調理調理處便是義凡過處是助不及處是忘忘助兩捐一操一縱適當其宜義於我出萬理無不歸根生氣滿腔流露何不浩然夫浩然仍只是澄然湛然此中元不動些子是以謂之氣卽性卽此是盡性工夫更無餘事○程子曰人無所謂惡者只有過不及此知道之言也中庸言喜怒哀樂之未發謂之中卽此是天命之性故謂天下之大本纔有過不及則偏至之氣獨

陽不生獨陰不成性種遂已斷滅如喜之過便是淫又進之以樂而益淫淫之流爲貪財爲好色貪財好色不已又有無所不至者而天下之大惡歸焉怒之過便是傷又進之以哀而益傷傷之流爲賊人爲害物賊人害物不已又有無所不至者而天下之大惡歸焉周子曰性者剛柔善惡中而已矣兼以惡言始乎善常卒乎惡也易其惡而至於善歸之中焉則已矣如財色兩關是學人最峻絶處於此跌足更無進步可言然使一向在財色上止截反有不勝其扞格者以其未嘗非性也卽使斷然止截得住纔絶得淫心已中乖戾心便是傷學者誠欲拔去病根只教此心有主使一元生意周流而不息則偏至之氣自然消融隨其所感而順應之凡爲人心之所有總是天理流行如此則一病除百病除除却貪財心便除却好色心除却貪財好色心便除却賊人害物心除其心而事自隨之卽是不頓除已有日消日減之勢此是學者入細工夫非平日戒愼恐懼之極時時見吾未發之中者不足以語此然則爲善去惡之說非乎孟子曰人能充無欲害人之心而仁不可勝用也人能充無穿窬之心而義不可勝用也○子思子從喜怒哀樂之中和指點天命之性而率性之道卽在其中分明天地一元流行氣象所謂不識不知順帝之則全

不涉人分上此言性第一義也至孟子因當時言性紛紛不得不以善字標宗旨單向心地覺處指點出粹然至善之理曰惻隱羞惡辭讓是非全是人道邊事最有功於學者雖四者之心未始非喜怒哀樂所化然已落面目一班直指之爲仁義禮智名色去人生而靜之體遠矣學者從孟子之教盡其心以知性而知天庶於未發時氣象少有承當今乃謂喜怒哀樂爲麄幾而必求之義禮之性豈知性者乎○孟子言養心又言養性又言養氣至程子又言養知又每謂學者曰且更涵養養之時義大矣哉故曰苟得其養無物不長苟失其養無物不消涵養之功只在日用動靜語默衣食之間就一動一靜一語一默一衣一飲理會則謂之養心就時動時靜時語時默時衣時飲理會則曰養氣就卽動卽靜卽語卽默卽衣卽飲理會則曰養性就知動知靜知語知默知衣知飲理會則曰養知其實一也就其中分個真與妄去其不善而之於善卽是省察之說○進學有程乎曰未事於學茫乎如泛海之舟不辨南北已事於學而涯涘見焉始學之汩汩流俗之中恍若有見焉得道之大端也以聖人爲必可學而至也此立志之說也語曰志立而學半君子早已要厥終矣第慮其銳而易挫也乃進而言所守擇地而蹈無尺寸或踰也守經而行

無往來或叛也卽有語之以圓通徑捷之說可一日而至千里弗屑也學至此有成行也乃進而程所安卽事而理存外不膠於應也卽心而理得內不執於解也以推之天地萬物無不凍解於春融而捷得於指掌也學至此有真悟也乃進而程所至優焉游焉弗勞以擾也厭焉飫焉弗艱以苦也瞬存而息養人盡而天隨日有孳孳不知年歲之不足也庶幾滿吾初志焉則學之成也流水之爲物也盈科而後進折而愈東必放之海有本者如是立志要矣乎○天地之大德曰生聖人而仁者曰壽然有生必有死仍是天地間生生不已之運卽天地亦在囿而況於人乎人將此身放在天地間果能大小一例看則一身之成毀何啻草木之榮枯昆蟲之起蟄已乎而人每不勝自私之爲見將生死二字看作極大卻反其道而言之曰無生蓋曰以無生爲生而後能以無死爲生是謂空體不壞是謂常住真心然究竟去住不能自繇成毀依然任運徒作此可憐想且死則死耳卻欲預先守住精魂使死後有知生則生耳又追數胞胎前事向無是公討來歷豈不擔誤一生未知生焉知死朝聞道夕死可矣聖人都教人向生處理會並未嘗攙攬前後際而後人曲加附會以自伸其生死之說枉矣嗚呼豈徒知生而已乎生生焉可也○吾學亦何

爲也哉天之生斯民也使先知覺後知使先覺覺後覺彼天民而先覺者其自任之重固已如此矣生斯世也爲斯民也請學之爲後覺焉以覺先覺之所覺曰堯舜之道堯舜之心爲之也堯舜之心卽吾人之心同此心同此覺也吾亦覺其同者而已矣凡夫而立地聖域一時而遠契千秋同故也今之言覺者或異焉理不必分真妄而全遁於空事不必設取舍而冥求其炤至曰空生大覺如海發漚安往而不異所惡於智者爲其鑿也又曰學者之病莫大乎自私而用智今之言覺者鑿焉而已矣人之生也饑食而渴飲夏葛而冬裘夫人而知之也而其爲饑渴寒暑之道又夫人而覺之也其有不知者非愚不肖之不及則賢智之過者也而過之害道彌甚彼以爲道不在是也去飲衣而求口體之正去口體而求性命之常則亦豈有覺地乎嗟乎人心之晦也我思先覺其人者曰孔氏孔氏之言道也約其旨曰中庸人乃知隱怪者之非道而庸德之行一時弒父與君之禍息則吾道之一大覺也歷春秋而戰國楊墨橫議孟子起而言孔子之道以勝之約其旨曰性善人乃知惡者之非性而仁昭義立君父之倫益尊於天壤則吾道之一大覺也然自此言性者人置一喙而天下皆淫於名理遂有明心見性之說夫性可得而見乎又千餘載

濂溪乃倡無極之說其大旨見於通書曰誠者聖人之本可謂重下註脚則吾道之一覺也嗣後便辨說日煩支離轉甚浸流而爲詞章訓詁於是陽明子起而救之以良知一時喚醒沈迷如長夜之旦則吾道之又一覺也今天下爭言良知矣及其弊也猖狂者參之以情識而一是皆良超潔者蕩之以玄虛而夷良於賊亦用知者之過也夫陽明之良知本以救晚近之支離姑借大學之旨晦又借以通佛氏之玄覺使陽明之旨復晦又何怪其說愈詳而言愈龐卒無以救詞章訓詁之錮習而反之正乎時節因緣司世教者又起而言誠意之學直以大學還大學耳爭之者曰意稗種也余曰嘉穀又曰意枝族也余曰根荄是故知本所以知至也知至所以知止也知止之謂致良知則陽明之本旨也今之賊道者非不知之患而不致之患不失之情識則失之玄虛皆坐不誠之病而求於意根者疎也故學以誠意爲極則而不慮之良於此起照後覺之任其在斯乎孟子云我亦欲正人心辟邪說距詖行放淫詞以承三聖又曰能言拒楊墨者聖人之徒也余蓋有志焉而未之逮也

## 諸說

朱夫子答梁文叔書曰近看孟子道性善稱堯舜此是第一義若於

此看得透信得及直下便是聖賢更無一毫人欲之私做得病痛若信不及孟子又說過第二節工夫又只引成覸顏淵公明儀三段說話教人如此發憤勇猛向前日用之間不得存留一毫人欲之私在這裏此外更無別法此朱子晚年見道語也學者須占定第一義做工夫方是有本領學問此後自然歇手不得如人行路起脚便是長安道不患不到京師然性善堯舜人人具有學者何故一向看不透信不及正爲一點靈光都放在人欲之私上眞是十分看透遂將本來面目盡成埋沒驟而語之以堯舜不覺驚天動地却從何處下手來學者只是克去人欲之私欲克去人欲之私且就靈光初放處討分曉果認得是人欲之私便卽時克了陽明先生致良知三字正要此處用也孟子他日又說個道二仁與不仁不爲堯舜則爲桀紂中間更無一髮可容混處學者上之不敢爲堯舜下之不屑爲桀紂却於兩下中擇箇中庸自便之途以爲至當豈知此身早已落桀紂一途矣故曰紂之不善不如是之甚也學者惟有中立病難醫凡一切悠悠忽忽不激不昂漫無長進者皆是看來全是一團人欲之私自封自固牢不可破今既捉住病根在便合信手下藥學者從成覸顏淵公明儀說話激發不起且急推向桀紂一路上果能自供自認否

若供認時便是瞑眩時若藥不瞑眩厥疾不瘳正爲此等人說法倘下之苟不爲桀紂上之又安得不爲堯舜第一義說○程子曰心要在腔子裏此本孟子求放心而言然則人心果時放外耶卽放外果在何處因讀孟子上文云仁人心也乃知心有不仁時便是放所謂曠安宅而不居也故陽明先生曰程子所謂腔子亦卽是天理至哉言乎程子又曰吾學雖有所授然天理二字却是自家體認出來夫既從自家體認而出則非由名象湊泊可知凡仁與義皆天理之名象而不可卽以名象爲天理謂其不屬自家故也試問學者何處是自家一路須切己反觀推究到至隱至微處方有着落此中無一切名象亦并無聲臭可窺只是箇維玄維默而已雖維玄維默而實無一物不體備其中所謂天也故理曰天理纔着人分便落他家一屬他家便無歸宿仔細檢點或以思維放或以卜度放或以安排放或以智故放或以虛空放只此心動於中便是放所放甚微而人欲從此而橫流其究甚大蓋此心既離自家便有無所不至者心齋云凡有所向有所見皆是妄既無所向又無所見便是無極而太極無極而太極卽自家真底蘊處學者只向自家尋底蘊常做個體認工夫放亦只放在這裏求亦只求在這裏豈不至易豈不至簡故求放心

三字是學人單提口訣下士得之爲入道之門上根得之卽達天之路

求放心說

◯人生終日擾擾也一着歸根復命處乃在向晦時卽天地萬物不外此理於此可悟學問宗旨只是主靜也此處工夫最難下手姑爲學者設方便法且教之靜坐日用之間除應事接物外苟有餘刻且靜坐坐間本無一切事卽以無事付之旣無一切事亦無一切心無心之心正是本心瞥起則放下沾滯則掃除只與之常惺惺可也此時伎倆不合眼不掩耳不跏趺不數息不參話頭只在尋常日用中有時倦則起有時感則應行住坐臥都在靜觀食息起居都作靜會昔人所謂勿忘勿助閒未嘗致纖毫之力此其眞消息也故程子每見人靜坐便歎其善學善學云者只此是求放心親切工夫從此入門卻從此究竟非徒小小方便而已會得時立地聖域不會得時終身只是狂馳而更無別法可入不會靜坐且學坐而已學坐不成更論恁學坐如尸坐時習學者且從整齊嚴肅入漸進於自然詩云相在爾室尚不媿於屋漏又曰神之格思不可度思矧可射思

靜坐說

◯學者靜中旣得力又有一段讀書之功自然遇事能應若靜中不得力所讀之書又只是章句而已則且教之就事上磨練去自尋常衣食以外感應酬酢莫非事也其間千變萬化不可端

倪而一一取裁於心如權度之待物然權度雖在我而輕重長短之形仍聽之於物我無與焉所以情順萬事而無情也故事無大小皆有理存劈頭判個是與非見得是處斷然如此雖鬼神不避見得非處斷然不如此雖千駟萬鍾不回又於其中條分縷析銖銖兩兩辨箇是中之非非中之是似是之非似非之是從此下手沛然不疑所行動有成績又凡事有先着當圖難於易爲大於細有要着一着勝人千萬着失此不着滿盤敗局又有先後着如低棋以後着爲先着多是見小欲速之病又有了着恐事至八九分便放手終成決裂也蓋見得是非後又當計成敗如此方是有用學問世有學人居恆談道理井井纔與言世務便疎試之以事或一籌莫展這疎與拙正是此心受病處非關才具諺云經一跌長一識且須熟察此心受病之原果在何處因痛與之克治去從此再不犯跌庶有長進學者遇事不能應只有練心法更無練事法練心之法大要只是胸中無一事而已無一事乃能事事便是主靜工夫得力處又曰多事不如少事省事不如無事 應事說

○應事接物相爲表裏學者於天下不能遺一事便於天下不能遺一人自落地一聲此身已屬之父母及其稍長便有兄弟與之比肩長而有室又有妻子與之室家至於食毛踐

士君臣之義無所不在惟朋友聯合於稠人廣衆之中似屬疏闊而人生實賴以有覺合之稱五倫人道之經綸管於此也然父子其本也人能孝於親未有不忠於事君與友於兄弟信於朋友宜於室家者夫妻一倫尤屬化原古來大聖大賢又多從此處發軔來故曰刑于寡妻至於兄弟以御於家邦蓋居室之間其事最微渺而易忽其惡爲淫僻學者從此關打破便是真道德真性命真學問文章不然只是僞也自有五倫而舉天下之人皆經緯聯絡其中一盡一切盡一虧一切虧第一要時時體認出天地萬物一體氣象卽遇惡人之見橫逆之來果能作如是觀否彼固一體中人耳纔有絲毫隔絕便是斷滅性種至於知之之明與處之之當皆一體中自作用非關權術人第欲以術勝之未有不墮其彀中者然此際煞合理會陸象山先生曰除了人情事變無可做工夫要知做工夫處果是何事若不知此事只理會個人情事變仍不是工夫學者知之處人說

○今爲學者下一頂門鍼卽向外馳求四字便做成一生病痛吾儕試以之自反無不悚然汗浹者凡人自有生以後耳濡目染動與一切外物作緣以是營營逐逐將全副精神都用在外其來舊矣學者既有志於道且將從來一切向外精神盡與之反復身來此後方有下手工

夫可說須知道不是外物反求卽是故曰我欲仁斯仁至矣無奈積習旣久如浪子亡家失其歸路卽一面回頭一面仍住舊時緣終不知在我爲何物又自以爲我矣曰吾求之身矣不知其爲軀殼也又自以爲我矣曰吾求之心矣不知其爲口耳也又自以爲我矣曰吾求之性與命矣不知其爲名物象數也求之於軀殼外矣求之於耳目愈外矣求之於名物象數外之外矣所爲一路向外馳求也所向是外無往非外一起居焉外一飲食焉外一動靜語默焉外時而存養焉外時而省察焉外時而遷善改過焉外此又與於不學之甚者也是故讀書則以事科舉仕宦則以肥身家勳業則以望公卿氣節則以激聲譽文章則以設聽聞何莫而非向外之病乎學者須發真實爲我心每日孜孜急急只幹辦在我家當身是我身非關軀殼心是我心非關口耳性命是我性命非關名物象數正目而視之不可得而見傾耳聽之不可得而聞非惟人不可得而見聞雖吾亦不可得而見聞也於此體認親切自起居食息以往無非求在我者及其求之而得天地萬物無非我有絕不是功名富貴氣節文章所謂自得也總之道體本無內外而學者自以所向分內外所向在內愈尋得求愈歸宿亦愈發皇故曰君子之道闇然而日章所向在外愈尋求

愈決裂亦愈消亡故曰小人之道的然而日亡學者幸早辨諸向外

馳求說○朱夫子嘗言學者半日靜坐半日讀書如此三五年必有進步可觀今當取以爲法然除却靜坐工夫亦無以爲讀書地則其實亦非有兩程候也學者誠於靜坐得力時徐取古人書讀之便覺古人真在目前一切引翼提撕匡救之法皆能一一得之於我而其爲讀書之益有不可勝言者矣昔賢詩云萬徑千蹊吾道害四書六籍聖賢心學者欲窺聖賢之心遵吾道之正舍四書六籍無由而入矣蓋聖賢之心卽吾心也善讀書者第求之吾心而已矣舍吾心而求聖賢之心卽千言萬語無有是處陽明先生不喜人讀書令學者直證本心正爲不善讀書者舍吾心而求聖賢之心一似沿門持鉢無益貧兒非謂讀書果可廢也先生又謂博學只是學此理審問只是問此理愼思只是思此理明辨只是辨此理篤行只是行此理而曰心卽理也若是乎此心此理之難明而必假途於學問思辨則又將何以學之問之思之辨之而且行之乎曰古人詔我矣讀書一事非其導師乎卽世有不善讀書者舍吾心而求聖賢之心一似沿門持鉢而有得也亦何惜不爲貧兒昔人云士大夫三日不讀書卽覺面目可憎語言無味彼求之聞見者猶然況有進於此者乎惟爲舉

業而讀書不免病道然有志之士卒不能舍此以用世何可廢也吾更惡夫業舉子而不讀書者讀書說

○聖賢教人只指點上一截事而不及下截觀中庸一書可見蓋提起上截則其下者不勞而自理纔說下截事如堂下人斷曲直莫適為主誰其信之形而上者謂之道形而下者謂之器是也人生而有此形骸便有此氣質就中一點真性命是形而上者惟形上不離形下所以上下易混作一塊學者開口說變化氣質却從何處討主腦來通書曰性者剛柔善惡中而已矣中便是變化氣質之方而中庸曰喜怒哀樂未發謂之中却又無可着力處從無可着力處用得工夫正是性體流露時此時剛柔善惡果立在何處少間便是個中節之和這方是變化氣質工夫若已落在剛柔善惡上欲自剛而克柔自柔而克剛自惡而之於善已善而終不至於惡便落堂下人伎倆矣或問孟子說善養浩然之氣如何曰纔提起浩然之氣便屬性命邊事若孟施舍北宮黝告子之徒只是養個蠢然之氣正是氣質用事處所以與孟子差別氣質說

○或有言學問之功在慎所習者子曰何謂也曰人生而有習矣一語言焉習一嗜欲焉習一起居焉習一酬酢焉習有習境因有習聞有習聞因有習見有習見因有習心有習心因有習性故曰少成若

性弁其性而爲習焉習可不慎乎習於善則善習於惡則惡猶生長於齊楚不能不齊楚也習可不慎乎曰審如是又誰爲專習之權者而慎之其人不能答予曰在復性不在慎習或曰何謂也予乃告之曰人生而靜天之性也渾然至善者也感於物而動乃遷於習焉習於善則善習於惡則惡斯日遠於性矣無論習於惡者非性即習於善者亦豈性善之善乎故曰性相近也習相遠也葢教人尊性也然學以復性也如之何曰性不假復也復性者復其權而已矣請即以習證習於善則善未有不知其爲善者習於惡則惡未有不知其爲惡者此知善而知惡者誰乎此性權也故易曰復以自知既已知其爲善矣且得不爲善乎既已知其爲惡矣且得不去惡乎知其爲善而爲之爲之也必盡則亦無善可習矣無善可習反之吾性之初本無善可習也知其爲惡而去之去之也必盡則亦無惡可習矣無惡可習反之吾性之初本無惡可習也此之謂渾然至善依然人生之初而復性之能事畢矣然則習亦可廢乎曰何可廢也爲之語言以習之則知其語言以慎之爲之嗜欲以習之則知其嗜欲以慎之爲之起居以習之則知其起居以慎之爲之酬酢以習之則知其酬酢以慎之如是則即習即性矣凡境即是性境凡聞即是性聞凡見即

是性見無心非性無性非習大抵不離獨知者近是知之爲言也獨而無偶先天下而立定一尊而後起者稟焉是之謂性權或者恍然而解曰吾乃知慎習之功其在必慎其獨乎首肯之而去習說○此上九篇乃一時作○自聖學不明學者每從形器起見看得一身生死事極大將天地萬物都置之膜外此心生生之機早已斷滅種子了故其工夫顓究到無生一路只留個覺性不壞再做後來人依舊只是貪生怕死而已吾儒之學直從天地萬物一體處看出大身子天地萬物之始卽吾之始天地萬物之終卽吾之終終終始始無有窮盡只此是生死之說原來生死只是尋常事程伯子曰人將此身放在天地間大小一例看是甚快活予謂生死之說正當放在天地間大小一例看也於此有知方是窮理盡性至命之學藉令區區執百年以內之生死而知之則知生之盡只是知個貪生之生知死之盡只是知個怕死之死而已然則百年生死不必知乎曰奚而不知也子曰朝聞道夕死可矣是也如何是聞道其要只在破除生死心此正不必遠求百年卽一念之間一起一滅無非生死心造孽既無起滅自無生死又曰盡語默之道則可以盡去就之道盡去就之道則可以盡生死之道生死非大語默去就非小學者時時有生死關

頭難過從此理會透天地萬物便是這裏方是聞道生死說○獨之外別無本體慎獨之外別無工夫此所以為中庸之道也乃虞廷言心則曰人曰道而中庸直指率性之道無乃混人道而一之乎此言心言性之別也虞廷言心非分言之則不精不精無以為至一之地中庸言性性一而已何歧之有然性是一則心不得獨二夫天命之所在卽人心之所在人心之所在卽道心之所在此虞廷未發之旨也或曰有氣質之性有義理之性則性亦有二與為之說者本之人心道心而誤焉者也程子曰論性不論氣不備論氣不論性不明二之則不是若既有氣質之性又有義理之性將使學者任氣質而遺義理則可以為善可以為不善之說信矣又或遺氣質而求義理則無善無不善之說信矣又或衡氣質義理而並重則有性善有性不善之說信矣三者之說信而性善之旨復晦此孟氏之所憂也須知性只是氣質之性而義理者氣質之本然乃所以為性也性只是人心而道者人之所當然乃所以為心也人心道心只是一心氣質義理只是一性識得心一性一則工夫亦一靜存之外更無動察主敬之外更無窮理其究也工夫與本體亦一此慎獨之說也而後之解者往往失之昔周元公著太極圖說實本之中庸至主靜立人極一

語尤爲慎獨兩字傳神其後龜山門下一派羅李二先生相傳口訣專教人看喜怒哀樂未發時作何氣象朱子親受業於延平固嘗聞此而程子則以靜字稍偏不若專主於敬又以敬字未盡益之以窮理之說又曰涵養須用敬進學在致知朱子從而信之所學爲之少變遂以之解大中謂慎獨之外另有窮理工夫以合於格致誠正之說仍以慎獨爲動屬省察邊事前此另有一項靜存工夫近日陽明先生始目之爲支離專提致良知三字爲教法而曰良知只是獨知時又曰惟精是惟一工夫博文是約禮工夫致知是誠意工夫明善是誠身工夫可謂心學獨窺一源至他日答門人慎獨是致知工夫而以中庸本體無可著力此却疑是權教天下未有大本之不立而可從事於性道者工夫用到無可著力處方是真工夫故曰勿忘勿助未嘗致纖毫之力此非真用力於獨體者固不足以知之也大抵諸儒之見或同或異多係轉相偏矯因病立方盡是權教至於反身力踐之間未嘗不同歸一路不謬於慎獨之旨後之學者無徒向語言文字生葛藤但反求之吾心果何處是根本一著從此得手方窺進步有欲罷不能者學不知本即動言本體終無著落學者但知即物窮理爲支離而不知同一心耳舍淵淵靜深之地而從事思慮紛

起之後泛應曲當之間正是尋枝摘葉之大者其爲支離之病亦一而已將持此爲學又何成乎又何成乎

天命章說

○天命流行物與無妄人得之以爲心是謂本心人心無一妄而已忽焉有妄希乎微乎其不得而端倪乎是謂微過獨知主之有微過是以有隱過七情主之有隱過是以有顯過九容主之有顯過是以有大過五倫主之有大過是以有叢過百行主之總之妄也譬之木自本而根而榦而標水自源而及於流盈科而至於海故曰涓涓不息將成江河綿綿不絕將尋斧柯是以君子貴防之早也其惟愼獨乎愼獨則時時知改俄而授之隱過矣當念過便從當念改又授之顯過矣當身過便從當身改又授之大過矣當境過當境改又授之叢過矣隨事過隨事改改之則復於無過可喜也不改成過且得無改乎總之皆祛妄還眞之學而工夫次第如此譬之擒賊者擒之於室甚善不於室而於堂不於堂而於外門於衢於境上必成擒而後已子絕四毋意毋必毋固毋我眞能愼獨者也其次則克伐怨欲不行焉爾宋人之言曰獨行不愧影獨寢不愧衾獨而顯矣司馬溫公則云某平生無甚過人處但無一事不可對人言者庶幾免於大過乎若邢恕之一日三檢點則叢過對治法也眞能愼獨者無之非獨卽邢恕學問孔子

亦用得着故曰不爲酒困不然自原憲而下總是箇閑居小人爲不善而已善學者須是學孔子之學只於意根上止截一下便千了百當若到必固我已漸成決裂幸於我處止截得猶不失爲顏子克己過此無可商量矣落一格麄一格工夫轉愈難一格故曰可爲難矣學者須是學孔子之學改過說下條同◯人之言曰有心爲惡無心爲過則過容有不及知者因有不及改過是大不然夫心不愛過者也纔有一點過便屬礙膺之物必一決之而後快故人未有有過而不自知者只不肯自認爲知爾然則過又安從生曰卽不肯自認爲知處其受蔽處良多以此造過遂多仍坐箇不知而已孟子言君子之過如日月之食可見人心只是一團靈明而不能不受暗於過明處是心暗處是過明中有暗暗中有明明中之暗卽是過暗中之明卽是改手勢如此親切但常人之心忽明忽暗展轉出沒終不能還得明明之體不歸薄蝕何疑君子則以暗中之明用箇致曲工夫漸次與他恢擴去在論語則曰訟過如兩造當庭抵死仇對不至十分明白不已纔明白便無事如一事有過直勘到事前之心果是如何一念有過直勘到念後之事更當如何如此反覆推勘更無躱閃雖一塵亦駐足不得此所謂致曲工夫也大易則言補過謂此心一經

缺陷便立刻與之圓滿那靈明爾若只是小小補綴頭痛救頭脚痛救脚敗缺難掩而彌縫日甚謂之文過而已雖然人猶有有過而不自知者子路人告之以有過則喜子曰某也幸苟有過人必知之然則學者虛心遜志時務察言觀色以輔所不逮有不容緩者○陽明子言良知最有功於後學然只傳孟子教法於大學之說終有未合古本序曰大學之道誠意而已矣止至善之則致良知而已矣宛轉說來頗傷氣脈至龍溪所傳天泉問答則曰無善無惡者心之體有善有惡者意之動知善知惡是良知爲善去惡是格物益增割裂矣即所云良知亦非究竟義也知善知惡與知愛知敬相似而實不同知愛知敬知在愛敬之中知善知惡知在善惡之外知在愛敬中更無不愛不敬者以參之是以謂之良知知在善惡外第取分別見謂之良知所發則可而已落第二義矣且所謂知善知惡蓋從有善有惡而言者也因有善有惡而後知善知惡是知爲意奴也良在何處又反無善無惡而言者也本無善無惡而又知善知惡是知爲心祟也良在何處且大學所謂致知亦只是致其知止之知知止之知即知先之知知先之知即是知本之知惟其知止知先知本也則謂之良知亦得知在止中良因止見故言知止則不必更言良知若曰以

良知之知知止又以良知之知知先而知本豈不架屋疊床之甚乎且大學明言止於至善矣則惡又從何處來心意知物總是至善中全副家當而必事事以善惡兩糾之若曰去其惡而善乃至姑爲下根人設法如此則又不當有無善無惡之說矣有則一齊俱有既以惡而疑善無則一齊俱無且將以善而疑惡更從何處討知善知惡之分曉止因陽明將意字認壞故不得不進而求良於知仍將知字認麄又不得不退而求精於心種種矛盾固已不待龍溪駁正而知其非大學之本旨矣大學開口言明德因明起照良知自不待言而又曰良知卽至善卽未發之中亦旣恍然有見於知之消息惜轉多此良字耳然則良知何知乎知愛敬而已矣知皆擴而充之達之天下而已矣格此之謂格物誠此之謂誠意正此之謂正心舉而措之謂之平天下陽明曰致知焉盡之矣余亦曰致知焉盡之矣良知說

## 讀易圖說

◯圖中有一點變化無窮子曰易有太極周子曰無極而太極淪於無矣解無極者曰無形有理益滯於無無矣今請爲太極起廢而表是圖其爲象曰有卽未必周子之旨也抑亦孔門之說歟雖然滯於有矣夫圖其似之者也佛氏亦有此圖然其中一點仍作空解意實

不同〇天有四時春夏爲陽秋冬爲陰中氣行焉地有四方南北爲經東西爲緯中央建焉人有四氣喜怒哀樂中和出焉其德則謂之仁義禮智信是也是故元亨利貞卽春夏秋冬之表義非元亨利貞生春夏秋冬也左右前後卽東西南北之表義非左右前後生東西南北也仁義禮智卽喜怒哀樂之表義非仁義禮智生喜怒哀樂也又非仁義禮智爲性喜怒哀樂爲情也又非未發爲性已發爲情也後儒之言曰理生氣性生情又曰心統性情其然豈其然乎〇造化之理新新故故相推而不窮如草木之榮枯昆蟲之啓蟄日月之晦明四時之盛衰氣運之往來陵谷之遷徙莫不皆然人囿於大化之中與萬物同體自一日以往自少而壯而老而死無不變也有之其惟積氣積習乎油入於麪不可復出此其不變者也孰知去故滋遠反常滋甚乎〇君子仰觀於天而得先天之易焉維天之命於穆不已蓋曰天之所以爲天也是故君子戒懼於所不覩聞此愼獨之說也至哉獨乎微乎微乎穆穆乎不已者乎蓋曰心之所以爲心也則心一天也獨體不息之中而一元常運喜怒哀樂四氣周流存此之謂中發此之謂和陰陽之象也四氣一陰陽也陰陽一獨也其爲物不二則其生物不測也故其中爲天下之大本而和爲天下之達道

及其至也察乎天地至隱至微至顯至見也故曰體用一原顯微無間君子所以必慎其獨也此性宗也○君子俯察於地而得後天之易焉夫性本天者也心本人者也天非人不盡性非心不體也心也者覺而已矣覺故能照照心常寂而常感感之以可喜而喜感之以可怒而怒其大端也喜之變為欲為愛怒之變為惡為哀懼則立於四者之中喜得之而不至於淫怒得之而不至於傷者合而觀之即人心之七政也七者皆照心所發也發則馳矣衆人溺焉惟君子時發而時止時返其照心而不逐於感得易之逆數焉此之謂後天而奉天時蓋慎獨之實功也

## 聖學喫緊三關

學莫先於問途則人己辨焉此處不差後來方有進步可觀不然只是終身擾擾而已○為己為人只聞達之辨說得大槩已盡後儒又就聞中指出許多病痛往往不離功名富貴四字而蔽之以義利兩言除却利便是義除却功名富貴便是道此中是一是二辨之最微學者合下未開眼孔只為己不足故求助於人豈知愈求助於人愈不足於己乎已上人己關○學以為己己以內又有己焉只此方寸之中作得主者是此所謂真己也必也敬乎敬肆關○由主敬而入

方能覿體承當其要歸於覺地故終言迷悟○工夫却從存養中來非懸空揣控索之象罔者也故宋儒往往不喜頓悟之說或曰格物致知大學之始事今以悟爲終事何也曰格致工夫自判斷人己一關時已用得著矣然必知止知至以後體之當身一一無礙方謂之了悟悟豈易言乎若僅取當下一點靈明瞥然有見時便謂之悟恐少間已不可復恃已上迷悟關

## 大學雜辨

夫大學之所謂主腦者止至善而已矣致知之功格物而已矣格物之要誠正以修身而已矣盈天地間皆物也自其分者而觀之天地萬物各一物也自其合者而觀之天地萬物一物也一物本無物也無物者理之不物於物爲至善之體而統於吾心者也雖不物於物而不能不顯於物耳得之而成聲目寓之而成色莫非物也則莫非心也耳能辨天下之聲而不可欺以清濁吾因而致焉并不可欺以一切清濁所以致吾心之聰也目能辨天下之色而不可欺以緇素吾因而致焉并不可欺以一切緇素所以致吾心之明也致吾心之聰明者致吾之良知也良知之於物如鑑之於妍媸衡之於高下而規矩之於方圓也鑑不離物而定妍媸衡不離物而取高下規矩不

離物而辨是非一也故曰致知在格物然而致吾心之聽非無不聞之謂也聞吾至善而已矣致吾心之明非無不見之謂也見吾至善而已矣聞吾至善返於無聞矣見吾至善返於無見矣知無知矣中庸曰戒慎乎其所不覩恐懼乎其所不聞不動而敬不言而信其要歸於慎獨此格物真下手處故格物卽格其反身之物不離修者是而致知卽致其所性之知不離止者是孔門之學無往而不以格致爲第一義博文約禮其定本也又曰多聞擇其善者而從之多見而識之知之次也心非內也耳目非外也物非麤也無物之物非精也卽心卽物非心非物此謂一以貫之自格致之旨晦而聖學淪於多歧滯耳目而言知者徇物者也離耳目而言知者遺物者也徇物者弊之於一草一木亦用𨚫工夫而遺物求心又逃之無善無惡均失也（格致）○君子之學先天下而本之國先國而本之家與身亦屬之己矣又自身而本之心本之意本之知本至此無可推求無可揣控而其爲己也隱且微矣隱微之地是名曰獨其爲何物乎本無一物之中而物物具焉此至善之所統會也致知在格物格此而已獨者物之本而愼獨者格物之始事也君子之爲學也非能藏身而不動杜口而不言絕天下之耳目而不與交也終日言而其所以言者人

不得而聞也自聞而已矣終日動而其所以動者人不得而見也自見而已矣自聞自見者自知者也吾求之自焉使此心常止而定靜安慮得慎之至也慎獨也者人以爲誠意之功而不知卽格致之功也大學之道一言以蔽之曰慎獨而已矣自虞廷執中以來無非此意故伊洛以一爲入道之門朱子析之曰涵養須用敬進學則在致知故於大學分格致誠正爲兩事至解慎獨又以爲動而省察邊事先此更有一段靜存工夫則愈析而愈支矣陽明子反之曰慎獨卽是致良知卽知卽行卽動卽靜庶幾心學獨窺一源總之獨無動靜也其有時而動靜焉動亦慎靜亦慎也而靜爲主使非靜時做得主張則動而馳矣如挽逝波其可及乎動而常知常止焉則常靜矣周子曰主靜立人極是也慎獨○天圓地方規矩之至也人心一天地也其體動而圓故資始不窮有天道焉其用靜而方故賦形有定有地道焉君子之學圓效天方法地也其獨知之地不可得而覩聞者效天者也由不覩而之於無所不覩由不聞而之於無所不聞地道之善承天也易曰君子敬以直內義以方外規矩之至也絜矩○人心終日如馬足車輪奔馳無止果係何物受累苟能去所累心者而於止也幾矣知此之謂知止止此之謂至善○問大學要義曰言本

體喫緊得個善字言工夫喫緊得個止字言本體工夫一齊俱到處喫緊得個知字言本體工夫一齊歸管處喫緊得個身字首章○致知者致吾知止之知也收攝到極處卽是推致到極處逮止於至善則知至矣至善○格物不妨訓窮理只是反躬窮理則知本之意自在其中只是一個良知正須從意根查考心源體認身上檢點家庭印證國與天下推廣這便是格物工夫便是致知工夫朱子云格物須提起第一義便是極至道理如在朝便須進君子退小人決無小人可用之理這便是第一義若見不破便謂小人可用予謂進君子退小人根吾好惡來其能好能惡是第一義好人惡人是第二義知進退人又是第三四義了知此方是知本知本○矩是至善之式所以安頓此心恰好處夫子之不踰矩是也釋矩○大學之道誠意而已矣誠意之功愼獨而已矣意也者至善歸宿之地其爲物不貳故曰獨其爲物不貳而生物不測所謂物有本末也格物致知總爲誠意而設亦總爲愼獨而設也非誠意之先又有所謂致知之功也故誠意者大學之專義也前此不必在格物後此不必在於正心也亦大學之了義也後此無正心之功幷無修治平之功也後之解誠意者吾惑焉曰意者心之所發則誰爲所存乎曰有善有惡者意之動

則誰爲好之惡之者乎誠意○幾者動之微則前此更有靜者幾乎曰非然也動之微則動而無動矣動而無動所以靜而無靜也此心體主宰之妙也故名之曰意同上○章句云實其心之所發不知實字代得誠字否又不知是發前求實抑是發後求實若是發前求實則工夫仍在所存時然章句又云皆務決去而求必得之似言凡於意之所發皆務求所以實之則誠之之功已落在意後矣落在意後則必就其事而實之而自欺仍只是自欺其意是看意字尙精而看誠字轉麤也所以轉下愼獨方打入裏而有審幾之說不免就誠意推先一層矣夫既以獨知爲獨而以愼獨推先於意誠明是欲誠其意先致其知之註疏既有獨知之致知又有補傳窮理之致知頭緒何所適從乎同上○聖學本心維心本天維玄維嘿體乎太虛因所不見是名曰獨獨本無知因物有知物體於知好惡立焉好惡一機藏於至靜感物而動七情著焉自身而家自家而國國而天下慶賞刑威惟所措焉是爲心量其大無外故名曰天天命何命卽吾獨知一氣流行分陰分陽運爲四氣性體乃朕率爲五常殊爲萬事反乎獨知獨知常止全體俱知本無明暗常止則明紛馳乃暗故曰闇然日章的然日亡君子知之凜乎淵冰於所不覩於所不聞日夕兢兢

道念乃凝萬法歸一不盈此知配天塞地盡性知命此知無始是爲原始此知無終是爲反終死生之說晝夜之常吾生與生吾死與死視彼萬形非吾得私猥云不死狂馳何異獨箴

## 論語學案

君子學以慎獨直從聲臭外立根基一切言動事爲慶賞刑威無不日見於天下而問其所從出之地凝然不動些子只有一個淵然之象爲天下立皇極而已衆星晝夜旋轉天樞不動其不動處是天心這便是道心惟微其運旋處便是人心惟危其常運而常靜處便是惟精惟一允執厥中天人之學也爲政以德○心之官則思思曰睿睿作聖思本無邪其卒流於邪者勿思耳以爲思欲無邪非也思無邪者閑邪之學也詩以理性情人心之情本正何邪之有詩三百○孟武伯問孝是人子身上事父母惟其疾之憂是父母身上事問是孝答是慈有何關涉豈知人子於父母其初只是一人之身父母的痛癢便是人子的痛癢若於此漠不相關更有何孝可言若於此認得親切亦更有何孝可言惟疾之憂非徒以慰親之爲孝也知乎此者必能以其身爲父母之身以其心爲父母之心而終身孺慕之情有無所不至者矣孟武伯○知則全體皆知不知則全體皆不知更

無半明半暗分數但私意蔽錮亦有去來則有時而知有時而不知耳夫既有時而知有時而不知則并其知而非知能知己之不知正是無所不知的本體呈露時金鍼一撥宿障全消誨女知之○信是本之真心而見之然諾之際者是身世作合關鍵猶車之輗軏然舉世尚狙詐人而無信一味心口相違千蹊萬徑用得熟時若以為非此不可持身不可御世豈知其斷斷乎不可者可不可只衡在是非上而行不行方格到利害上也無信○君子之於仁惟有貧賤一途是終身得力地雖終食之頃未始無去處交乘之隙使終食而為貧賤之終食則蔬食飲水樂也極貧賤之途雖造次仁也顛沛仁也茍舍此而欲處以非道之富貴有斷斷乎不可者君子所以練此心之仁不容躲閃不容方便纔是中心安仁也富與貴○孔子圍匡七日子路曰吾聞仁者必容知者必用如此說則天下更無非道之貧賤可處豈知自人分上看貧賤則非道自君子身上看未嘗非道也世人只為見得有非道之貧賤所以怨天尤人無所不至同上○盈天地間萬事萬物各有條理而其條理貫通處渾無內外人己感應之跡亦無精粗大小之殊所謂一以貫之也一本無體就至不一會得無二無雜之體從此手提線索一一貫通纔有壅淤便與消融纔有

偏枯便與圓滿時時澄徹處處流行直將天地萬物之理打合一處亦更無以我合彼之勞方是聖學分量此孔門求仁之旨也○聖人從自己身上言心無死地則曰貫無所不貫則曰一以貫之非以一貫萬也一以貫之還他天地自然本色一貫○仁者渾然全體而無息就全體中露出個治賦為宰為擯相才具便是大海中一漚發現且有待而然有時豎起有時放下非不息之體故即三子之才而其未仁亦自可見可使治賦○鄧定宇曰此非閔憲以下學問顏子心常止故不遷心常一故不貳予謂心本常止而不能不動以怒故就怒時求止法曰不遷心本常一而不能不貳於過故就過時求一法曰不二此正復性之功先得此心之止與一者以立本而後遇怒能不遷遇過能不貳則是止者一心而不遷者又一心也一者一心而不貳者又一心也將孔門一切懲忿窒慾遷善改過之學都無用處所謂復性之功者不幾求之虛無寂滅之歸乎不遷怒○此道身有之則不言而信以歸於慥慥之地所謂躬行君子也故云默識識如字謂信諸心也默識之學精神毫不滲漏徹首徹尾以此學即以此教何厭倦之有自默字訛解而學者遂以言語道斷當之謂聖學入手只在妙悟學都從悟中來聖學豈有墮於杳冥玄默之見乎默而

識之○世謂聞見之知與德性之知有二子謂聰明睿知非恃乎睿知之體不能不竅於聰明而聞見啓焉性亦聞見也效性而動者學也今必以聞見為外而欲墮體黜聰以求睿知幷其睿知而槁矣是隳性於空而禪學之談柄也張子曰非天聰明不成其為人聖則天聰明之盡者耳天聰天明耳辨聞目辨見是也天聰明之盡則夫子多聞擇其善者而從之多見而識之是也曰知次者人次於天以見天非人不盡也知之次○常人之過人知處得九分己知處得一分聖人之過人知處得一分己知處得九分說聖人有過已是駭人今說聖人猶有不知之過至為人所知益奇此意最宜理會學者便當長一格陳司敗○曾子學問都是軀殼上討得最有持循一則一二則二有疾○古人濟大事全靠脚跟定只是不從身家名位起念便是凡可奪處皆是此等作祟也誠極則精精極則變一切作用皆從此出誠中之識見是大識見誠中之擔當是大擔當故君子非有才之難而誠之難可以託六尺○人之氣質不失之高明則失之卑暗而氣質之性終不錮其義理之性狂者必直侗者必愿悾悾者必信自習染勝而三者幷漓人心之變可勝窮乎狂而不直○天下一物也聖人視外物無大小都作等閒看打過得簞食豆羹關便打得天

下關舜禹之有天下○子絕四聖人之心置在何處曰絕四之外更無心問意必固我與聲色貨利有淺深否曰看他四者之心從何處起子絕四○顏子之學纔動輙便可到頭爲從文禮處得力來後人欲一齊放過謂文既足以溺心禮亦不免於執著絕意去智專用力於未由之境微者墮於空寂放者入於猖狂佛老之教行而聖道裂矣顏淵喟然○權者道之體也道體千變萬化而不離於中非權而何易曰巽以行權言入道之微也權居無事因物付物而輕重準焉言天下之至靜而不可測也言天下之至動而不可離也權之理主常而準諸事主變理即事事即理其常也乃所以爲變也漢儒反經合道之說誠非朱子謂權之與經亦須有辨亦非也天下有二道乎嫂溺援之以手者權也正是道理合當如此乃所爲經也故權非反經而爲言也然則經何辨乎曰經者權之體權者經之用合而言之一道也禮儀三百威儀三千皆經也神而明之妙用出焉權也二而一者也未可與權○吳康齋夜半思處貧策至日中始決如此計較便是貨殖故魯齋治生之言亦病如拚一餓死更有甚計較然則聖學有死地乎曰義不食粟則亦有死而已古今處君臣之義皆然其嗟也可去其謝也可食倘終不謝便當一死聖人於辭受取與一斷以

義無纖毫擬議方便法門 貨殖 ○道體大段易見得只是微處難窺才著小心便有湊泊處 聞斯行之 ○視聽言動一心也這點心不存則視聽言動到處受病皆妄矣若言視思明聽思聰言思忠動思敬猶近支離○問仁是如何名狀曰先儒言公言覺言生言愛亦僅舉其動機言尚遺却靜中體段故不若孟子曰仁者人也試觀人目何以能視耳何以能聽口何以能言四肢何以能動非仁而何易曰乾元統天蓋曰天之所以爲天也仁者人也蓋曰人之所以爲人也○天地以生物爲心仁也萬物資生人與萬物皆生於仁本是一體故人合下生來便能愛便是親親由親親而推之便能仁民便能愛物天地以生物爲心人亦以生物爲心本來之心便是仁本來的人便是仁故曰仁人心也又曰仁者人也○問己如何克將去曰只是不從己起見便是克○問克勝也是以仁勝不仁否曰非先有個仁去勝不仁只勝不仁處便是仁也曰畢竟有主人翁方勝盜賊曰頭上安頭之見也仁體湛然不容一物纔有物不論善惡是非都是不仁爲仁者正就此處銷鎔還他個湛然本體此克己正當時也若先據個主人在便是物欲所謂認賊作主也若主人常在則亦無盜賊可逐能逐盜賊便是主人不必另尋主人 克復 ○道體渾然無可持循

故聖人就分見處示人以入德之地延平曰理一而分殊理不患不一所難者分之殊也聖人之言四勿言居處三者皆分殊以見理一也居處恭○顏子不善只是一念絕續之間就仁中揀出不仁來故爲不遠之復原憲不行則已成此四等症候旋潰旋制終不能奏廓如之效則不行之心猶然人僞而已於仁體何當○予始與陸以建論學謂克伐怨欲不行正是克己工夫子曰可以爲難者欲其先難而後獲也以建甚不然之看來不行之心早是個己也然學者根器淺不恁地不得由此進之扶得個不行心常做主便是克己力量也克伐怨欲○鄧定宇晚年學問有得其兄問之曰弟近日只查己過病革謂子弟曰萬事萬念皆善都不算只一事一念不善便算寡過○問出位之思曰孟子言思則得之不思則不得也出位非思也念也炯然有覺者思之體倏然無根者念之動思不出位○問不億逆矣容有不先覺者否曰先覺非用察識之謂只良知不蔽而已如子產受欺於校人舜受欺於象正不失爲先覺逆詐○古來無偷惰放逸的學問故下一敬字攝入諸義就中大題目是克己復禮忠恕一貫擇善固執慎獨求放心便是後儒將敬死看轉入註脚去便是矜持把捉反爲

道病修己以敬○春秋去先王之世未遠始生老氏爲惑世誣民之祖當時一種好異之民起而應之如原壤者不少轉相祖述逾流逾遠一變而爲楊墨再變而爲申韓三變而爲蘇張終變而爲佛氏之學以返老氏清淨易簡之初旨嗣後士夫往往以佛氏之說文老氏之奸精者竊道德之唾餘以學佛粗者拾翕張之機鋒以學禪而楊墨申韓蘇張之學時時出沒其間終宇宙世界學道人只是此局原壤○後儒之學多教人理會個一便未必多學聖門不如此以子貢之穎悟猶不輕示必俟其學有得方道破若先道破便無持循處不若且從多學而識自尋來路久之須有水窮山盡時所見無非一者是一乃從多處來故曰博我以文約我以禮聖門授受如印板顏曾賜皆一樣多學多學而識○說者謂孔子言性只言近孟子方言善言一只爲氣質之性義理之性分析後便令性學不明故說孔子言性是氣質之性孟子言性是義理之性愚謂氣質還他是氣質如何扯著性性是就氣質之中指點義理者非氣質卽爲性也清濁厚薄不同是氣質一定之分爲習所從出者氣質就習上看不就性上看以氣質言性是以習言性也性相近○鄙夫正後世所謂好人便是鄙夫○心一也形而下者謂之人形而上者謂之道人心易溺故惟

危道心難著故惟微道器原不相離危者合於微而危微者合於危而微兩物一體合人與道言心而心之妙始見其蘊始盡所以聖賢千言萬語闡發無盡事心之功亦無盡乃其要只在精與一精以析人心道心之幾而一則以致其精也兩心糅雜處正患不精不精便不一精而一之則人心道心妙合無間而心性流行之妙無往而非中矣堯曰

明儒學案卷六十二

珍倣宋版印

跋語

先王父所著明儒學案一書甬上萬管村先生宰五河時捐俸刻之未及半而去官遂輟其稿本歸勾章鄭義門吾姚胡泮英言廣撫楊公文乾令子某欲刻之屬千秋力求之鄭氏書往而泮英歿千秋與義門不勝歎惋以爲必浮沉於蠻溪瘴嶺閒不可得還矣越數年而泮英之甥景鳴鹿賫原本至謂泮英歿時屬鳴鹿曰黃子明儒學案一書未刻幷未取還此我所死不瞑目者也汝能爲我周旋則九原感且不朽矣鳴鹿不負所託遠索之歸復還鄭氏義門鼓掌狂喜慶完璧之復歸於趙也於是慨然捐貲續刻始於雍正乙卯至乾隆己未而竣是書不終於泯沒矣第三孫千秋謹識

珍倣宋版印

西元二〇二一年六月一日重製一版

明儒學案 冊四（清黃宗羲撰）

平裝四冊基本定價貳仟伍百元正
（郵運匯費另加）

發行人 張敏君
發行處 中華書局
臺北市內湖區舊宗路二段一八一巷八號五樓（5FL., No. 8, Lane 181, JIOU-TZUNG Rd., Sec 2, NEI HU, TAIPEI, 11494, TAIWAN）
客服電話：886-8797-8396
公司傳真：886-8797-8909
匯款帳戶：華南商業銀行西湖分行
179100026931
印刷：維中科技有限公司
海瑞印刷品有限公司

No. N2047-4

國家圖書館出版品預行編目(CIP)資料

明儒學案/(清)黃宗羲撰. -- 重製一版. -- 臺北
市 : 中華書局, 2021.06
面 ; 公分
ISBN 978-986-5512-59-0(全套 : 平裝)

1.明代哲學 2.儒學

126 110008944